出版财务视阈

The Perspective of Publishing Finance

储安全 著

中国农业大学出版社
CHINA AGRICULTURAL UNIVERSITY PRESS

图书在版编目(CIP)数据

出版财务视阈 / 储安全著. —北京：中国农业大学出版社，2018.8
ISBN 978-7-5655-2052-5

Ⅰ.①出… Ⅱ.①储… Ⅲ.①出版业—财务管理—文集 Ⅳ.①G231-53

中国版本图书馆 CIP 数据核字(2018)第 162390 号

书　　名 出版财务视阈
作　　者 储安全 著

策划编辑 梁爱荣 宋俊果 **责任编辑** 梁爱荣
封面设计 吴 钰
出版发行 中国农业大学出版社
社　　址 北京市海淀区圆明园西路 2 号 **邮政编码** 100193
电　　话 发行部 010－62818525,8625 读者服务部 010－62732336
编辑部 010－62732617,2618 出 版 部 010－62733440
网　　址 http://www.caupress.cn **E-mail** cbsszs@cau.edu.cn
经　　销 新华书店
排　　版 镇江文苑制版印刷有限责任公司
印　　装 镇江文苑制版印刷有限责任公司
版　　次 2018 年 8 月第 1 版 2018 年 8 月第 1 次印刷
规　　格 700×1 000 16 开本 20 印张 296 千字 5 插页
定　　价 50.00 元

序

我和储安全是2002年在武汉召开的全国大学出版社财务工作研讨会上认识的。那次大会的议题主要是用好国家优惠政策提高出版财务管理水平，会上我做了相关主题报告。根据中宣部和当时的新闻出版总署对出版业优惠政策的精神，我可以通过这次会议收集一些地方高校出版社税收优惠政策的执行情况以及执行过程中存在的困难和难点问题，给中宣部和总署下一步制定文化出版产业优惠政策反馈一些信息。

储安全是从事出版财务管理工作多年的“老人”了。晚上安全老弟来到我房间咨询了一些问题，我们进行了交流。这次见面给我留下的印象比较深：一是感觉当年高校出版社能够享受企业所得税减免的不多，苏州大学出版社利用国家对校办产业的优惠政策，争取到了企业所得税的减免，我想他们一定做了不少工作，很不容易。二是感觉安全老弟为人谦虚好学，精力旺盛。他对很多事有自己的观点和看法，常把工作中的一些经验、方法和成果写出来与大家一起分享。他针对图书出版特点设计了一套“出版业计划成本核算方法”，该方法具有实际可操作性，对出版行业财务工作具有一定的指导意义，受到了业界的好评。一些出版社还专门前往苏州大学出版社学习这套计划成本的管理方法。

2005年开始，全国大学出版社启动改制，举行了多次社长、财务主任研讨会，安全老弟多次来京参加会议，我们便成了好朋友。

2017年在北海召开全国高校出版社财务管理会议，我应大会邀请去做讲座。会议期间安全老弟带着一叠书稿找我，希望我能为他的专著写个序，我觉得这是件好事，当时就答应了他。回京后，我将《出版财务视阈》的书稿仔仔细细地阅读了一遍，感触良多。安全老弟是大学出版界少见的正高级会计师、教授，他这本专著有一定的理论高度，很多论证都是建立在数据分析基础上的；该书给我留下印象最深的是理论联系实际，书中很多内容都是作者在工作中发现问题、解决问题的方法和思路以及经验和总结。全书分析严谨接地气，可操作性强，对出版财务管理者和其他财务人员都有一定的指导意义和示范作用。下面谈谈自己的一些看法：

一是现代社会是一个大数据时代、云存储时代，财务管理人员要学会利用数据、整理数据、分析数据，用数据论证、用数据说话；学会用数据分析发现工作中的问题；学会用数据分析解决工作中的问题。运用数据分析解决经济问题是一个财务管理人员的基本功。

二是出版财务管理有其自身的特点和方法，在会计核算方面常会用到码洋、实洋、折扣、差价和差异等概念。财务人员要结合出版财务的特点学会从核算型会计向管理型会计的转身。财务人员不能只是埋首于账务，要投入出版社经营管理的全过程，参与宏观决策，参与选题论证，真正做好社长的左膀右臂。

三是一个合格的财务管理人员要不断充实提高自己的业务水平和理论素养，脚踏实地，理论联系实际，不断提高总结自己。我做社长已经多年，深感一个好的财务帮手能出谋划策，使你左右逢源。

今天，我把安全老弟的《出版财务视阈》一书推荐给大家，希望能为同行提供借鉴和参考。

首届中国出版政府奖优秀出版人物获得者

中国大学出版协会原副理事长

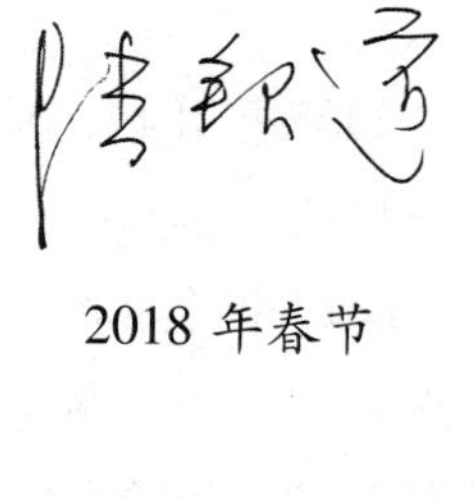

2018 年春节

目　录

·审计和内部控制制度·

·证券与公司治理·

· 公司财务管理 ·

·出版财务管理·

· 文化产业与金融创新 ·

审计和内部控制制度

从财政和契约关系的特征看审计的产生和发展

内容摘要：以财政和契约关系产生与发展的社会历史背景为基础，本文介绍了财政和契约关系各自产生的原因与特征，并从其自身的特点分析比较了对审计产生和发展所起的影响作用。

一、财政是社会生产力和生产关系发展到一定阶段的产物

财政是以国家为主体，为实现国家职能的需要，为满足社会公共需要和调节经济，直接参与社会产品分配而形成的分配活动以及所体现的分配关系，又被称为国家财政。其职能主要包括合理配置资源、调节分配收入关系、稳定社会经济的发展以及维护社会总供求的平衡。

财政关系实际上是国家为实现财政职能在参与国家收入分配过程中所发生的财政分配关系，主要包括四点：第一，分配的主体是国家，财政同国家之间存在着紧密的关系，财政是国家职能的延伸，在分配过程中处于主动、支配的地位；第二，分配的客体是社会产品，主要分配的对象是社会剩余产品价值；第三，财政与国家一同产生和发展，国家为了维持统治，需要财政参与一部分社会产品的再分配，以满足国家机器运转的需要，这充分体现了财政分配的强制性、无偿性和集中性；第四，财政的分配和管理逐步形成了诸如国家预算、税收、公债、财政投资、公共支出和财政补贴等方面的财政范畴。

在实现财政职能的过程中，其财政关系的特征体现了取之于民、用

之于民，以国家为主体参与国民收入分配和再分配的过程，体现了国家利益和全体人民根本利益的一致性。

从历史上看，财政关系的产生是伴随着国家的产生而产生的，财政作为一种手段和方法，在实现国家的职能中起着重要作用。因而，对财政收支的审查也显得越来越重要，财政关系的产生和发展决定了政府审计的产生和发展。审计的最初形态是宫廷审计，它产生于奴隶社会的末期，因为在这个时期出现了社会剩余产品，具备了审计产生的客观条件和基础。我国是世界上最早产生审计的国家之一，早在3 000多年前的西周，就已出现了审计的萌芽，当时负责审计的官员被称为“宰夫”，其职责是了解各地的财政收支情况，“凡失财用物辟名者，诏冢宰而诛之；其足用长财善物者，赏之”，“以月要考月成，以岁会考岁成”（《周礼》）。尽管宰夫的官职较低，属下大夫，但有权对负责会计工作的司会和负责财政工作的小宰所掌管的账目进行审查，直接向足宰或天子汇报审查结果。隋唐年间，在刑部之下设“比部”，使审计工作开始走向专业化、独立化和司法化。到了宋朝，第一次出现了“审计”一词，将“诸军诸司专勾司”更名为“审计院”，其职能是“掌覆勾三部账籍，以验出入之数”，“总领内外财赋之数，凡钱谷账籍，长贰选吏钩考”。

由此可见，历代政府都十分重视财政收支情况，重视财物的保管和检查，其目的就是为了巩固其统治的基础，保证财政收支按统治者的意图进行分配使用，使财物免遭贪污盗窃，更好地分配使用有限的财政收入。历史上各个朝代都把对财政收支情况的了解看作是一项重要的工作。这种利用政府审计来对财政收支和财产保管等进行监督与控制，是我国审计发展历史上的主要组成部分。

然而，由于受到我国古代社会经济结构的限制，以及封建社会自给自足的封闭自然经济的影响，社会商品的交换和私人资本的发展速度极其缓慢，其规模也非常有限，商品社会契约关系的产生和发展远比财政关系的产生和发展来得迟、来得慢。民间审计在我国古代社会一直没有像政府审计那样得到相应的发展。

在15 世纪的意大利，由于私有经济的产生，出现了商品交换，当时全国各地涌现出许多大大小小的商业城市，因而也就产生了民间审计的萌芽。工业革命以后的英国，是民间审计发展的先驱。1844 年英国制定的公司法就明确做出公司会计账目必须经股东中选出的监事进行审查的规定。随着资本主义经济的迅猛发展，特别是以发行股票筹集资金为特征的股份公司的出现，使企业产权趋于多元化，股份制的发展也经历了由单个所有制向合伙所有制再到公司股份所有制形式的转变。随着股份制的发展，这种双方以契约为基础的经营特点，决定了各个投资利益主体对于企业日常经营活动的关注，持有股票而不直接从事经营管理活动的股东和投资者，为了维护其自身的利益，会十分关心企业的财务状况和经营成果，即股东需要了解经营者履行财产经营责任的情况；投资者需要了解公司的财务状况，以便做出投资决策；而债权人也需要了解公司的偿债能力；作为经营管理者更需要全面了解公司的运转情况。为了使企业的各种信息具有真实性、可靠性，必须由财产所有者和经营者以外的专业人员对企业的日常经营活动做出正确的评价和鉴证，以便确认各自的经济责任和利益关系。

我国的民间审计即社会审计起源于 1918 年。当时，谢霖上书北洋政府财政部和农商部，要求推行注册会计师制度，草拟了《会计师注册章程》，同年 9 月 7 日颁发了中国第一号注册会计师证书，这标志着我国的社会审计从此走向正规。随后，谢霖在北京创立了我国第一家民间审计组织——正则会计师事务所，其后，潘序伦成立了立信会计师事务所，奚玉书成立了公信会计师事务所，徐永祚成立了徐永祚会计师事务所，这在 1949 年前被誉为四大会计师事务所。1925 年上海率先成立了会计师工会，随后天津、武汉、广东、浙江、南京和山东等地的会计师工会相继成立。截至 1935 年 4 月底，全国领有会计师执照的有 1 162 人。

二、契约关系的存在是审计发展的基础

契约关系是在社会的发展进程中逐渐形成的。企业的生产规模日益扩大，理财活动也日趋复杂，随着股份制企业的不断推广，企业的财产所有权与经营权逐步分离，在这种“两权分离”情况下，出现了委托

和受托经济的责任关系，即企业的财产所有者通过法律程序，以合同、协议和章程的形式与企业的经营管理者达成一种经营管理企业的协定，将企业在经营活动中所实现的净利润分给企业的所有者或投资者。企业的所有者享有财产的所有权，依法对财产享有占有、使用、处分和收益的四项权力；而企业的经营者则享有财产的使用权，依法对财产享有占有、使用和处分三项权力。这种委托和受托的经济责任关系的表现为，一方面，企业的所有者或投资者将资产交给经营管理者进行管理，赋予经营管理者一定的法人财产权，通过经营活动，使企业的资产不断增值，以求得资产效益的最大化；另一方面，企业的经营者对资产的所有者负责，在市场经济的竞争中，充分利用自身的经营特长、知识、水平和能力来经营管理企业，以求得自我价值的实现。在现代社会中，这种委托与受托的经济责任关系正迎合了社会大生产发展的需要。

由于这种契约关系的大量产生和发展，使社会审计有了一定的基础，从而得以迅速成长和发展起来。经济活动中的这种契约关系决定了社会审计的产生和发展，随着社会审计业务的逐步扩大，形成了较为客观、公正的社会审计组织即注册会计师事务所。

经济活动中的这种契约关系具有三个特点：第一，存在自我利益的主体，只要有市场存在，只要有竞争存在，就会围绕“利润中心”来组织生产经营活动，企业的经营管理者就会想方设法去追求一定的经济利益，在客观上导致了企业经营者为实现自身的价值而追求利益的最大化；第二，在经营过程中存在着信息的不对称现象，企业的所有者和投资者所获得的信息，例如产品的销售、经营的状况、资金的运转和产品的开发情况等，都是通过间接渠道获取的，远比企业的经营者所掌握的信息要来得少、来得慢；第三，容易出现“内部控制人”，由于企业经营者的直接管理，对企业内各部门的情况比较了解，会自觉或不自觉地给下属以一种间接的影响，这种影响在某种程度上会导致部分人员具有特权。

近来，在社会上还发现一些企业经营者的恶意经营案件，这些经营者利用各种手段和方法，转移企业资产，致使企业发生亏损。他们对于错误决策的不良后果明了无疑，但故意做出对企业不利的选择，听任错误决策不良后果的出现和发展。尽管在企业经营管理中此类情况属极少数现象,但在委托和受托经济责任关系中,这会使一方蒙受一定的经济损失。要避免这种情况的发生,最有效的方法就是请社会审计中介机构的注册会计师来进行审计、鉴证,以确保信息资源的客观与公正。

三、审计的快速发展

中华人民共和国成立之后的四十余年内,并没有设立独立的审计机构,对经济的监督工作主要由财政部门担任,由其对各级政府部门的财政收支进行审核检查,确定其是否真实、合法、有效,评价各级财政部门履行财政、财务管理和监督责任的业绩状况。直到 1982 年 12 月 4 日,第五届全国人民代表大会第五次会议通过的《中华人民共和国宪法》中第一次明确规定我国要建立审计机构,恢复审计工作。20 世纪 80 年代后期至 90 年代初期,是我国审计事业发展最快的阶段,政府审计和社会审计都得到了飞速发展。

政府审计工作配合经济体制改革的需要,不断完善和充实审计的内涵与外延,审计工作的目的也不断由查错防弊向改革管理、提高效益、促进发展方面转变,审计的重点不断由专项财政审计向经济效益审计、经济责任审计方面转变,审计的方法不断由单一性向多样化方面转变,审计的指导思想不断由单纯的经济监督型向监督和服务型方面转变。

随着改革开放的不断深入,大量外资急剧涌入,需要创造一个法制的社会经济运行环境,用客观公正的手段来处理社会经济活动中出现的问题。社会审计正是以其自身的特点满足了社会的这种需要。从 20 世纪 80 年代初期恢复注册会计师制度以来,到 1997 年年底为止,全国执业的注册会计师人员已发展到 5.6 万人,非执业的注册会计师人员已发展到 6.6 万人,全国注册会计师事务所和审计师事务所已发展到 6 300 多家。社会审计的快速发展,为财产的所有者和投资者创造了一个客观、公正的社会经济运行氛围。

社会审计的组织形式超然于各种权力部门,独立于各种利益团体,在经济核算上实行独立经营、自负盈亏,恪守客观、公正的执业原则,只受法律约束,不受行政干预,这是社会审计的基本特征。社会审计处于企业产权关系和利益分配关系之外,因而也容易被各种与企业存在利益关系的集团和投资者所接受。随着非国有经济成分的迅速发展,出现了投资主体的多元化、经济成分的混合化、利益分配的敏感化等一系列的特点,独立、超然、客观和公正的社会审计满足了有关这方面的需要。

在我国现阶段的社会发展过程中,既存在着大量的财政关系,又存在着大量的社会契约关系。财政关系的存在促进了政府审计事业的发展;契约关系的存在促进了社会审计事业的发展,因此,应该让政府审计和社会审计共同发展壮大起来,充分发挥它们各自的作用和特点,以满足当前社会多层面经济成分发展的需要。

参考文献:

[1] 孙剑华. 现代企业管理理论与方法[M]. 北京:化学工业出版社,1997.
[2] 周勤业,尤家荣,达世华. 审计[M]. 上海:上海三联书店,1996.
[3] 刘鹤章. 现代企业审计[M]. 北京:中国审计出版社,1996.
[4] 蒋伟翔,游潜之. 新编财政与税收[M]. 上海:上海人民出版社,1995.

原载《苏州大学学报》(哲学社会科学版)1998 年第 4 期。本文是笔者 1998 年在苏州大学商学院研究生班学习期间所做作业的基础上通过收集资料改写扩充而成的。

从西方审计的独立性看我国内部审计的领导取向问题

内容摘要： 结合审计独立性概念，从审计的组织独立、工作独立和经济独立出发，本文分析了西方国家对于内部审计的认识过程；并就提高我国企业管理水平，发挥内部审计作用，论述了内部审计的领导取向问题。

一、审计是一种受托经济责任关系

历史上由于商品经济和科学技术的发展，出现了股份制公司，私人以股权形式向公司企业投资，对出资范围进行负责，公司企业的日常经营管理业务则委托给其他具有经营管理能力的管理者代为管理。审计就是在这“两权”分离所形成的受托经济责任关系的情况下，基于经济监督的客观需要而产生的。财产的所有者为了维护其利益，有必要对财产经营管理者的履职情况进行审查，由此出现了民间审计组织，专门从事对股份公司的经营情况和财务状况进行审计，出具审计鉴定或报告书。随着经济的发展，这种审计的需要量越来越大，对审计客观性的要求也越来越高，所有这些都加大了对审计独立性的鉴证需要。为了规范审计人员的审计行为，一些西方国家纷纷开始制定相关的法律、法规和政策，诸如公司法、证券法、审计准则和职业道德守则等相继出台，对各种经济活动提出了相应的规范和措施，对审计业务也提出了更高的客观性和公正性要求。

审计独立性是指在开展审计业务的过程中，自始至终不受外来或内在因素的影响和干扰，确保作为第三者的审计人员能以客观、公允和公正的态度来从事审计活动，这是审计的先决条件。审计的独立性具体表现在三个方面，即组织独立、工作独立和经济独立，这是符合社会公众需要的一种超然独立。在实际工作中，更强调的是审计的表面独立和实际独立的一致性，这是审计独立性的关键所在。

在早期，西方国家对于审计独立性的表述仅仅流于精神上的要求。例如，加拿大的审计职业道德准则对于审计独立性表述为“可观的精神状态”；墨西哥公共会计师协会编写的职业道德法典中对于审计独立性的标准表述为“公共会计师应尽的责任是在从事任何职业判断时，都应保持自己公正、独立的态度”；美国注册会计师协会为了加强对审计业务的具体管理，发布了十项审计准则，其中第三条基本准则指出：“在承担审计任务时，审计师应保持精神上的独立。”综观上述这些对于审计独立性概念的表述，其提倡的是一种精神上的独立。事实上，对于精神上的独立是很难进行判断的，人的生理状况和心理状况都不尽相同，时时都在发生变化，对于一个人的精神状况更难以从量上进行衡量。至20世纪中叶，由于审计实践中一些具体案件的相继出现，美国注册会计师协会感到，审计师只在精神上保持独立，而在经济上或者在其他方面与被审计对象仍然存在着某种联系的话，就很难对被审计对象做出客观、公正的审计结论，于是便提出了“形式上的独立”，具体表述为“在第三者的眼中，审计人员与被审计对象应保持着相应的独立地位”。为了强调审计的独立性，在具体的个人关系上、相互经济利益上和执业操作范围上，法律对于审计人员都有着明确而详细的规定，认为审计的独立性是审计的“灵魂”之所在。

二、内部审计产生的历史原因

内部审计是组织内部一种独立的评价活动，旨在通过对经营活动的检查，向管理当局提供服务。它是一种通过衡量和评价其他控制效果来履行其职能的管理控制。内部审计产生于19世纪末的美国。当时铁路网络的形成，为美国经济的迅速发展奠定了基础，美国铁路公司最早实施了内部审计程序,这也是内部审计的最初形式。第一次世界大战后,企业的组织规模进一步扩大,管理层次和经营业务日趋复杂,一些资本集中、规模宏大的跨国集团公司相继成立。面对经济环境和经营条件出现的瞬息万变的情况,企业经营管理层已无法像过去那样对经营管理的状况进行经常性的监督与检查,不得不依靠各级管理人员所做的口头汇报以及所报送的各种资料,而这些间接的信息是否真实可靠,各级管理部门、生产经营单位的财务状况和经营成果究竟如何,企业的经营管理层对诸如此类的问题表现出了疑虑和关注。起初,他们常雇用富有经验的外部审计人员就其关心的问题进行监督与检查,但由于职业的特点,外部审计人员往往不能像他们所期望的那样对企业的经营管理和财务状况做出经常性的或比较及时的监督与检查,同时外部审计的收费较高,相比之下,设立内部审计机构也需要一些费用,但配备内部审计人员所需要的费用要比邀请外部审计人员进行审计节省得多。于是,一些企业便开始设立专门的内部审计机构,配备具有一定素质、能秉公办事的审计人员对企业进行日常的内部审计,把一些原本需要由外部审计人员做的工作改为由内部审计人员来完成。这一方面满足了企业最高经营管理领导层的需要,另一方面也减少了企业的经济负担。

内部审计有着外部审计所不具备的优越性。首先,内部审计人员是本企业的雇员,其自身的经济利益与企业的经济利益是一致的,他们希望本企业兴旺发达,因而内部审计人员的可信赖程度要比外部审计人员高;其次,内部审计人员比外部审计人员更为熟悉本企业的经营管理情况,掌握着更为丰富、多样和详细的资料,拥有更为广泛、及时和准确的信息,也更能及时准确地反映出生产经营管理的连续变动情况,提出更为切实可行的改进意见;最后,内部审计具有较强的经济性。所有这些都是企业经营管理领导层乐于发展企业内部审计的原因。

第二次世界大战以后,西方国家的内部审计发展很快,达到了前所未有的深度和广度。建立内部审计机构的企业越来越多,内部审计的作用和范围越来越大,内部审计已经发展成为一种企业内部加强经营管理的重要手段,已经超越了对会计、财务活动的审计范围,发展到了对于企业的生产、经营、管理等各个环节所进行的监督、检查、评价和指导。同时,内部审计活动也逐步走向规范化。1941 年,美国建立了内部审计师协会(The Institute of Internal Auditors),这是目前世界上唯一致力于推动内部审计工作的国际性组织,通常被称为国际内部审计师协会。这标志着内部审计已发展到一个新的历史阶段,也反映了内部审计已成为一种重要的监督管理手段。为了有力地推动内部审计业务,内部审计师协会先后出版了《内部审计——新的管理技术》《行业内部审计师》《内部审计师职责条例》等重要著作,对内部审计理论做了相应的介绍,并不断提出新的观点和进行有益的探索,使内部审计理论日趋完善。1968 年内部审计师协会公布了内部审计人员所必须遵循的职业道德准则,随后又发布了内部审计工作准则,1971 年又颁布了《内部审计实务标准》,明确规定了内部审计业务的具体要求和范围。

西方经济危机过后,经济发展迅速,一些公司企业的经营范围不断扩大,管理层次迅速增多,为了提高其管理水平,使公司企业处于有利的市场竞争地位,不断提高公司企业的经济效益,公司企业经营管理领导层利用企业内部审计机构中的专业审计人员对公司企业的各个部门、具体分支机构和下属相关企业进行经常性的监督与检查。当时,这种相对独立的内部审计机构在组织机构的设置上一般有三种管理模式:第一,由董事会领导,内部审计机构的日常业务直接对公司企业的最高权力机构董事会负责,内部审计人员具有较大的独立性和权威性,在开展审计业务时,能有效地避开某些部门和某些人员的暗示与影响,对审计中发现的问题能及时地进行深入的调查;第二,由企业最高行政管理人员领导,内部审计业务由公司企业最高经营管理层领导,内部审计人员在审计业务中发现的问题,可以随时随地向企业最高行政领导管理者汇报,以便经营管理者能及时做出决策和判断;第三,由企业最高财务主管领导,即内部审计业务的开展由企业最高财务主管部门负责,这种管理模式最具有专业特点,主管领导具有丰富的专业知识,在开展审计业务活动中能做到有的放矢,及时发现经营管理过程中所存在的漏洞和问题,提出自己的观点、见解和处理办法,对企业经营管理活动进行有效的指导,提供有效的帮助,但在这种管理模式下内部审计的独立性较差。这三种内部审计机构的组织管理模式各有千秋,但内部审计机构的独立性和权威性与其在公司企业中的地位的确存在着密切的关系。领导地位越高,越能保持内部审计的独立性,即领导取向越高则审计独立性越强。美国内部审计师协会在《内部审计实务标准》一书中指出:“这种独立性是通过组织上的地位和客观性来实现的。”

我国现代内部审计产生于20世纪80年代初,是伴随着现代国家审计制度的建立而建立的。审计署制定了一系列内部审计制度、内部审计条例等法规,培养了一大批德才兼备的专职审计人员,在保护国家和企业的合法权益、改善企业经营管理、提高经济效益方面都起到了重要作用。1984年我国开始了国有企业的股份制试点工作,1991年这一试点进一步扩大,1995年开始进入规范阶段,各地纷纷改造和建立股份有限公司,建立现代企业制度。1997年国家又推出了新的举措,重点是对国有大中型企业进行较大的改造,进行资产重组、债权转股、多方募集股本,培养一批能面对国际市场的大型集团公司,增强其抗风险能力;对国有小型企业进一步放开搞活,采取改组、联合、兼并、股份合作制、承包经营、出售和破产等多种形式。这些企业组织形式出现了前所未有的多元化。企业为了在激烈的市场竞争中占有一席之地,从管理角度入手,提高企业自身的综合经营管理水平,苦练企业“内功”。内部审计作为一种有效的“撒手锏”,常被企业的老总们加以利用,以提高其自身的素质和能力。

三、处理好内部审计的管理职能和独立性职能

改革开放几十年来,我国内部审计得到了快速发展。国有大中型企业、上市公司和许多其他企业都建立和健全了内部审计制度。但就总体来说,其发展状况还不平衡。结合目前我国上市公司的基本情况来看,许多上市公司企业的最高权力机构的董事会领导相对比较薄弱,一些上市公司的投资者的股权结构比较复杂,有合并改组的,有破产兼并的,有将债权转成股权的,一些上市公司的投资者则比较分散,或者

是由机构大户或散户所组成的。在这种情况下,内部审计为了追求其独立性而过分强调企业最高权力机构的领导,公司企业就会出现管理滞后、鞭长莫及的问题,会失去公司企业的最佳管理模式。内部审计不同于外部民间审计所具有的绝对的超然独立性,内部审计只是公司企业管理过程中的一个环节,其目的是为企业的经营管理服务,通过内部审计人员直接参与企业管理,对企业各个生产经营和管理环节进行审计,及时发现企业在生产经营过程中存在的问题和偏差,提出解决问题的方案和建议,为企业经营管理领导层的决策提供依据,从而提高企业的经济效益,增强企业在市场中的竞争能力。如果一味追求高层次的领导取向和超然独立,内部审计人员以一个局外人的姿态进行审计活动,向企业最高权力机构而非直接的经营管理者反映审计情况,内部审计也就失去了作为一个管理部门应有的作用,其存在也就形同虚设。

因此,笔者以为内部审计机构的领导取向应该是由"企业最高行政管理人员"负责。虽然其独立性比"董事会领导"的低些,但内部审计机构与企业内部的各个部门之间不存在直接联系,不会受到被审计部门的相应影响,具有一定的公允性和独立性。内部审计由"企业最高行政管理人员"领导,有利于企业管理层对内部审计人员的有效指挥和领导,能及时对企业各部门的日常经营管理活动进行审计监督;企业内部审计部门发现问题能及时汇报、及时处理和及时解决,不会出现信息反馈的滞后情况,不会出现"隔靴抓痒"的尴尬局面。在这种领导取向下的内部审计,其本身就是企业内部管理的重要部门之一。内部审计一方面对企业管理领导层负责,另一方面对企业内部各个管理部门提供指导和帮助。

综上所述,企业内部审计宜采用企业最高行政管理人员领导的管理模式,使企业内部审计既能很好地发挥其监督检查的作用,又能很好地发挥其管理服务的作用。

参考文献:

[1] 唐建兵.我国内部审计的独立性问题[J].成都大学学报(社会科学报),2000(2).

[2] 周灿龄,张勇. 美国现代企业内部审计[M]. 北京:中国石化出版社,1995.
[3] 裘宗舜,张蕊. 西方民间审计[M]. 北京:中国财政经济出版社,1995.

原载《苏州大学学报》(哲学社会科学版)2000 年第 3 期。本文是笔者 1998 年在苏州大学商学院研究生班学习期间所做作业的基础上通过收集资料改写扩充而成的。

从审计的形成和发展看强化我国内部审计监督的必然性

内容摘要：从审计和内部审计产生的原因及其发展出发，结合建立我国现代企业制度，本文分析了企业加强内部审计监督的迫切性和必然性；并就提高我国企业经营管理水平，充分发挥内部审计监督作用，论述了目前发展内部审计工作尚需解决的问题以及应采取的对策。

一、两千多年前西周时期的“宰夫”

据《周礼》记载，早在两千多年前的西周时期，官府就设有“宰夫”这种官职，它与现代审计意义相近，当时就有“以参互考日成，以月要考月成，以岁会考岁成”和“考，成也，佐成事者，宰夫也”的记载。这就是说，“宰夫”不仅要对定期呈送的会计报告进行审核，而且还负责对百官的政绩进行考核，“宰夫”可根据考核情况，有权建议对官员进行奖惩。在西方中世纪奴隶主领地庄园经济的发展中，也产生了“庄园审计”。古罗马时代，人们用“听证账目”的方法来检查官员是否有徇私舞弊的行为。13 世纪意大利商业的发展和繁荣，产生了复式记账法，这不仅是会计史上的重要里程碑，也为审计的发展奠定了一定的基础。18 世纪 60 年代至 19 世纪 40 年代的工业革命，使英国逐步从手工业作坊演变成以机器大工业为主的国家，以工商业、银行业和保险业为中心的城市经济得到了迅速的发展。

随着商品经济的发展，19 世纪中叶出现了股份制公司，私人以股权形式向公司企业投资，对出资范围进行负责，公司企业的日常经营管理业务则委托给其他具有经营管理能力的管理者代为管理。审计就是在这“两权”分离所形成的受托经济责任关系的情况下,基于经济监督的客观需要而产生的。审计已成为经济发展的重要组成部分。

审计的形成,自然也带动了内部审计的产生和发展。内部审计产生于19世纪末的美国。当时铁路网络的形成,为美国经济的迅速发展奠定了基础,美国铁路公司最早实施了内部审计程序。这也是内部审计的最初形成。第一次世界大战后,企业的组织规模进一步扩大,管理层次和经济业务日趋复杂,一些资本集中、规模宏大的跨国公司相继成立。面对经济环境和经营条件出现的瞬息万变的情况,企业经营管理层已无法像过去那样对经营管理的状况进行经常性的监督与检查,不得不依靠各级管理人员所做的口头汇报以及所报送的各种资料,而这些间接的信息是否真实可靠,各级管理部门、生产经营单位的财务状况和经营成果究竟如何,企业的经营管理层对诸如此类的问题显示出了疑虑和关注。起初,他们常雇用富有经验的外部审计人员就其关心的问题进行监督与检查,但由于职业的特点,外部审计人员往往不能像他们所期望的那样对企业的经营管理和财务状况做出经常性的或比较及时的监督与检查,同时外部审计的收费标准又比较高。内部审计就是在这种情况下,以其独到的经营管理方法、有效的经济监督手段与特有的鉴证评价体系被企业的老总们加以运用、提升和发展的。

二、内部审计的定义

1999年,国际内部审计师协会把内部审计定义为“以增加价值和促进单位经营为基本指导思想的独立咨询活动”。第二次世界大战以后,西方国家的内部审计发展很快,达到了前所未有的深度和广度。建立内部审计机构的企业越来越多,内部审计的作用和范围越来越大,内部审计已经发展成为一种企业内部加强经营管理的重要手段,已经超越了对会计、财务活动的审计范围,发展到了对于企业的生产、经营、管理等各个环节所进行的监督、检查、评价和指导。与此同时,内部审计活动也逐步走向规范化。1941年,美国建立了内部审计师协会(The

Institute of Internal Auditors)，它是目前世界上唯一致力于推动内部审计工作的国际性组织，通常被称为国际内部审计师协会。这标志着内部审计已发展到一个新的历史阶段，也反映了内部审计已成为一种重要的监督管理机构。为了有力地推动内部审计业务，内部审计师协会先后出版了《内部审计——新的管理技术》《行业内部审计师》《内部审计师职责条例》等重要著作，对内部审计理论做了相应的介绍，并不断提出新的观点和进行有益的探索，使内部审计理论日趋完善。1968 年内部审计师协会公布了内部审计人员所必须遵循的职业道德准则，随后又发布了内部审计工作准则，1971 年又颁布了《内部审计实务标准》，明确规定了内部审计业务的具体要求和范围。

我国现代内部审计产生于 20 世纪 80 年代初，是伴随着现代国家审计制度的建立而建立的。审计署制定了一系列内部审计制度、内部审计条例等，组建了部门和单位的内部审计机构，开展了内部审计工作，改变了中华人民共和国成立以来我国企事业单位长期缺乏内部审计制度的状况。改革开放几十年来，我国内部审计工作得到了迅速发展，培养和造就了一大批德才兼备的专职审计人员，这对杜绝和减少浪费，保护国家和企业的合法权益，改善企业经营管理和提高经济效益都起着越来越重要的作用。1987 年我国成立了中国内部审计学会，并于当年年底作为团体会员加入了国际内部审计师协会。近 20 年来，我国与国际内部审计组织进行了广泛的交流，为研讨和传播内部审计理论，规范内部审计业务，交流内部审计工作经验，促进我国内部审计事业的发展，做出了一定的贡献。目前，我国国有大中型企业、上市公司与许多其他企业都相继建立和健全了内部审计制度，内部审计制度将作为一种有效的管理手段为我国进一步的改革开放和经济繁荣发展起到保驾护航的作用。但目前就我国总体范围来看，其发展还相当不平衡。

随着我国改革开放力度的加强，企业投资主体呈现出多元化趋势，经济成分出现了多层次和多方位的现状。为了加快我国现代企业制度的建立，提高企业自身的经营水平和管理能力，需要建立健全企业的内部监控机制。内部审计就是现代企业内部监督管理和制约机制的重要组成部分，也是现代企业制度的重要内容。

三、健全的内部控制是企业内部审计的基础

建立现代企业制度最重要的是理顺所有者与企业的关系,实行出资人所有权与企业法人财产权分离;理顺企业内部各方面的关系,构建规范的企业内部治理机制,形成激励与约束相结合的管理机制。财产的终极所有权与企业法人财产界定需要明晰化,企业要对出资者负责。出资者以其出资比例参与企业利益的分配和承担相应的企业亏损。为了保证自己的利益,出资者会对企业的经营管理做出干预,包括要求企业内部管理科学规范,对企业的重大行动行使决策权,对企业的高层管理者拥有选择任命权,等等。现代企业的联合经营和跨国集团公司使企业管理范围不断扩大,内部管理层次不断增加和细化,需要有一套科学完整的组织机构,使企业的权力机构、决策机构、执行机构和监督机构之间形成一种健全的激励、约束与制衡机制。这个制衡机制就是建立健全企业的内部审计组织机构和内部控制制度。

搞好内部审计是企业、部门和单位建立健全内部控制、审查财务收支情况、改善经营管理方法、增强市场竞争能力、提高经济效益与资金使用效果的重要手段。从各个方面来说,强化企业内部审计监督工作具有十分重要的作用和意义,也是深化企业改革和实现经济快速发展的必然之路。

第一,强化企业内部审计监督工作是深化企业改革的需要。社会主义市场经济是法制经济。为了保证市场经济的健康发展,必须有效规范经济秩序和经营行为。随着改革的进一步深化,经济成分呈现出多元化趋势,企业的生产规模在不断扩大,经营范围、分支机构和市场覆盖面也在不断扩大,企业管理和控制的难度越来越大。为了提高企业自身的管理水平,不仅需要加强直接管理,而且需要加强间接控制和监督检查,以保证经济活动的合法、有序运行。这就必须加强企业的内部审计,不断完善内部审计工作,确保企业资产的运营安全,促进企业的改革和发展。从企业来看,实行经济管理体制改革后,企业依法自主经营,企业负责人的经济责任加重了,需要通过内部审计来检查内部各

单位履行经济责任的状况;从其他占有使用国家资产的部门和单位来看,也需要通过内部审计来保障国有资产的安全和完整,提高国有资产的利用效果和效率;从国家来看,国有资产的分布极为广泛,需要通过内部审计促使各部门各单位加强对国有资产的经营或管理。实行内部审计制度,是授权和被授权经营、管理国有资产的共同需要。

第二,强化企业内部审计监督工作是企业会计工作规范化的需要。内部审计是纠正企业会计信息失真的重要手段。经营决策的主要信息来自会计,而会计信息的质量如何,将直接影响到企业经营决策的水平。当前,全国正开展整顿会计工作秩序,认真贯彻学习新《会计法》,这对提高企业会计工作的规范化,提高会计信息质量具有积极意义。内部审计对企业会计工作起着有效的监督和制约作用。企业会计工作是否贯彻公认的会计原则,企业向外提供的会计报表是否属实,这些不仅直接影响到企业的投资者和债权人的利益,而且也将影响到国家税务部门和其他机关的利益与决策。所以,内部审计就是对各方面的利益予以保障的有力手段。国家有关部门和企业投资者对内部审计制度的健全给予了极大关注,并以此作为衡量企业经营管理是否有效的重要手段之一。

第三,强化企业内部审计监督工作是经营管理者加强内部管理的需要。随着股份制经济的发展,股份制公司的财产权与经营权已相分离,企业经营管理者为了维护企业资产的完整性,确保会计纪录的正确性与可靠性以及对经济活动进行综合的规划、协调和评价,需要建立内部控制制度。集团公司的形成,由于控制跨度的增加、经营地点的分散和控制权力层次的变化,使得集团公司面临的管理任务更加艰巨,由于企业规模的扩大和内部职能部门的增多,更需要企业内部协调一致,节约能源,防止工作差错和舞弊,提高经营效率,以便在竞争中立于不败之地,因此,客观要求经营者建立完善的包括组织机构、业务程序在内的具有自我控制和自我调节的内部控制制度。

第四,强化企业内部审计监督工作是信息技术发展的需要。计算机和网络技术的发展,把当今世界带入了信息时代。信息化和网络化给我国企业带来了挑战,也带来了机遇。由于网络的发展,给内部审计提出了更高的要求,内部审计必须充分了解和认识信息技术对企业经营与发展的影响,内部审计人员不能像以往那样仅对会计电算化实现的记账、算账结果进行传统的审计,更需要对计算机系统是否合法、安全、正确和高效进行审计,内部审计人员必须充分了解与掌握这些企业的经营环境和经营方式的特点,对计算机网络和计算机管理系统的开发必须进行有效的审计监督,提出合理的改进意见。

第五,强化企业内部审计监督工作是我国迎接入世挑战的需要。随着我国加入世贸组织的临近,我国一些企业将面临外国企业蜂拥而至的激励竞争场面。这给我们的企业带来了挑战和机遇,也给企业的内部审计带来了影响,提出了更高的要求。内部审计依存于企业,由于国际竞争的加剧,企业的生存环境更加恶劣,企业还将面临破产的危险。近年来,国外民间审计组织纷纷扩展服务领域,为企业提供内部审计服务,企业为了节省开支,不断将内部审计业务对外承包给民间审计组织,使内部审计的发展受到一定影响。然而我国加入世贸组织后,国外一大批民间审计组织进一步涌入中国这一巨大的市场,对我国内部审计产生巨大的影响。所以,我们要不断提高审计人员的素质,适应内部审计发展所广泛采用的新技术和新方法,以迎接入世的挑战。

四、我国目前在发展内部审计的工作中还面临着一些亟待解决的问题

一是内部审计力量弱化。在机构改革中,许多主管部门的内部审计机构被撤并,人员被分流,企事业单位内审机构的力量被大大削弱了。随着经济改革的发展,内部审计机构不但不能减少,而且要发展壮大,正如邓小平同志所说的两手都要硬,经济要发展,监督检查更不能马虎。

二是内部审计的法律不够健全。内部审计的法律依据仅是 1995 年 7 月 14 日审计署发布的《审计署关于内部审计工作的规定》,随着经济的迅速发展,这项规定已无法满足和适应现代经济,应竭力呼吁《内部审计法》尽早出台,以适应维护社会主义市场经济秩序的需要。

社会主义市场经济是法制经济,需要完善的法律体系对市场经济的健康有序发展加以保护、进行规范,《内部审计法》作为法律体系中经济法的重要组成部分,将对企业内部审计工作的规范性起到巨大的作用和影响。国际上,一些发达国家十分重视内部审计,立法制度比较健全,并不断根据实际情况进行补充修改完善。通过立法手段,规定政府部门和大中型企业必须建立健全内部审计机构,对企业实行内部审计监督制度。

三是内部审计监督工作的独立性比较弱。在实际工作中,内部审计一方面要按照国家审计机关的要求,从维护国家的利益出发进行审计监督工作;另一方面又要按照本单位、本部门领导的意思更多地考虑本单位、本部门的利益,使内审工作处于两难的"夹缝"中。这种本位主义作风严重地影响了对内部审计监督工作的顺序开展,要加强法制意识的宣传,建立健全法制观念。以健全的组织机构与严格的管理程序来保证我国内部审计监督工作的客观和公允。

四是内部审计还没有制定全国统一的执业规范、准则和评价标准。内部审计在选择项目主审时,往往带有一定的随意性和片面性,审计过程中还存有错误事项或对审计事项的判断失误,审计质量不高,缺少风险约束机制。要切实有效地控制审计的固有风险(IR)、控制风险(CB)和检查风险(DR),将 ISO 9000 质量管理的思想体系运用于内部审计监督工作之中,通过建立审计质量控制体系,使审计工作和审计人员都处在这个质量体系之中,提高审计人员的主观能动性,严格按照审计的工作规范来完成审计项目,做好文件资料的控制、管理复审、纠正和预防措施,使各种质量问题能控制在萌芽状态,从而达到提高审计工作质量的目的,这是避免审计风险发生的一种较好的质量控制方法。

五是内部审计理论研究落后于审计实践的发展。与西方国家相比,我国内部审计理论的研究和发展都比较落后,内部审计理论研究中经验主义的倾向导致了理论研究让实践牵着鼻子走,审计实际工作中存在着盲目性和随意性。

总之,内部审计的发展和创新必须适应经济发展的需要,在经济活动中不断发挥出内部审计监督的特有功能,为投资者和企业的经营管理者提供可靠的监督管理信息，进行科学的预测和分析，起到防患于未然的作用。要充分利用审计的监督机制，使社会、政府和内部审计有机地结合起来，为深化企业改革，搞好防腐倡廉工作，进一步加大审计的监督力度，提高审计的工作质量多做贡献。

参考文献：

[1] 陈建明. 独立审计规范论[M]. 大连:东北财经大学出版社,1999.
[2] 赵晓燕. 现代企业制度下完善内部审计监督的必要性[J]. 陕西审计,1998(2).
[3] 庄恩岳. 内部审计[M]. 北京:经济管理出版社,1997.

原载《苏州大学学报》(工科版)2000年第6期，笔者为本文第一作者。

结合西方的审计独立性看如何完善和提高企业内部控制制度

内容摘要：结合审计独立性概念，从审计的组织独立、工作独立和经济独立出发，本文分析了西方国家对于企业内部控制制度的认识过程；并就如何提高我国企业经营管理水平，完善企业内部控制制度，提出了几点建议。

一、审计的超然独立

审计的独立性是指在开展审计业务过程中，自始至终不受内外部各种因素的干扰和影响，确保第三者审计人员能以客观、公允和公正的态度去从事审计活动。这是审计的先决条件。审计的独立性具体表现在三个方面，即组织独立、工作独立和经济独立，这是符合社会公众需要的一种超然独立。

随着商品经济和科学技术的不断发展，出现了股份制公司，私人以股权形式向公司企业投资，对出资范围进行负责，公司企业的日常经营管理业务则委托给其他具有经营管理能力的管理者。审计就是在这"两权"分离所形成的受托经济责任关系的情况下，基于经济监督的客观需要而产生的。财产的所有者为了维护其利益，有必要对财产经营管理者所履行的情况进行审查，因而出现了民间审计组织，专门从事对股份公司的经营情况和财务状况进行审计，出具审计鉴定或报告书。随着经济的发展，这种审计的需求量越来越大，对审计客观性的要求也越来越高，所有这些都加大了对审计独立性的鉴证需要。为了规范审计人员的审计行为，一些西方国家纷纷开始制定相关的法律、法规和政策，诸如公司法、证券法、审计准则和职业道德守则等相继出台，对各种经济活动提供了相应的规范和措施，对审计业务也提出了更高的客观性和公正性的要求。

西方国家最早对审计独立性的表述仅仅流于精神上的要求。例如，加拿大的审计职业道德准则将审计独立性表述为“可观的精神状态”；墨西哥公共会计师协会编写的职业道德法典中对于审计独立性的标准表述为“公共会计师应尽的责任是在从事任何职业判断时，都应保持自己公正、独立的态度”；美国注册会计师协会为了加强对审计业务的具体管理，发布了十项审计准则，其中第三条基本准则指出：“在承担审计任务时，审计师应保持精神上的独立。”综观上述这些对于审计独立性概念的表述，其提倡的是一种精神上的独立。事实上，对于精神上的独立是很难进行判断的，人的生理状况和心理状况都不尽相同，时时都在发生变化，对于一个人的精神状况更难以从量上进行衡量。

至 20 世纪中叶，由于审计实践中一些具体案件的相继出现，美国注册会计师协会感到，审计师只在精神上保持独立，而在经济上或者在其他方面与被审计对象仍然存在着某些联系的话，就很难对被审计对象做出客观、公正的审计结论，于是便提出了“形式上的独立”，要求审计人员与被审计对象应保持相应的独立地位。为了强调审计的独立性，在具体的个人关系、相互经济利益和执业操作范围上，法律对于审计人员都有着明确而详细的规定，认为审计的独立性是审计的“灵魂”之所在。

二、最初的内部审计形式

企业内部控制制度产生于 19 世纪末的美国。当时铁路网络的形成，为美国经济的迅速发展奠定了基础，美国铁路公司最早实施了企业内部控制制度，这也是企业内部审计的最初形式。

第一次世界大战后，企业的组织规模进一步扩大，管理层次和经营业务日趋复杂，一些资本集中、规模宏大的跨国集团公司相继成立。面对经济环境和经营条件出现的瞬息万变的情况，企业经营管理层已无法像过去那样对经营管理的状况进行经常性的监督与检查，不得不依靠各级管理人员所做的口头汇报以及所报送的各种资料，而这些间接的信息是否真实可靠，各级管理部门、生产经营单位的财务状况和经营成果究竟如何，企业的经营管理层对诸如此类的问题表现出了疑虑和关注。

于是，一些企业便开始设立专门的内部审计机构，配备具有一定素质能力、能秉公办事的审计人员进行有效的企业内部控制制度的监督和检查，把一些原本需要由外部审计人员来做的工作改为由内部审计人员来完成。

1995 年，以美国注册会计师协会为首的权威机构对企业内部控制制度提出了一个新的定义：企业内部控制制度是受企业董事会、管理当局和其他职员的影响，旨在取得经营效果和效率、财务报告的可靠性、遵循适当的法规等而提供合理保证的一种过程。与传统的企业内部控制制度概念相比，这一定义在于将企业内部控制制度视作一种动态的过程而不仅是静态的制度，企业员工不仅要照章办事，还应在各项管理、经营活动中实现效率、效益。这个概念体现了现代意义上适时、全程的控制观念。

现代化企业管理的基本要点就是要建立一套完善的企业内部控制制度。而企业内部控制制度则是建立在企业内部审计基础上的一种审计独立的具体体现，只有通过审计的独立性才能更好地完成对现代企业内部控制制度的具体管理要求。

企业内部控制制度是指企业为了保证业务活动的有效进行，保护资产的安全与完整，防止、发现、纠正错误与舞弊，保证会计资料的真实、合法、完整而制定和实施的政策、措施及程序。企业内控控制制度作为现代企业管理的一个重要内容，包括保证企业正常经营所采取的一系列必要的管理措施，贯穿于企业管理的方方面面。具体来说主要包括以下几个方面：人员素质控制；职务分离控制；授权批准控制；文件记录控制；业绩报告控制；财产安全控制；内部审计控制；等等。

企业内部控制制度也是企业内部管理控制系统。按控制目的的不同,企业内部控制制度可以分为会计控制和管理控制,会计控制是与保护财产物资的安全性、会计信息的真实性和完整性以及财务活动的合法性有关的控制;管理控制是指与保证经营方针、决策的贯彻执行,促进经营活动的经济性、效率性、效果性以及经营目标的实现有关的控制。会计控制与管理控制并不是相互排斥、互不相容的,有些控制措施既可用于会计控制,也可用于管理控制。

三、内部审计应该注意和处理好几个关系问题

2008 年 5 月财政部、审计署等部委联合发布了《企业内部控制基本规范》(以下简称《基本规范》),于 2009 年 7 月 1 日起在上市公司范围内实行,并鼓励非上市的大中型企业实行。目前,绝大多数上市公司和许多非上市企业,根据《基本规范》的精神,抓紧制定或修订完善企业内部控制制度。要使制定的企业内部控制制度能真正发挥出作用并节约成本,应具体处理好以下几个关系。

首先,要处理好全面控制与重点控制的关系。《基本规范》提出企业建立和实施有效的内部控制制度应当包括内部环境、风险评估、控制活动、信息与沟通以及内部监督五个要素。实际上这五个要素囊括了企业全部生产经营活动以及人、财、物等各个方面,是一个内容完整、体系复杂的有机整体。企业要按照五个要素的内容,构造一个非常严密的内部控制体系,即使能够做到,也要付出高昂的成本,更何况还存在制度的执行问题。因此,深刻认识、全面领会五大要素的内涵,在开展全面控制的基础上,有选择地实施重点控制,以确保控制的效果与效率,具有重要的现实意义。而要做好重点控制,其重要一点就是,必须明确在企业现实经济活动中,哪些部门、哪些岗位是必须重点控制的。

其次,要处理好制度建设与人的素质建设的关系。制度建设与人的素质建设是企业内部控制制度相辅相成的两个方面,缺一不可。但是,必须看到,制度是“死”的,人是“活”的,再完善的制度,如果执行制度的人出了问题,最终也不会有好的效果。现实中有许多这样的企业,

企业内部控制制度也好,各种管理制度也好,可谓滴水不漏,但企业还是出了问题。仔细追究,要不就是将各种制度束之高阁,要不就是执行不严。这种情况,说到底是人的问题。因此,要使内部控制制度真正发挥作用,应处理好制度建设与人的素质建设的关系,必须从提高人的素质入手。

最后,要处理好企业内部控制制度的成本与收益平衡的关系。企业内部控制制度作为企业一项重要的经济管理活动,涉及企业工作的方方面面,要付出较高的成本。同时,企业作为一个经济组织,其追求的最终目标是利润,是经济效益的最大化。因此,企业在建立内部控制制度的过程中,也必须考虑整体目标的要求。即在保证企业内部控制制度效果和实现既定目标的前提下,尽可能节省费用、降低成本。

如何提高企业现代化管理水平、完善和提高企业内部控制制度是现代企业经营管理者必须面临和考虑的问题。笔者以为需要注意以下几点:

第一,强化对内部控制制度实施情况的检查与考核,并建立有效的激励机制。为了保证企业内部控制制度能有效地发挥作用,并使之不断得到完善,企业必须定期对内部控制制度的执行情况进行检查与考核,看企业内部控制制度是否得到有效遵循,执行中出现了什么问题,为什么某项内部控制制度不能执行或不能完全执行,估计可能产生或已经造成什么后果。对于严格执行内部控制制度的,给予精神鼓励和物质奖励,对于违规违章的,坚决给予行政处分和经济处罚,并与职务升降挂钩。只有做到压力与动力相结合,才能最终达到企业内部控制制度的目的。

第二,深化产权制度改革,建立健全现代企业制度。企业内部控制制度能否真正成为管理者的内在需求,是判断企业内部控制制度是否流于形式的关键。而要使企业内部控制制度成为企业的内在需求,主要取决于两点:一是会计信息是否决定着企业的决策;二是企业是否通过提供真实的会计信息取信于社会。因此,只有通过产权制度改革,建立现代企业制度,使企业领导人与企业兴衰息息相关,企业领导者才会有动力去实施企业内部控制制度,企业内部控制制度才会真正发挥其应有的作用。

第三，加强对内部控制行为主体“人”的控制，把企业内部控制制度工作落到实处。企业内部控制制度失效，经营风险、会计风险的产生，行为主体都是人（这里所指的人是指一个企业内从领导到有关业务经办人员）。只有上下一致，及时沟通，随时把握相关人员的思想、动机和行为，才能把内部控制工作做好。具体地讲，除领导应以身作则起表率作用外，还应做好以下工作：首先要及时掌握企业内部会计人员的思想行为状况。其次要对会计人员进行职业道德教育和业务培训。职业道德教育要从正反两方面加强对会计人员的法纪政纪、反腐倡廉等方面的教育，增强会计人员自我约束能力，自觉执行各项法律法规，遵守财经纪律，做到奉公守法、廉洁自律。加强对会计人员的继续教育，要特别重视对那些业务能力差的会计人员的基础业务知识的培训，以提高其工作能力，减少会计业务处理的技术差错。

第四，强化外部监督，督促企业不断完善企业内部控制制度。财政、税务、审计等部门要合理分工，注意加强彼此间的信息交流，定期互通情报，形成有效的监督合力。应加强对企业内部控制制度的了解、检查与监督，加大执法力度，增强威慑力。有关部门必须切实抓好对注册会计师执业质量的监管，使注册会计师的社会监督职责到位。鼓励支持广播电视、报刊等新闻媒体对企业违法违纪行为的及时曝光，以充分发挥舆论监督作用。

第五，建立良好的信息沟通系统，提高企业内部控制制度的执行效果。一个良好的信息和沟通系统可以使企业及时掌握营运状况，提供内容全面、及时、正确的信息，并在有关部门和人员之间进行沟通。目前，大中型企业的会计核算基本上脱离了手工操作的账务处理过程，这既节省时间提高了工作效率，又减少了人为因素对企业内部控制制度执行效果的影响。今后我们要特别注意开发与引进先进的企业财务和管理软件，逐步建立高质量的企业信息沟通系统。

第六，加强企业领导者的自觉控制意识。企业内部控制制度的成败很大程度上取决于企业员工的控制意识和行为，其中领导者的企业内部控制制度的自觉意识和行为尤为重要。从我国一些企业的现状分析,很多企业不是没有内部控制制度,而是没有很好地执行内部控制制度。其中,往往是企业领导者带头不执行,破坏了既定的内部控制程序,导致内部控制制度形同虚设或只对下不对上。今后在制定企业内部控制有关规定时,同样要明确企业领导者应负的责任。只有这样,才能使企业由上而下共同执行内部控制制度的要求,从而推动我国企业内部控制制度的健康发展。

参考文献:

[1] 张文兵. 论内部审计独立性[J]. 盐城科技,2009(2).
[2] 刘大勇,李翠霞. 关于企业内部控制制度的研究[J]. 商业研究,2008(5).
[3] 冯宏杰. 我国企业内部控制制度建设的几点思考[J]. 兰州商学院学报,2007(5).
[4] 刘宗柳,陈汉文. 企业内部控制、理论、实务与案例[M]. 北京:中国财政经济出版社,2001.
[5] 陈建明. 独立审计规范论[M]. 大连:东北财经大学出版社,1999.
[6] 庄恩岳. 内部审计[M]. 北京:经济管理出版社,1997.

原载《苏州大学学报》(工科版)2009 年第 6 期。

结合美国保险业监督管理体制看进一步完善我国保险业的制度建设

内容摘要：本文详细介绍了美国保险业的监督管理体制，以及美国保险管理部门监督管理保险业的原因、内容和具体措施，结合我国保险业的发展现状和制度建设，提出了如何提高保险业的运作质量以及如何规范保险业的市场规则，合理完善保险业的制度建设，使我国保险业能沿着健康的轨道正常发展。

美国有世界上最大的保险市场，无论是保险公司的数量、业务量，还是保险业务种类，在世界上都是首屈一指的。美国国内约有6 200家保险公司，保险从业人员约210万人，保险公司的资产总值达27万亿美元，保费收入超过7 400亿美元，占国民生产总值的11.4%。美国各州均有自己的保险法，各州保险监督管理部门按法令赋予的权力行使管理和监督权，是各州保险监督管理的主体。美国各州的保险监督官于1871年组成了全美保险监督官协会（National Association of Insurance Commissioners，简称为NAIC）。

美国联邦政府是为适应监督管理的需要，建立了以NAIC和州保险监督机构为主的保险监督管理体系。NAIC是对美国保险业执行监督管理职能的部门。它是一个非营利性组织，由美国50个州、哥伦比亚特区以及4个美国属地的保险监督管理官员组成。其目的是协调各州对跨州保险公司的监督管理，尤其着重于对保险公司财务状况的监督管理，定期相互交流保险管理信息与观点，并拟定具体保险条例与法律，以供各州保险立法参考。该协会同时也提供咨询和其他服务等。

所以，美国各州的保险法内容大体基本相同，其各州的保险管理活动也基本相同。

美国对保险业实行联邦政府和州政府双重监督管理制度，联邦政府和州政府拥有各自独立的保险立法权与管理权。联邦保险局负责联邦洪水保险、联邦农作物保险、联邦犯罪保险等特定业务。各州有自己的保险法，各州保险局在州管辖范围内行使保险监督管理权，以保险公司偿付能力和保护投保人利益为主要监督管理内容。各州法院通过对保险法的司法审查也发挥着一定的监督管理作用。

联邦政府和州政府双重监督管理制度有其历史渊源。1869 年美国最高法院对“保罗诉弗吉尼亚州”案件的判决认定了各州享有对保险业进行监督管理的权力。1944 年最高法院在“联邦政府诉东南保险者协会”一案中在事实上推翻了它先前在 1868 年的判例，意味着联邦权力可以介入对保险业的监督管理。1945 年的“麦克兰—富格森”法案一方面宣布国会承认各州对保险业监督管理的现行体制和法律，另一方面宣布某些联邦法律将介入对保险业的监督管理。

美国保险监督管理体系有其独特之处，州政府在其中发挥了重要作用。美国各州都设有一名保险专员，具体负责对州内经营的保险公司的偿付能力、费率和市场行为进行监督管理。根据有关规定，所有美国保险公司和再保险公司必须在至少一个州登记注册，并接受所在州和有营销业务的州的监督管理。

一、美国保险业的具体监督管理措施

（一）保证金制度和清算制度

保险公司成立时，应按注册资本金的一定比例向保险监督管理部门缴纳保证金，以确保保险公司的偿付能力，这些基金非经保险监督管理部门同意不得动用。较早建立该保证金制度的州分别有纽约州（1947）、新泽西州（1952）、马里兰州（1965），这些制度在 1970 年至 1971 年期间又做了较大的调整。1969 年至 1991 年，美国保险保证金已累计达到 42 亿美元。当保险公司的基金盈余账户达到某一不可以接受的水平或公司的行为严重损害被保险人的利益时，州保险监督管理部门便会介入该保险公司的经营。如果这种介入并没有起到应有的效果，州监督管理部门便会采取进一步的措施，即清算。如果涉及的是小保险公司，州监督管理部门便会让大公司兼并小公司，或者动用保证金对该公司进行清算。无论大小公司，其经营失败都可能使被保险人放弃保险合同中的某些权利。如果是人身保险公司破产，保单持有人只能获得比保险合同中所允诺的更低的投资回报。各州对受损的被保险人所给予的补偿数额各不相同。再补偿时视各自的条件而定不同的标准，如一些州对待个人被保险人明显不同于公司被保险人。1989年，NAIC 出台了保证金法案，提供了某些州可共同使用的方案。

（二）法定责任准备金提留制度

各州保险法均规定，保险公司在业务经营中，必须依法提留各种准备金，即保险人必须为承担未到期责任和处理未决赔偿而从保险费收入中提存资金准备。准备金包括总准备金、未到期责任准备金和未决赔款准备金。保险准备金不是保险企业的营业收入，而是保险企业的负债，保险企业必须有与保险准备金等值的资产为后盾，才能确保公司的偿付能力。各州监督管理部门正是通过监督管理保险公司及时、足额提取准备金，合理地使用好准备金，来保障被保险人的利益，保证保险公司安全经营。

1992 年以前，NAIC 仅要求保险公司拥有单一的准备金，即强制的证券价值准备金（MSVR）。自 1992 年起，要求保险公司拥有两种不同的准备金，即资产价值准备金（AVR）和利息保持准备金（IMR），以保护被保险人由于保险公司投资失败而带来的损失。AVR 的目的是为了避免由于保险公司资产在销售时低于资金成本所做的储备，这主要是考虑到普通股和优先股、抵押贷款、房地产等的投资风险。公司必须在 NAIC 提供的指导比例下，根据自己的资产情况，在 AVR 账户下存入一定比例的准备金。例如，普通股和优先股的指导比例是 1%，抵押贷款的指导比例是 3.5%~10.5%。IMR 则是为了由于政府债券利息的变化引起保险公司损失而做的资金准备。

（三）常规审计制度和清偿能力测试制度

各州保险监督管理部门和 NAIC 都要求保险公司按时递交年度报告。这种报告采用 NAIC 拟定的基本格式，包括保费收入、费用开支、投资项目、准备金的提取等一系列财务统计资料。各州保险监督管理部门每三年对这些报告进行一次审计，并邀请其他州监督管理部门派代表参加。而 NAIC 的审计则是把全国分为 6 个区域，各区域有一名代表参加。

为了让被保险人在遭到损失之前，对保险人的清偿能力即已了解，NAIC通过电脑对各种数据进行分析，建立了早期警戒系统（IRIS）。IRIS主要分析以下比率：（1）资本金和盈余率；（2）总收入和净收入；（3）佣金与费用和保险费与最低资本金；（4）投资收益率；（5）保费变化；（6）准备金变化。如果 IRIS 对某保险公司的分析结果超出预期正常结果，州保险监督管理部门会对该公司密切注意，追查原因和规定其改正限期，否则，将采取必要的措施，以保护被保险人的利益。1992年，NAIC又制定出一套针对人寿保险公司的新的资金要求系统（RBC），以防范新的风险。后来又将之扩展到财产保险公司。RBC 的标准和原来 IRIS 的不同之处在于：第一，对于财产保险公司而言，RBC要求的资本金数额由保险公司的财产风险、信誉风险、承保风险和巨灾风险等风险因素决定；对于人寿保险公司而言，资本金数额则由保险公司的财产风险、承保风险、利率风险和商业风险等风险因素决定。第二，RBC 考虑了保险人在承保险种和投资方向上的不同。如两个保险人在规模方面虽然类似，但一个保险公司经营保守，而另一个则较为大胆创新。在以前的规定下，两个保险人要求有相同的最低资本金数额，但在 RBC 下，后者将被要求提供更高的资本金数额。采纳 RBC 的目的就是保障保险人由于经营失误所带来的风险。

（四）保险价格的管理制度

保险市场上不能使用开放而无限制的价格竞争，因为保险价格在最终成本出来以前早已制定。价格过低，虽然若干年后才会发现，但仍会导致保险人最终破产；而过高的不必要的价格，又会导致被保险人利益的损失。因此，在保险市场上，保险价格的管理，即保险费率的管理是很有必要的。

美国各州保险价格管理的近期目标是：保险费率公平、足够和无歧视。公平意味着费率对于被保险人存在的风险来说并不太高；足够意味着在精算的基础上，费率又不太低；无歧视意味着相似的风险应有接近的保费价格。各州保险价格管理的最终目的是：促进保险人的清偿能力，避免被保险人因为保险公司的管理漏洞而引起的经济损失。相对于商业公司的被保险人而言，个人保险中的被保险人由于保险知识的匮乏，更容易由于保险人管理的缺陷而遭受损失，因此，美国各州保险监督管理部门对个人保险险种的费率管理更加严格。对于保险人在制定商业财产保险和再保险费率时，由于被保险人是企业，保险公司有较大的自由度。

尽管美国是当今世界上保险业最发达、保险市场最健全的国家之一，但就其监督管理的体制而言，仍然存在一些问题，同样面临着一系列新的挑战。我们需要不断借鉴和吸取美国保险监督管理的积极有益的方面，不断改革和完善我国的保险监督管理制度，用创新思路和理念去适应保险市场的发展需要。我国保险业仍处于发展的初级阶段，当前最主要的矛盾依然是保险业的发展水平与国民经济、社会发展和人民生活需求不相适应的矛盾。

根据美国保险监督管理的经验来看，监督管理效率的高低在很大程度上取决于信息的全面和真实性、信息传递的有效性、监督管理指标的标准化、监督管理程序以及监督管理人员行为的规范化程度等多方面的因素。美国保险业监督管理制度的最终目标是促进保险人的清偿能力，保持社会公众对保险制度体系和机构体系的信任，保护保险消费者的合法权益，减少和打击保险行业的犯罪，维护保险市场的有序发展。而对我国的保险监督管理部门而言，应加快信息化的建设，充分发挥现代化技术手段特别是信息技术在保险监督管理中的作用，尽快建立完善的信息系统和集中统一的保险行业数据库。应规范保险公司的财务核算方法和统计指标，使各公司递交的财务报表具有较高的可比性。同时，保险监督管理部门应建立和健全保险监督管理指标体系与风险预警系统，这对于完善我国的保险监督管理具有十分积极的意义。

自1980年恢复国内保险业务以来，我国保险业得到了迅速发展，正确分析认识中国保险市场的状况和走势，对规范中国保险市场、促进保险业的发展，均有重要的指导意义。但是，我国保险市场面临的主要问题依然是保险业的总体规模偏小、在国民经济发展中的比重偏低、保险的功能和作用发挥不够充分等。

二、我国现有保险的主要问题

（一）有效供给不足

主要表现在供给主体少、垄断程度高；保险商品少，且不对路。目前中国仅拥有保险公司28家，而中国人民保险公司和中国人寿保险公司占中国保险市场份额的70%以上，其余保险公司的份额仅占20%多，这说明中国保险市场属于垄断型保险市场。由于垄断程度高、缺乏竞争，带来险种少、服务质量受限制等问题，一方面有些保险商品供不应求，另一方面有些保险商品又相对过剩。同时，从保险中介市场看，保险中介发展非常缓慢。保险代理公司和保险经纪公司均较少。

（二）有效需求不足

主要源于国民保险意识较淡薄、收入水平较低和保险费率偏高。国民保险意识淡薄的原因在于：一是历史原因，国民在观念上习惯于养儿防老，采用风险自留的方法；二是过去长期实行计划经济体制，人们在观念上仍然存在对财政的依赖；三是国内保险业务恢复不久，有些国民对保险既不了解，也不想了解；四是有些保险公司或代理人在经营上尚欠规范，外加有些舆论的不适当传播，导致国民对保险的不信任。显然，国民在观念上的偏见以及对保险不了解、不信任也不想了解的原因，导致国民保险意识较淡薄。保险是社会生产力发展到一定阶段的产物，并随着生产力的发展而发展。由于国民收入有限，相对减少了保险需求。保险价格的高低直接影响保险产品的需求。而中国保险公司由于经验不足、专业人员缺乏，加之成本较高、保险费率灵活性小、税收负担较重等原因，使保险费率普遍略高于国际保险市场的费率。根据需求理论，保险商品的需求量也相对会减少。

三、用科学合理方法规范约束我国保险市场的运作

（一）逐步完善保险业的监督管理组织和监督管理理念

为适应保险业的快速发展以及对银行、证券、保险分业监督管理的需要，1998 年国务院成立中国保监会，对全国保险市场实行统一监督管理，初步建立了全国统一的保险监督管理组织体系，2003 年保监会调整为国务院正部级单位。全国保险监督管理组织体系得到进一步完善，在维护保险市场秩序、促进保险业健康发展、保护广大被保险人利益等方面发挥了积极作用。

（二）加强保险监督管理手段，切实防范化解风险

十六大以来，保监会坚持一手抓促进发展、一手抓防范风险的工作方针，监督管理手段不断加强，监督管理力量得到进一步充实，监督管理法规逐步健全完善。2002 年全国人大常委会对 1995 年颁布的《保险法》进行了修订。与此同时，保监会积极抓紧修改、制定与新《保险法》相配套的一系列法规规章，为规范保险经营活动、保护被保险人利益、促进保险业的健康发展提供了法律法规依据。通过改革，保险公司更加尊重市场规律，注重产品开发和客户服务。保险产品种类逐步增加，费率趋于合理，较好地满足了社会的需求。

针对保险市场存在的风险和问题，保监会加强了防范化解风险方面的制度建设和监督管理工作。一是加强偿付能力监督管理。保监会把偿付能力监督管理作为改善监督管理和防范风险的关键环节，不断加强偿付能力监督管理制度建设。发布了《保险公司偿付能力额度及监督管理指标管理规定》，初步建立了偿付能力监督管理制度框架，在偿付能力监督管理方面迈出实质性步伐。二是着手建立完善保险保障基金制度。建立保险保障基金是完善保险市场退出机制、维护保险市场稳定、保护被保险人利益的重要手段。保险保障基金制度建立以后，保险业将初步建立起较为完善的风险自救机制，依靠行业自身力量防范化解风险的能力将大大提高。三是加强资金运用监督管理。相继出台了《保险资产管

理公司管理暂行规定》和《保险资金运用风险控制指引》,进一步加大保险资金运用监督管理的力度,确保保险资金运用的安全性、流动性和收益性。

(三)不断改进保险监督管理方式

保监会坚持寓监督管理于服务之中,不断改进监督管理方式。一是提高了监督管理透明度。监督管理部门通过健全信息披露制度,及时公布政策法规、重大监督管理举措、行政审批事项和保险业统计数据,提高了监督管理透明度,使社会公众增强了对保险业的了解,提升了保险业的行业形象。二是积极鼓励创新。在日常监督管理中,监督管理部门鼓励保险公司进行产品、销售和服务创新,不断发掘和培育新的业务增长点,加强风险管理服务,把服务渗透到保险消费的各个环节,丰富保险服务的内涵,促进我国保险业加快发展。三是建立了协调监督管理机制。通过与银行、证券监督管理机构以及同中央银行、财政等部门的协调沟通,加强对金融市场的协调监督管理,提高保险监督管理实效,为保险业创造良好的宏观环境。四是加强了行业自律。进一步明确保险行业协会在市场经济条件和保险业快速发展的新形势下的职能定位。

除此以外,还应该尽快建立和完善我国保险公司的内控制度,强化保险公司的内部监督。建立完善的保险监督管理体系,构建一套由政府监督管理、行业自律、企业内控和专业机构评估组成的多层次全方位的监督管理体系。本轮美国次贷危机也能给我们一定的警示作用,保险业的监督管理制度是保险业的灵魂。只有把保险业的监督管理放到一个高的层面去思考、去创新,才能更好地发挥我国保险业所具有的经济补偿、资金融通和社会管理的综合功能,为国民经济的发展起到保驾护航的作用。

参考文献:

[1] 段昆. 美国保险业的监管制度及其借鉴[J]. 中国软科学,2003(3).

[2] 崔惠贤. 发达国家的保险监管制度对我国的借鉴意义[J]. 浙江金融,1999(5).

原载《苏州大学学报》(工科版)2008 年第 6 期。

谈现代企业制度下公司税收筹划的风险防范

内容摘要：企业经营多元化带来了更多、更复杂的涉税业务，合理进行纳税筹划是现代企业财务管理的重要举措之一。目前，我国公司的税收筹划实践经验有限，筹划过程存在较大的风险。现代企业要想在竞争中求胜，必须加强税收筹划风险的防范和控制。本文从产生税收筹划风险的角度出发，总结现代企业制度下公司税收筹划可能面临的风险类型，探讨公司防范与控制税收筹划风险的对策。

一、企业税收筹划面临的风险类型

税收筹划是指公司在不违反国家法律、政策规定的前提下，通过对经营、投资、理财等一系列活动进行有序安排和筹划，尽可能减轻企业的税收负担的行为。但税收作为重要的国民经济杠杆，体现了国家宏观的经济政策和税收政策，所以，公司的税收筹划应顺应国家宏观经济的调控，顺应国家政策法规的导向，顺应国家税收政策杠杆的调节。

税收筹划虽然是利用合理的“非违法”手段，但这种“非违法”行为一不小心便会演变成违法行为，具有很大的风险性。税收筹划风险是指公司在生产经营过程中出现不确定性意外事件导致税收筹划失败引起的对公司的不利影响。从引起税收筹划风险的原因出发，本文将现阶段公司税收筹划的风险分为以下几个大类。

（一）税收政策变更风险

国家的税收政策为了适应市场经济的发展，会随时做出相应的变更,不断地补充、修订、完善。这种不定期性或时效性的税收政策变化,会对企业的税收筹划带来很大影响,如果公司不能很好地理解与领悟新政策和调整法规,很可能出现被动违法的危险。特别是依据原有税收政策的中长期税收筹划方案会变得十分不合理,对公司的纳税行为失去指导作用,不但不能给公司带来税负的减轻,反而会导致出现利益冲突与纠纷。

(二)税收筹划概念认识风险

有一部分公司并没有真正理解税收筹划的实质内涵,为了少纳税,采取偷税、抗税、骗税等不法手段,完全违背了纳税筹划的精神实质。而且我国的税收优惠政策往往具有很强的时效性,有些公司筹划人员的财务会计、税收政策等方面的专业知识十分欠缺,对各项优惠政策的特定条件、具体时间与空间的限定了解不全面或理解不透彻,制定出的纳税筹划政策不尽合理,在期末进行核算时,发现为税收筹划所支付的税收法律政策研究、学习及方案制订等费用远远超过税收筹划所带来的节税收益。

(三)税收筹划目的不明确的风险

税收筹划要服务于企业财务管理的目标,具有较强的计划性,筹划方案也是在未来环境符合筹划预期环境的假设前提下做出的,本身就带有很大的不确定性。如果公司因市场环境、战略环境等发生变化而改变了预期的经营目标,会造成公司实际经营与纳税筹划预期的偏离,导致税收筹划活动的失败。

(四)税收筹划基础不可靠的风险

税收筹划是凌驾于财务活动之上的高层次理财活动,对筹划人员的专业素质和公司的财务会计基础工作的规范性要求更高。如果公司的会计核算不健全、账证不完整、会计信息严重失真,就会使合理的纳税筹划失去了稳固的基础。再加上操作人员没有足够的辨别分析能力,专业能力无法达到现代企业要求的税收、财务、法律等综合素质水平,制订的税收筹划方案极不严谨,严重脱离企业实际,给企业带来财务风险。

（五）税收筹划方案实施不到位导致的风险

部分公司在税收筹划管理上出现典型的“虎头蛇尾”现象。这些公司能够集中人力、物力关注科学的税收筹划方案的制订,也能严格执行规范的制定程序,但在后期的实施过程中却疏于管理与监督,先进的筹划方案成为摆设,流于形式;或者因突然变更实施条件而半途而废,花费较大力气做出的筹划方案成为历史,整个税收筹划前功尽弃,管理成本得不到补偿。

（六）税务行政执法不规范导致的风险

我国的征税主体有海关、财政、国税、地税等多个系统,职能机构设置复杂,各系统之间税务行政执法职能难免存在相互重叠的现象。在不同的利益关系下,税务行政执法不规范的现象在许多地方时有发生,在公司出现明显违反税法的税收筹划行为时放任不究,致使企业在开展税收筹划时严格遵守法律、法规的意识较淡薄,随着公司业务的扩展,税收筹划风险隐患越来越严重。

二、公司税收筹划中风险的防范与控制对策

结合公司纳税筹划过程中风险形成的原因,本文认为系统的纳税筹划必须做好足够的风险防范与控制措施,使纳税筹划的优势得到充分体现。

（一）认真研究政策,使税收筹划方案与国家税收政策导向保持趋同

首先,应该对税收筹划有正确的认识,依法筹划是其最基本的前提条件,也是税收筹划赖以生存的基础。所以,公司应该至少要求管理层与筹划人员做到学法、懂法和守法,关注税收政策变化趋势和调整动态,准确理解和全面把握政策内涵,处理好税收筹划与避税的关系,既为公司切切实实地减轻税负,又保证税收筹划不违法,符合国家与政府的税收政策,合理地享受有关税收优惠。其次,在国家、政府的法律、政策指导发生变化时,要保证及时了解,能够正确地分析该变化对公司的影响,对筹划方案做出最适当的调整,尤其是中长期税收筹划方案应由

专人负责，定期结合国家政策与经济形势对方案进行考核与评价，做出调整与完善，保证税收筹划方案与国家税收政策导向的趋同，真正发挥税收筹划降低企业税负的作用。

（二）正确理解纳税筹划概念，建立完善的风险预警机制

纳税筹划是一种富含技术性的理财行为，需要相关人员对纳税筹划有正确的理解和把握，并用正确的理念去指导实际行为。同时必须认识到纳税筹划同样是一种充分风险的经济活动，无论是从事税收筹划的专业人员还是接受筹划的纳税人，都应正视风险的客观存在，在整个筹划过程中始终保持高度的警惕性，关注法律、法规、政策的最新变化，并结合本公司的经营活动，权衡制定成本与筹划行为带来的收益，制订合法、完善、可行的税收筹划方案，合理预测可能出现的风险，并建立一套科学、快捷的税收筹划预警系统，对筹划过程中存在的潜在风险进行实时监控，并通过完善的风险防范体系及时制定对程序化或非常事件的处理措施，最大限度地降低风险损失发生的可能性。

（三）立足于公司财务管理目标，保证税收筹划方案的效果

税收筹划的目标应该与公司财务管理的目标一致，即实现企业价值最大化。围绕这一总体目标制定的税收筹划才是有效的。所以应该将纳税筹划方案的制订工作纳入企业的整体投资和经营战略中，统观企业经营业务所涉及的所有税种，着眼于整体税负的降低，全面考虑纳税筹划的显性成本与隐性成本，既考虑某一税种的节税利益，又考虑多税种之间的利益抵消因素，权衡整体税负最轻与企业整体利益最大化的关系，设计多种方案进行研究分析并加以选择。

（四）规范财务会计基础工作，培养专业人才

首先，公司应该严格按照国家会计准则与制定的相关要求完善账簿记录、规范财务会计工作流程、认真填报税务申报资料等，并接受纳税检查，在通过纳税检查的前提下进行纳税筹划，避免纳税筹划的违规风险。其次，对从事纳税筹划的工作人员进行专业培训，及时传达政策导向的变化，广泛开展讲座与研讨活动，使其具备开展税收筹划所需要的法律、财务知识，熟练掌握税收法律规定，对税收政策的变化保持高度的敏感性，掌握对纳税筹划风险的防范与控制技巧，做到利用专业素养对经济前景做出合理科学的预测,适时调整税收筹划方案,胜任对项目进行统筹谋划的工作,保证纳税筹划工作达到预期效果。

(五)保持税收筹划方案的灵活性,增强方案的执行力

公司在不同的发展阶段所面对的经济环境千差万别,税收政策也时刻处于变化之中。合理、科学的税收筹划方案,应该能够做到根据公司不同阶段的实际情况灵活调整,使实施的纳税筹划方案能够切合企业发展要求,降低经营风险。适当的时候,可以聘请税收筹划专家以及其他具有很强的专业性和技能性的筹划人员来操作,特别是当国家政策出现临时调整时,能够对税收筹划方案进行正确的审查评估和更新调整,趋利避害,降低税收筹划风险,增强税收筹划方案的可操作性和执行力度,保证税收筹划目标的实现。

(六)理顺政府管理格局,营造良好的税企关系

首先,征税主体应该明确各自的权力与责任,不同主体之间互相配合、及时沟通,形成对纳税主体的有效管理格局,避免出现无人管理和多重管理的混乱。同时,尽职尽责,加强对企业纳税行为的监督检查,对违反乱纪行为进行严厉惩处,树立法律法规的权威性,给企业依法进行纳税筹划树立起应有的法律威严,强化企业的守法意识。其次,企业要加强对税务机关工作程序的了解,加强与税务机关沟通,争取在税法的理解上与税务机关取得一致,出现问题及时寻求税务机关的帮助,避免因理解偏差引起的纳税筹划风险。并严格按照税务机关的规定与指导实施纳税筹划,尊重法律。

参考文献:

[1] 刘继雄.企业税收筹划及其风险控制[J].企业家天地,2011(1).
[2] 刘欣,王宗萍.风险投资中税收政策的国际经验及借鉴[J].商业经济发展,2009(3).
[3] 汪潇潇.论我国风险投资发展和相关税收政策[J].金融经济,2009(6).
[4] 刘琪.浅析税收筹划风险及其防范与控制[J].财政监督,2008(14).

原载《财经界》(学术版)2011 年第 8 期。

我国民间审计独立性缺失和弱化的对策研究

内容摘要：审计失败案例的发生，给投资者、审计行业带来了负面影响。审计环境的缺陷对审计独立性的影响和弱化制约着我国审计行业的健康发展。本文从制度建设出发，分析审计失败案例的成因，提出了相应的对策和建议。

近年来，审计失败案例频频发生，给投资者、审计行业带来了不利影响。这与审计独立性缺失和弱化有着直接关系。审计独立性，是防范重大会计差错和舞弊的最后一道防线。没有审计独立性，便丧失了审计的权威性。因此，加强审计的独立性是审计工作的重中之重。

一、审计独立性缺失和弱化的成因

（一）监管制度不完善、处罚力度不够

我国对违法违规的事务所及注册会计师的处罚力度不够，多数采取警告、暂停执业、公开谴责等惩罚措施。被吊销营业执照、撤销职业资格的概率比较低，极少有民事和刑事处罚。对违规者来说，震慑力度不够，犯错并未承担应有后果，在巨大经济利益的驱使下，收益与被查处的风险并不对等。故而，会计师事务所和注册会计师丧失应有的职业道德，铤而走险的事件也时有发生。

事后处罚机制应当是对违规违法者的严厉教训，也给广大执业者敲响了警钟。当下，我国相关法律追究其责任时手段还不够强硬，警钟

敲得还不够响,缺乏相关的有效惩罚措施。民事责任归属不到位和行政处罚力度的薄弱,无异于给事务所和注册会计师发出了过于宽松的信号,故而使其知法犯法,严重削弱了审计的独立性。

(二)我国会计师事务所自身规模较小,组织结构存有缺陷

随着注册会计师行业的发展,我国会计师事务所的数量已近8 000家,其中以中小型规模的事务所居多,他们仅需要30万元注册资本金即可开业。事务所数量的剧增对比数量相对平稳的服务对象,审计业务形成了供过于求的买方市场。事务所之间的竞争加剧,甚至出现了低价揽客等恶性竞争,中小型事务所靠价格战取胜,忽视了审计质量,在独立性原则的遵守上大打折扣。

中小型会计师事务所由于资金有限,业务范围狭窄,经济上对客户过度依赖,企业管理当局也会抓住其急需资金维持生存的心理,对其施加影响和压力,诱使其出具有利于企业管理当局而有损职业道德,违背公允、客观原则的审计报告。

我国会计师事务所80%以上采用的是有限责任制,采用普通合伙制的不足20%。相对于有限责任制,实务界普遍认同合伙制,因为合伙制要求事务所对其债务承担无限连带责任,这种组织形式更有利于提高审计师的职业谨慎和自身约束力,增强其独立性。合伙制下,一旦发生审计失败,造成损失,事务所的违规违法成本更大,注册会计师更可能倾家荡产以偿付债务,而有限责任制的偿付仅限于在注册资本金的额度内。

(三)注册会计师及会计师事务所的内部威胁

影响注册会计师独立性的因素可以归纳为以下五类:第一,自身利益威胁,审计业务项目组成员在鉴证客户中拥有与自身相关的利益时,会严重影响其独立性;第二,自我评价威胁,审计业务项目组成员在对自己或者同事之前的工作成果进行评价时,极有可能碍于颜面等因素而包庇所发现的错误;第三,过度推介威胁,事务所对审计客户承担宣传推介作用时,会加大在以后鉴证服务中对发现的问题刻意隐瞒的可能性,影响其独立性;第四,亲密关系威胁,"关系"的存在使得审计业务项目组成员心中的"天平"倾斜,影响其结论的客观公正性;第五,外在压力威胁,来自审计客户恐吓威胁等因素,给审计业务项目组成员造成心理压力,从而屈服而影响其独立性。

具体来看,这些威胁主要存在于以下事项中。

1. 非鉴证业务

实际执行中,可能出现以下三种情况影响审计独立性:一是在评价某一特定非鉴证服务产生不利影响时,并未完全准确做出判断,从而得出了错误的结论,影响审计的独立性,在兼做业务时影响了审计独立性。二是即便事务所得出了准确的判断,明知该非鉴证服务将对其独立性产生不利影响,但是由于与鉴证客户存在专业服务收费以外的直接经济利益或重大的间接经济利益关系,出于经济利益或者与鉴证客户存在密切关系的考虑而明知故犯。三是当事务所收入高度依赖于鉴证客户的非鉴证业务时,在重大会计、审计问题上与鉴证客户存在分歧,鉴证客户通过施加压力如威胁解聘事务所的某项业务而干预其独立性的遵守。

非鉴证业务对独立性的影响:一是税务服务。注册会计师从客户的角度出发,为其量身制订合理的纳税避税方案,一旦在提供审计业务的同时提供税务服务,发生争议时很可能因被客户施加压力而包庇客户,导致其独立性缺失。二是会计服务。注册会计师帮客户记账同时又担任审计师的职责进行审计,这两者本身是自我矛盾、不可兼任的。这和会计记账中凭证记账员和审核员不能是同一人是一个道理。三是管理咨询服务。部分会计师事务所倾向于收取较低的审计费用来获取丰厚的咨询业务费,但是自从安然—安达信事件爆发后,这一做法引起诸多争议,尽管还没有明文规定违反独立性应当取缔,但是从近年来爆发的审计案例失败来看,审计独立性因此受到影响是毋庸置疑的。

2. 长期业务关系

会计师事务所长期委派同一名合伙人或者高级员工履行某一客户的审计业务时,容易因为关系密切和自身利益而产生不利影响。中小型事务所为拉拢客户,通常采用与客户签订长期审计业务合同的方式保证事务所一定的收入,虽然长期的审计工作利于审计员对该客户的会计信息、行业情况有更全面和连续的了解,能适当地减轻其工作量,但是,注册会计师们很可能会与该企业的管理层关系发生微妙的变化,发展成非同一般的"友谊"或者利益连带关系,对该客户的依赖加强,不利于审计工作的进行。

注册会计师容易因为自我评价的局限,影响审计的独立性。从另一个角度看,在事务所年复一年的审计工作中,客户很容易摸出这个事务所的审计规律和套路,甚至发现一些审计漏洞、盲点,从而懂得如何趋利避害。

3. 审计收费

当会计师事务所对某一客户审计收费的依赖程度较大时,即该客户的审计费用占会计师事务所全部收费的比重很大,则可能对该客户产生依赖,担心客户流失导致收入减少,而产生自身利益或外在压力的威胁,影响其独立性。

二、我国提高审计独立性的对策

(一) 加强职业道德教育

要想提高审计独立性,最根本的还是要从思想上重视,加大对审计员和事务所的培训教育力度,注重思想道德教育,明确他们所肩负的责任,不要因为一时被利益所蒙蔽而犯下大错。审计人员和管理层应当遵守私下不联系的守则,不发展任何有损于工作独立性的私人关系。

注册会计师协会应当按期举行职业培训活动,在提高会员专业技能素质的同时强调道德建设、职业规范的重要性,将独立性落到实处。定期分析讨论审计失败案例情况,公示违规的事务所、注册会计师名单,为执业人员敲响警钟,引起广大审计员的重视。事务所应该建立内部监督体制,提高部门整体的独立性,对具有高尚职业道德的注册会计师适当进行奖励或激励,调动审计的积极性,鼓励其遵守审计的独立性。

注册会计师应不断学习最新实务技能、法律法规,使专业知识和技能保持应有的水准,严格按照审计准则审慎执业,保持职业怀疑态度,提高对独立性产生不利影响的识别度,并且能够准确评价其严重程度,最后采取必要的防范措施消除不利影响，将差错降至最低水平。

（二）加强制度措施的实施与完善

1. 促进事务所改制，加强内部监督

在1998年，合伙制的改革被提上会计师行业的议事日程，1993年出台的《中国注册会计师法》将合伙制和有限责任公司并列为会计师事务所的两种组织形式，中国注册会计师协会也表示过要推进合伙制改革，但终因改革困难重重而搁浅。

现阶段，应鼓励还未改制的事务所加快从有限责任制转换到有限责任合伙制，由于采用有限责任合伙制的会计师事务所的签字注册会计师对于债务承担无限连带责任，即将合伙人的个人利益与事务所的业绩和命运紧紧联系为一体，更易落实自身的责任，加强自我约束，保持职业应有的谨慎性和独立性，把合伙制作为最终目标。

事务所应该建立内部监督体制，提高部门整体的独立性，对于有良好工作表现、严谨工作态度、高尚职业道德的注册会计师采取适当的奖励或激励措施。事务所应当从内部重视审计独立性，加大内部监督力度，将保持独立性作为事务所企业文化的重要部分，时刻提醒审计人员。

2. 健全强制轮换政策

在审计客户属于公众利益实体的前提下，对关键审计合伙人有严格的任职时间规定——不得超过五年，且在任期结束后两年之内，该关键审计合伙人不得再次成为该客户的审计项目组成员或关键审计合伙人。现有的有条件的注册会计师轮换制度，在一定程度上有利于审计独立性的维持。

但是对我国不属于公众利益实体的审计客户来说，还没有对关键审计合伙人建立严格的任职时间规定，并且对于事务所连续长期对同一审计客户审计并无时间上的限制及强制措施。我国可以参考意大利等国家，应当明文规定限制为同一客户提供审计服务的最高年限，实行强制轮换制，杜绝注册会计师与被审计单位关系发生“变质”的可能性，以消除潜在的破坏其独立性的因素。

3. 规范非审计业务

中国注册会计师职业道德守则将非审计业务对独立性的影响情形归纳为三类：一是不影响独立性的情形；二是对独立性产生不利影响的情形，并对此提供了相应的防范措施减轻或者排除不利影响，给事务所和注册会计师提供借鉴；三是对独立性产生不利影响且没有防范措施能够将其降低至可接受的水平的情形，对于此类情形事务所不应当承接该非审计业务。

在评价非审计业务时，事务所应当严格按照规定确定提供该服务是否将对其独立性产生不利影响，必要时，寻求第三方的意见，就"是否可以提供该项非审计业务"得出公正客观的结论。提供审计业务过程中，将审计业务和非审计业务两个部门在内部划清界限，保持各自独立，两部门各司其职，不同类型的业务分别由不同的注册会计师承接，防止业务的交错混乱，严格遵守保密原则，避免信息有意或者无意泄露。

4. 整治监管制度，加大惩戒力度

遵守独立审计准则，是审计人员发表正确审计意见的前提，作为自律组织的注册会计师协会应当负起责任，对所有会员进行有效监管。注册会计师协会应当做好会员的资格鉴定，并且对会员的职业水平进行评判，对没有达到标准的会员或者违规、违法的会员予以除名，取消其职业资格。为了有效防止审计丑闻，应当重视社会公众的力量，设立举报检举委员会并采用社会监督机制进行监督，让广大的股东有质疑的权利，通过新闻媒体的舆论效用来更好地保护股东的权益。

对于已经发生的审计失败案例，应该做到有法可依、有法必依、执法必严、违法必究。对于有意出具虚假资料的事务所应当严惩，撤销其营业执照，对责任重大的注册会计师吊销执照，在负担民事责任、行政责任和刑事责任之外，还应限制其终身不得从事注册会计师等相关工作。要使造假的代价远远大于眼前贪图的收益，高额的赔偿以及将面临的行政、民事甚至于刑事惩罚，不仅仅对自己和事务所的声誉有极大的破坏，而且会使自己成为市场的永远禁入者，违规是得不偿失的。

（三）改革重建审计环境

1. 调整审计委托模式和审计关系模式

审计委托模式影响了审计关系模式，与审计的独立性紧密相连。我国现有的审计委托模式是有缺陷的，并且严重影响其独立性。政府必须进行有效的监管和干预，弥补这种模式的不足，尽可能地完善审计关系，以保证审计的独立性。

应当引入一个公正公平的第三方作为委托人，取代管理层充当实际上的委托人，彻底解决管理者和审计师力量存在强弱对比的局面。委托人的目的是聘用审计人员检查管理层的绩效成果，判断是否存在舞弊或者欺瞒现象，由委托人与事务所商定审计收费，作为报酬支付给审计人员；而审计员的目的也是保证报表、会计资料的公允，两者是一致的。管理层作为被审计对象，因为不再拥有与委托人谈价等权利，而无法对审计人员进行干预和影响。审计人员不再与管理层存在经济利益的瓜葛，事务所的聘用与否、审计收费的高低状况与管理层彻底撇清关联，审计独立性重新回到自然成立的状态。

有关第三方的设立，可以由保险公司担任，或者对于需要向银行贷款的公司则由银行担任，或者学习国外方式建立专业又独立的审计委员会。第三方为了维护自身的利益，必定会要求公正客观地判断被审计公司的真实财务情况、评估会计报表错报的风险，从而避免由管理层担任“委托人”引起的审计关系的扭曲。

2. 重建公司治理结构

我国公司治理结构亟待重建，一股独大现象应彻底得到改变，严禁董事兼任管理高层职位，建立独立且有实权的内部监督机制，承担委托人的职责。现阶段，在现有的审计关系模式尚未改变之前，公司管理层要明确自己作为被审计对象的位置，把代行的委托人权利剥离开来，自觉自律，保证提供财务报告的真实、客观、公允，配合审计人员的检查。

参考文献：

[1] 林瑞华. 关于审计独立性的若干问题思考[J]. 财经界(学术版)，2014(9).

[2] 黄晓利. 影响审计独立性的因素分析及对策[J]. 行政事业资产与财务,2013(14).
[3] 中国注册会计师协会. 审计[M]. 北京:经济科学出版社,2012.
[4] 袁凤林. 审计独立性研究述评[J]. 生产力研究,2012(2).
[5] 刘思岐,杨方文. 非审计服务对审计独立性的影响研究[J]. 商业文化,2012(5).
[6] 韩建清. 我国审计独立性存在的问题与对策[J]. 科技创新与应用,2012(29).
[7] 张永辉. 非审计服务与独立性关系研究文献综述[J]. 中国证券期货,2012(10).
[8] 任明川,张延玲. 关于审计独立性的几个基本理论问题[J]. 中国注册会计师,2010(7).

原载《唯实》2014 年第 10 期,本文第一作者为龚月姮,笔者为本文第二作者。

财务在企业内部控制管理中的角色探讨

内容摘要：在市场竞争更加公平、更加自由的时代，企业承担的风险更加复杂，如何成功地规避和应对风险是企业运营的重要内容，良好的内部控制是企业有效控制风险的基础。财务管理是企业内部控制的重要内容和重要手段，在企业内部控制管理工作中发挥着不可或缺的作用。本文就此阐述了自己的观点。

一、企业财务与内部控制管理内涵

企业内部控制是企业管理的一种手段，是企业所有组织和机构能正常运转的一种制度保证，企业内部控制工作贯穿于企业的整个运营体系，是对企业全员活动的有效控制，上至决策层，下至普通员工。通过规范的企业内部控制活动，旨在帮助企业成功规避和化解运营过程中所承担的各类风险，尤其是防控违法经营风险和财务舞弊风险，从而实现企业的终极管理目标，增收节支，积累财富，推动企业不断成长，致富致强。

在企业运营过程中，对整个财务活动内容和范围要进行事前、事中和事后的监督、控制、预测与分析，主要包括预测企业活动的收益，在各种预测评估结果下做出财务决定，根据企业目标来编制和执行财务计划，监督和控制各种经济往来活动，对经营业务、投资项目的效果做出财务分析和评价，形成财务报告并反馈财务结果。各个环节贯穿企业内部控制管理的始末，其控制管理的好坏直接影响到企业内部控制管理的效果，特别是业务开展前期的预测评估活动、编制财务计划与严格执行和控制计划是企业规避运营风险的重要举措，是完善企业内部环境、提高企业内部控制管理能力的重要表现。

据《北京商报》载，某商业城因内部控制管理制度方面存在问题，受到辽宁证监局的行政监管警示。其主要原因就是该公司的筹资行为没有按照《财务管理制度》执行，也未经公司总裁办公会议审批；同时，公司内部也未设立票据备查簿，采取以单代账的方式管理票据。此外，还有一些因内部控制管理出现问题的案例。比如，风靡全球的世通、安然事件也是因为企业内部控制管理不善而导致的。因此，良好的内部控制管理是企业有效控制风险的基础，是增强企业竞争优势的方法和策略。而财务管理作为企业内部控制管理的内容和手段，在企业内部控制管理工作中发挥着越来越重要的作用。

二、中国式企业内部控制管理要点

2003 年，美国自 SOX 法案启用后，正式提出了 COSO 内部控制框架。之后，我国吸收国外内部控制管理的精髓，形成了一套完整、成熟的企业内部控制活动理论，颁布了《企业内部控制基本规范》，详细规定了适合我国企业的内部控制原则和内容，阐述了中国式企业内部控制管理活动的五项基本要素。虽然这五项基本要素适用于各类不同企业，但实际上由于中小企业的规模和管理特点决定了对其应用不同于大型企业。虽然中小企业的内部控制管理在实际操作过程中不如大型企业的组织性强、规范性好，但中小企业内部控制管理的执行同样是有效可行的，也是势在必行的。

随着经济全球化和企业管理的不断完善，内部制度从最初单纯的内部控制发展到今天由内部环境、风险评估、控制活动、信息沟通和内部监督这五要素组成的自成体系的内部控制管理框架。

1. 内部环境

内部环境包含企业的治理结构、机构设置与权责分配、内部审计机制、人力资源政策、员工的能力、管理层的管理哲学和经营风格，以及包含了对企业文化等内容的控制。内部环境的控制是企业内部控制管理的首要任务，是企业能够控制好其他要素的基础。

2. 风险评估

风险评估包含目标设定、风险识别、风险分析和风险应对四个环节。通过对该要素的控制，企业能够及时识别、科学分析经营活动与实现对相关风险的控制。企业战略目标就在于追求盈利目标与相应风险之间的妥协和平衡，只有在目标实现过程中对风险做到有效管控，才能实现企业价值的最大化。所以，合理制订风险应对预案，是企业内部控制管理活动的重要内容。

3. 控制活动

控制活动是企业基于风险评估的结果，通过使用不同防控方法和监控手段，比如手工控制和自动控制等，对企业运营的每一个环节和活动进行控制管理，尽最大努力把风险控制在可控范围内，通过科学的程序来控制活动的每个环节，通过严格的监督来规范操作行为。这样才能发挥控制管理活动的应有效用，保证企业价值的不断提升。

4. 信息沟通

信息沟通包含对企业信息质量、沟通制度、信息系统、反舞弊机制等内容的控制。从内部来说，控制管理可以简单地理解为一种"纠错"，目的在于缩小预期目标和现实之间的偏差，来提高企业的经营管理水平和效率；从外部来讲，真实完整的信息也是企业投资者、债权人和其他利益相关者进行投资和决策的重要依据。通过对该要素的控制管理，企业能够及时、准确地采集、传递企业内部控制管理相关联的信息，确保信息的透明性和对称性，这些要素是企业有效开展内部控制管理活动的有力保障。

5. 内部监督

内部监督是企业通过控制这些要素，能够发现内部控制的漏洞，更新和改进内部控制机制，对于企业内部控制管理的规范化、完整化、合理化有着重要的推动作用；有助于经营管理者履行管理职责，检查各项经营管理活动和流程的有效性与适当性，及时发现管理中的"短板"，提供企业的价值管理能力；能够有效降低代理成本，维护股东的合法权益。

这五项内部控制管理要素既相互独立又相互联系,形成了一个有机的统一体,内部环境是基础,是企业建立内部控制的土壤,是一切内部控制管理制度、流程、控制点得以实施的根本条件;风险评估、控制活动和信息沟通则是内部控制管理体系中的三个核心环节;而内部监督则使内部控制管理体系成为独立封闭环节的重要组成部分。企业通过内部控制管理的五项要素对不断变化的环境做出反应。内部控制管理制度与企业的经营行为紧密相连,不管市场商业动机如何瞬息变化,企业内部控制管理始终存在。当内部控制管理成为企业内部组织构架的核心部分和基本理念时,企业的经营管理效果就会越来越好。这时内部控制管理可以支持企业的持续有效经营,避免不必要的花费,对环境变化能迅速做出相应的反应和调整。

三、财务活动是企业内部控制管理的手段

1. 预测评估活动等财务活动是企业规避运营风险的重要举措

财务预测评估活动是综合考虑企业未来可能的优势和潜在的风险因素,对企业未来运营效果和财务状况进行推测和估算,可以为企业内部控制管理要素评估风险提供信息和数据,是企业正确识别和判断风险类型、做好风险防范准备的重要依据。而编制财务计划,则是在预测评估基础上,合理安排企业未来项目的实施和企业运营业务的拓展,帮助企业积极做好资金筹措和分配工作。企业在开展内部控制管理活动时,通过编制财务计划将企业内部控制目标细化并落到实处,在总目标完成的基础上使每个环节都能得到有效控制。同时,编制财务计划还能和项目的实际执行情况做比较,有利于发现企业内部控制活动的利弊,补充和完善企业内部控制体系,促进企业内部控制制度的建设和发展。

2. 现金控制和管理是企业内部控制发挥控制活动职能的重要手段

现金流被形象地比喻为企业的血液。在“现金为王”的时代,现金

流可能决定企业的生死存亡。然而,不少中小企业在快速发展过程中却染上了现金“贫血”症这样的流行病。对现金的控制和管理是企业财务履行财务监控职责的重要手段,是企业防范运营风险的重要内容。科学、完整的现金流控制和管理机制,一要突出现金控制和管理,合理分配和控制企业的长短期负债,优化企业资本结构;二要加强企业现金收支计划编制,计划收入和计划支出都要在周期内完成,并定期监控企业现金流动和各项即期债务状况,保证资金收付平衡,尽量规避支付风险;三要规范货币资金管理,对企业的大额筹款、资金分配、收入到账等工作进行合理管控,推行资金集中管理。通过对现金等货币资金的责任分级保管制度,提高现金的流动性,保持企业的血脉通畅,有利于控制企业运营风险,有利于实现企业内部控制管理目标。

3. 财务分析与评价是企业内部控制管理过程中履行内部监督职能的重要环节

对企业运营的历史数据进行财务分析和评价,是企业开展内部控制管理实行内部监督职能的重要环节。通过财务环节的管理和控制,不仅能对企业内部控制管理的执行情况做出定量分析,同时还能发现企业经济活动的效率和存在的纰漏。总结企业内部控制管理活动中的利弊因素和风险,检验企业在以往事件的处理过程中,是否做到应对合理,是否有效地履行了职责,是否取得了最佳效果。所以,根据财务分析和评价结果,能帮助企业在履行内部控制管理职责的过程中知己知彼,扬长避短,切实有效地实现企业内部控制管理的目标。

4. 财务报告的真实与否体现了企业内部控制管理手段的有效程度

会计期间内的财务报告是每个公司、企业依据公司法对外公开履行和披露信息的一项基本职责,财务报告可显示企业的综合运营情况、企业的实际财务状况和企业的现金流。在企业的内部控制管理活动中,保证真实、可靠的财务报告信息是企业内部控制管理的目标之一,真实的财务报告说明企业内部控制管理活动具有很好的成效性,说明企业内部相关职工对内部控制管理工作的高度理解与支持。而存有财务舞弊的财务报告则说明企业内部控制管理存在黑洞,有人为投机取巧行为,有无视企业相关工作条例现象,一定程度上说明企业内部控制管理的失效和缺位。

5. 财务信息披露能够优化内部控制管理环境

合理、规范的企业财务信息披露制度能够为财务活动、信息报送提供依据,为外部相关部门,比如企业的关联单位、外部投资者、税务机关等部门提供企业的真实情况和信息。通过信息披露可以规范、约束企业相关责任人去认真履行职责,保证会计信息的准确性与完整性。企业要高度重视信息披露的透明性,重视与各股东之间的信息交流,可以通过接触机构投资者或利用网络互动方式及时回复股东所关心的问题,通过 E-mail、传真、电话等方式及时保持与投资者的沟通。同时,严格划定内幕信息知情人的权限,对相关内幕信息知情人进行建档备案,制定规范的内幕信息报送流程。企业通过建立内部控制管理制度,以提高控制管理的有效性、确保信息的准确性,从而进一步优化企业的内部控制管理环境。财务活动是企业内部控制管理的重要内容,财务管理则是企业实行内部控制管理的重要手段,财务管理的好坏直接影响到企业内部控制管理的建设和开展。所以,企业必须建立和健全以有效财务管理活动为基础的内部控制管理机制,规范企业内部控制管理的有效程序,尽最大努力实现企业内部控制管理的目标。

参考文献:

[1] 王永梅. 浅析企业集团下子分公司的内部控制管理[J]. 财经界(学术版). 2014(1).

[2] 刘秀芬. 对如何加强企业内部控制管理的思考[J]. 现代商业,2014(6).

[3] 席静. 财务在企业内部控制管理中的角色[J]. 财经界(学术版),2014(16).

[4] 黄英. 企业内部控制管理的思考[J]. 科技资讯,2014(16).

[5] 朱杰. 完善企业财务内部控制制度的几点措施[J]. 中国乡镇企业会计,2013(12).

[6] 熊梅. 企业内部控制管理对促进企业发展的作用[J]. 现代商业,2013(35).

[7] 袁忠民.加强企业内部控制管理,促进企业健康发展[J].商场现代化,2013(17).
[8] 李金大.理解掌握企业内部控制的目标和原则,提高企业内部控制管理水平[J].现代经济信息,2013(17).

原载《唯实》2015 年第 10 期。

证券与公司治理

二板市场开辟新的融资渠道

内容摘要：为建立新型的国家战略，配合完善的金融管理体系，开辟新的融资渠道，让中小企业以及高科技产业走出融资困境，本文分析和阐述了二板市场(后称创业板)的起源以及在我国上市的意义、方式、规则和制度设计等。

一、推出二板市场意义重大

2007年12月1日，时任全国人大常委会副委员长的成思危在第六届中小企业融资论坛的演讲中表示，建立二板市场的条件已经具备，时机已经成熟：一是国家提出了建设创新型国家的战略，创新型企业的进一步发展必须依靠资本市场的支撑；二是多层次资本市场制度建设有了很大的进步；三是我国中小企业的发展涌现出不少有价值、高成长性的企业；四是在金融体制改革逐步深化的过程中存在流动性过剩问题，建立二板市场可以增加供应，解决当前流动性过剩的问题。成思危指出，要抓住时机，积极准备，尽快推出创业板，具体说就是实施“小三步走”战略：第一步是先在深交所建立板块；第二步是研究如何降低进入门槛，让更多的创新型企业能进入；第三步是建立独立的二板市场。他表示，希望在不久的将来能够祝贺中国二板市场的开板。

二板市场也称为创业板，指专为新兴高科技企业和中小企业提供融资途径的一个新渠道。二板是自主创新战略的重要内容之一，是完善国家金融管理体系的需要。二板与主板的主要区别在于不同的上市标准和上市对象。

许多国家成立二板的目的在于为新兴的高科技企业和中小企业提

供直接融资。这些企业和公司在本国经济中占有重要地位,在提供就业岗位和技术创新方面发挥着重大作用。以美国为例,小企业就业人数占全国就业人数的60%,20世纪80年代以来约有70%的科技创新是由小企业实现的。但是,中小企业和高科技公司在成长初期往往缺乏足够的融资渠道,企业相对风险较大,难以获得银行的贷款;单纯举债则会使负债率过高,制约其发展;主板的上市条件又较严格,难以在主板市场上进行融资。在此背景下,二板市场应运而生,成为各国为本国高科技企业和中小企业提供融资的一个有效途径。

近年来,国家针对中小企业出台了一些优惠扶持政策,金融环境得到了一定改善。但是,大多数中小企业的资金短缺问题并没有从根本上得到解决,企业所处的金融环境并不宽松。目前,我国银行业对于中小企业的贷款数量是相当少的,而且贷款发放难度比较大。究其原因,银行主要是出于以下两方面的考虑:一方面是中小企业的信用水平较低,贷款风险较大;另一方面,银行从自身的经济利益出发,也不愿意和中小企业打交道,因为其经营成本费用太高,往往达不到规模效应。目前银行金融的贷款条件无非是质押、抵押和担保,而这些条件也正是中小企业所无法满足的,由于中小企业的信用问题更无法取得银行的信用贷款。据有关调查报告,从已经停产或准备停产的中小企业情况看,其中47%的停产原因是资金短缺,缺乏后继供给。随着我国加入WTO,这些企业面临着更加严酷的国际竞争环境,融资艰难的问题更加突出。为了使中小企业特别是高新技术企业能够有一个良好的孵化成长环境和融资渠道,二板市场的建立便具有其积极意义。

第一,可以为风险投资提供出路,促进高科技投资的良性循环,提高风险资本的流动性和使用效率。在美国,90%的高新技术企业是按照风险资本的模式发展起来的。我国有大量中小创业企业,他们比大企业更具技术创新的紧迫感,也更需要资本市场能为其提供充裕的资金。企业的风险投资可以通过风险补偿机制,使承担高风险的投资者可能获得高收益,进而引导更多的社会资源投入高新技术产业中来。

第二,可以提高中国高科技企业的资本实力。通过二板市场可推进中国高新技术产业的发展,改善中国的产业结构,优化资源配置,提升中国经济的整体竞争力。使高科技企业在达到一定标准后在二板市场上市，也是其由非上市公司改造成为上市公司的一个过程，这将促使企业在经营发展、财务管理等方面接受社会的监督，在一种新的制约机制下不断提高企业的自身素质。

第三，可以建立多层次的证券市场。以中国证券市场现有的制度环境、法规框架和制度为基础，尽快推出全国性二板市场，是建立中国多层次证券市场的最佳选择。目前只有单一的全国性主板市场，加上原先发行上市制度的弊端，使得大量不符合主板市场上市条件的公司为了筹资而在发行上市阶段进行虚假包装、虚增利润和虚增资产。多层次证券市场的建立，将为市场进入提供了多样化的选择，将从机制上最大限度地减少虚假包装上市，使上市公司具有较高的质量，将利润和资产的经营压力控制在合理的范围之内，使企业的经营行为有较好的规范和基础。

第四，可以建立完善的企业内部制度。目前的主板市场上，比较突出的问题是公司法人治理结构的建设不完善。主板市场上，上市公司的少数股东权益一直无法得到有效的保护，国家股、法人股在股东大会上一票定乾坤，导致股东大会形同虚设，上市公司本应具有的内在制衡机制因而大打折扣。上市公司高级管理人员持有的股票不能流通，因而公司经营的好坏与其自身利益不能建立起有效的联系，这又使股份公司本应具有的内在激励机制失去效力。二板市场的建立，可以在自身的市场上解决这个问题，全流通的股票可以极大地提高企业高级管理人员经营和管理的积极性，使公司的经营业绩及股票价格与经营者的自身利益挂钩。同时，二板市场的示范效应也会反过来激活主板市场，促使主板市场尽快建立有效的约束机制和激励机制，完善公司法人治理结构。

二、国外二板市场经验可资借鉴

在全球众多的二板市场中，美国纳斯达克脱颖而出，取得了巨大的成功，最具影响力，这与其市场制度的建设是分不开的。

首先是建立以高新技术为主的股票市场。纳斯达克把市场定位于培育高新技术企业，在上市要求、交易制度、监管准则等规则的设计上都迎合了高新技术企业的需求，使高新技术企业在纳斯达克如鱼得水，得到异乎寻常的飞速发展。微软、英特尔、Google、雅虎、思科、甲骨文、太阳微系统等国际知名大公司都是在纳斯达克发展壮大起来的。

其次是宽松的上市制度。纳斯达克全国市场有三套上市标准，小资本市场有两套上市标准，允许企业在没有初始盈利的情况下挂牌上市，从而为高风险且常常没有盈利的高新技术企业提供了融资渠道。由于纳斯达克的包容性，许多新公司愿意选择在纳斯达克上市。虽然一些高新技术企业先天不足、风险高，但纳斯达克让投资者来决定其命运，使一大批公司能够在纳斯达克脱颖而出。

再次是活跃的交易机制。做市商制度是纳斯达克交易机制的核心，所有投资者均与做市商进行买卖交易，做市商用自己的资金不断进行买卖，在买进和卖出价格之间赚取价差。这样，投资者无论是想买入还是想卖出，都是和做市商成交，从而维持了证券交易的连续性，这对那些时间短、社会知名度不高以及没有经营业绩的上市高科技公司来说，无疑是增加了其交易的活跃性和流动性，进而增强了市场的吸引力。

最后是对风险投资基金的严格监督管理。大多数在纳斯达克首次公开发行股票的企业都是风险企业，风险资本家是风险企业最有影响力的董事，他们拥有的专长和经验以及在挑选风险企业过程中所获得的信息，使他们有能力监督和控制企业。由于风险投资基金源源不断地将走向成熟的高新技术企业提供给纳斯达克，使其在纳斯达克迅速壮大发展，才使得纳斯达克充满了活力。纵观纳斯达克的成长过程，它是与风险投资基金的发展密不可分的。

美国纳斯达克的建立，使世界资本市场结构发生了巨大变化。事实证明，只有主板市场的证券市场是不完善的。

三、二板市场的配套措施

目前对于企业进入二板市场的基本条件还存在着许多疑问和猜测。人们普遍关心的是,企业进入二板市场究竟需要哪些基本条件。二板市场的发行上市规则尚在征求意见中,社会上流传着多种说法,在发行上市规则尚未最后确定之前,任何说法都不是权威的。但一些进入二板市场的基本条件和游戏规则是可以确认的,这大体包括如下几方面。

1. 成立股份有限公司方面

设立股份有限公司主要有两种途径:(1)改制为股份有限公司——非公司制企业或者国有独资的有限责任公司按照《公司法》的有关规定,以发起设立方式组建股份有限公司。(2)依法变更为股份有限公司——原依照《公司法》设立的有限责任公司或者依照《中外合资经营企业法》设立的中外合资企业,依照《公司法》第98条、第99条和第100条的规定,以变更方式组建股份有限公司。

2. 资产、负债及营业收入方面

申请股票发行时的审计基准日,经审计的有形净资产不少于人民币800万元,资产负债率不高于70%,最近两个会计年度经审计的主营业务收入净额合计不少于500万元,最近一个会计年度经审计的主营业务收入不少于300万元。

3. 经营年限和营运记录方面

企业提出发行申请时,应在同一管理层下持续经营24个月以上——公司二分之一以上的董事、高级管理人员,作为公司管理核心层的董事长、总经理以及公司的核心技术人员,在最近的24个月内未发生变化。主业突出、持续经营两年以上——公司取得法人营业执照之日起至申请发行股票时已满两个完整的会计年度。在提出申请之前24个月内,不间断地从事一种主营业务,该种主营业务有实质性进展。原企业整体改制或有限公司依法变更的,其经营时间可连续计算。

4. 法人治理结构方面

董事会中独立董事的人数至少两名,并具备相应的任职能力和独立性。

5. 股票上市流通方面

(1) 首次公开发行新股后,① 股本总额不低于2 000 万元; ② 持有股票面值达人民币1 000 元以上的股东人数不少于200 人; ③ 社会公众持有的股份达到公司股份总额的25% 以上; ④ 本次发行前的股东持有的股份达到公司股份总额的35% 以上。(2) 发起人持有的本公司股份自首次上市满1 年后方可流通,其中管理层股东应当承诺其持有的股票自公司股票上市之日起2 年内不出售。

有了完备的准入制度,还需要健全的退市机制。退市机制对于二板市场来说其意义重大。我国二板市场的退市规则可以借鉴美国纳斯达克的做法。通过上市公司的价格来确定公司是否存在持续上市的价值,而不完全是依赖于企业的基本面。纳斯达克市场包括"全国市场"和"小型资本市场",两个市场的上市规则不同,却是互动的,这给退市公司提供了一个继续交易的后续市场。在纳斯达克停止交易的公司,并不等于被宣判"死刑",持有摘牌公司股票的股东,仍然可以通过其他市场伺机转让股权,从而减少因公司摘牌带来的损失,同时,也为公司经营者寻找重整旗鼓之路赢得了宝贵时间。而我国亏损企业一旦退市,便几乎永远离开了资本市场的舞台。因此,建立健全的多层次的资本市场,能够使退市制度得以顺利推行,并发挥其应有的作用。

二板市场是一个高风险、高回报的市场。正是由于高风险的存在,证监会在规则草案中明确规定了二板市场的退市机制。证监会颁布的主板市场退市规则是值得参照的,这为二板市场风险投资的退市机制打下了一定基础。二板市场是一个全新的、市场化程度更高的市场,有主板市场的教训以及国际上成功二板市场的经验借鉴,一个起点更高,退市机制更趋合理的二板市场一定会为中国经济发展做出巨大的贡献。

原载《现代领导》2008 年第 9 期。在第六届中小企业融资论坛上，中国证监会主席尚福林在演讲中指出，中小企业板从 2004 年设立以来得到了较快的发展，其制度创新力度不断加大，已经成为我国多层次资本市场重要的组成部分。随着经济的不断发展，单单一个主板市场是不够的，需要更多形式的多层次资本市场。要深刻认识创业板市场建设的重大意义，客观分析创业板市场起动的时机与条件，准确把握创业板市场的定位与制度设计，抓住重点积极推进创业板市场建设，深入开展市场宣传与投资者教育活动。建设创业板市场是国务院批复多层次资本市场建设体系方案的重要内容，更是资本市场贯彻落实十七大精神的重要举措。

创业板为“两高六新”企业开拓新的发展空间

内容摘要： 创业板是中国证券市场发展过程中的一个里程碑，创业板为中小企业融资困难问题找到了一个新的渠道。本文简述创业板发展的意义、定位和风险防范，展望创业板发展的美好愿景。

2009年10月23日下午，时任中国证监会主席的尚福林宣布我国创业板正式启动开板。我国创业板市场从最初酝酿到筹备建设历经整整十年时间，可以说是厚积薄发，水到渠成。业界期待已久终于开板的创业板，必将在中国资本市场的发展道路上留下浓墨重彩的一笔。

一、中小企业的融资困局

许多国家的创业板在提供就业岗位和技术创新方面都发挥了重要作用。以美国为例，中小企业就业人数占全国就业人数的60%，20世纪80年代以来约有70%的科技创新来自中小企业。但中小企业和高科技公司在成长初期往往缺乏一定的融资渠道，企业相对风险较大，难以获得银行贷款；单纯举债也会使负债率过高，制约其发展。

我国中小企业融资一直都比较困难，银行贷款一般只给大企业、国有企业，中小企业则很难获得贷款。中国过去30年的增长方式一直是粗放型的，而创新活动一开始就需要企业进行大规模的资本投入，短期内又难以立即实现盈利，因此这些创新型企业一般来说很难通过传统融资渠道进行融资并发展壮大。另一方面，中小企业却又是我国经济发展的一个主力军,更是创造就业的主要力量。

国家针对中小企业虽然出台了不少优惠政策,其企业发展环境得到了一定的改善。但大多数中小企业的资金短缺问题仍然没有从根本上得到解决,企业所处的金融环境并不宽松。目前我国银行业发放给中小企业的贷款数量相当少,其贷款发放难度却很大。究其原因,银行主要是从以下两方面来加以考虑的:一是中小企业的信用水平较低,发放贷款的风险程度太大;二是银行从自身的经济利益角度出发,也不愿意和中小企业打交道,因为其经营成本费用太高,达不到规模效应。目前银行金融的贷款基本条件无非是质押、抵押和担保这三种,偏偏这些条件也正是中小企业难以具备的。

世界经济发展过程中,普遍存在着中小企业融资困难的问题。各国对解决中小企业融资困难也采取了各种办法。在解决融资困难的过程中,各国政府都不遗余力地采取了财政政策与其他经济手段相组合的方法。造成中小企业融资难的原因是多方面的,在不同国家、地区也有不同的成因和表现。根据中小企业在发展过程中所面临的融资困难问题,从资本融资的多渠道来思考探讨和化解我国中小企业的融资困难问题。

二、创业板雪中送炭

既然中小企业一般难以从银行获得贷款,那么就只有通过资本市场来解决融资问题。对于中小企业来说,主板市场的门槛非常高,上市条件较为严格苛刻,有许多障碍。所以,中小企业难以在主板市场上进行股权融资。为了使中小企业,特别是创新型企业能够有一个良好的孵化成长环境和融资渠道,同时为了支持企业自主创新,为了使科技成果迅速产业化,推动经济转型、调整产业结构、培育战略性新兴产业和落实国家自主创新的战略方针,创业板应运而生了。创业板这个新的资本市场,在带动新兴产业与创新型企业的发展方面具有积极的引导和扶持作用,有力支持了当前中国创新经济的发展,成为创新的引擎,同时也为我国多层次资本市场的形成和繁荣搭建了一个重要的平台,成为我国创新企业、高科技企业和中小企业的一个有效融资途径。这实际上也就解决了中国经济当前的融资瓶颈问题和结构问题。创业板是中国资本市场制度创新道路上的一个里程碑，也是中国证券市场和创投企业的一个里程碑。

中国提出创业板的理念，最早可追溯至 1998 年，当年 12 月，原国家计委提出“尽早研究设立创业板块股票市场问题”。2000 年 10 月，深市停发新股，筹建创业板。2001 年，随着全球科技泡沫的破灭，各国创业板市场暴跌，监管部门决定待主板市场整顿好之后再推出创业板。2004 年，证监会同意深市成立中小企业板，创业板设立仍然遥遥无期。2007 年峰回路转，证监会发布《创业板发行上市管理办法（草案）》，至此，创业板发展开始提速。2009 年 7 月 26 日，证监会开始受理创业板上市申请。在这十年中，中国创业板经历了一波三折，峰回路转，在此过程中，监管部门主要考虑的是如何防范过度投机带来的系统性风险。

截至 2008 年年底，全国约有 16 万家科技型中小企业、5 万多家高新技术企业、53 家高新技术开发区它们的工业总产值超过了 5.2 亿元。全国 670 家科技企业孵化器在孵企业超过 4.4 万家，全国 68 家大学科技园培育企业也达到了 6 000 多家，由此可见，我国创业板上市资源非常丰富。证监会最新统计数据显示，截至目前，创业板已受理企业达 188 家，开户数也已超过 900 万户，深圳首批安排 28 家创业板企业上市。创业板成功推出，使创新型企业和中小企业可以直接在资本市场上进行融资，而不再仅仅依赖于银行。这不但有利于我国经济的发展、就业市场和整个融资结构的改善，更重要的是，为我国经济增长模式的改变提供了一个广阔的空间和平台，我国未来经济的增长将更依赖于创新型中小企业的带动。

三、创业板的定位

创业板是指专为新兴高科技企业和中小企业提供融资途径的一个新的渠道，是我国资本市场的重要组成部分，是建立自主创新战略的重要内容之一，是完善国家金融管理体系的需要。创业板与主板的主要区别在于不同的上市标准和上市对象上。

创业板的定位是服务于创新型企业和成长型企业，重点支持自主创新型的企业。创业板将青睐“两高”“六新”企业，“两高”即成长性高、科技含量高，“六新”即新经济、新服务、新农业、新材料、新能源和新商业模式。新商业模式包括连锁经营、收益分成、虚拟经济等。创新型企业应该具备以下“五新”的特征：

一是行业新。据创业板发行审核办公室介绍，目前已受理的149家创业板申请企业主要集中于电子信息、新材料、生物医药、现代服务等行业，占比约为68%，此外还包括部分新能源、文化教育传媒、现代农业等新兴行业的企业。2004—2007年我国共有57家企业在美国的创业板——纳斯达克市场上市，主要分布在互联网、通信、信息、新能源、现代服务和生物医药等新兴行业。可以预见，创业板上市企业的行业属性将会体现出更多的新意。

二是模式新。在美国上市的中国服务企业多是新技术与新模式的结合，如房产中介“易居中国”、连锁酒店“如家”、网上教育培训“弘成教育”、保险中介“泛华保险”、人力资源中介服务“51job”等。往往一个新商业模式特征明显的企业上市就带动了一个新兴领域的出现。一个新商业模式的出现，引入了新的“赚钱模式”，很多新模式的企业甚至已经不能简单按照传统的行业标准进行分类。“网络+水泥+物流+……”不同的组合，各种的可能，各类“复合型”行业和模式将会层出不穷。

三是股权结构新。传统制造业主要依赖于固定投资投入，因此以出资人为主的股权结构相对简单，股权结构单一化的特征比较明显。创新型企业对人力资本、知识产权与风险投资有更强的依赖性，因此股权结构会相应反映出这些特点，并显得相对复杂，例如，以股权激励为代表的员工持股；以早期财务支持为特点的风险投资持股；以共同创业为特点的平均化与分散持股；等等。

四是资产结构新。在许多创新型企业的资产结构中，与传统制造业有关的制造设备、厂房、土地等固定资产比例相对较低，而与企业核心竞争力有关的无形资产和知识产权、现金类资产的比例较大，从事创意、咨询与品牌管理的公司甚至可能没有自己拥有的土地和房产。创新型企业资产结构中的绝大部分是无形资产或现金类资产，成本结构中的绝大部分是人力成本与市场运营成本。

五是财务特征新。创新型企业在财务特征上的“新”主要体现于低负债率、分红比例可能较低、高送转可能性较高。

四、创业板的风险防范

创业板开板后如何防范风险，也是一个新的重要课题。要用科学的态度和手段来处理好风险与收益的关系问题。在选择优秀创新型企业或者优秀中小企业时不应太看重静态收益率，而应注重其高速增长的可能性，很多在纳斯达克上市的高科技企业在一开始是不盈利的，但进入成熟期之后其盈利增长速度非常惊人。

目前，我国创业板上市企业的平均发行市盈率虽然已经超过50倍，但业内人士表示，创业板公司属于成长期企业，增长潜力巨大，如果业绩保持50%的高增长，50倍市盈率一年后就变成30多倍，两年后就变成20多倍。因此，高速成长性在创业板企业的遴选标准中应该占据非常重要的位置。从美国纳斯达克市场来看，上市公司平均市盈率在100倍以上。中国创业板公司50多倍的发行市盈率并不算高，但创业板上市公司是中小企业，公司规模较小，投资者面临的上市企业经营风险、诚信风险、股价波动风险都高于主板市场，创业板作为一个新兴的资本市场必须引起更多专家们的重视和研究，以科学的态度和手段来规避风险。

为此，上市企业要进一步加强企业诚信体系的建设，不断提升企业的自身素质，努力实现企业又好又快的可持续发展，以不辜负投资者的期望，各方面都要积极配合监管部门严密监控风险，坚决杜绝创业板的过度炒作与股价操纵行为，及时纠正市场价格波动异常，及时稽查和处罚违法违规行为。

同时，要不断加强对证券市场的研究，吸收利用国外相关市场发展的成功经验，特别是各方面的教训，积极探索适合我国国情和企业现状的创业板市场发展与监管模式、方式，搞好风险防范与风险管理，支持中小企业融资事业健康发展。

五、创业板的未来

我们相信，中国企业扫除国际金融危机阴霾将以创新型企业和中小企业的蓬勃发展为标志，创业板市场也将随之获得更大的发展空间。创业板还将使中国多层次资本市场的工作取得新的进展，除了主板、中小企业板、创业板以外，将来还会有场外市场。多层次资本市场建设，将会兼顾大中小企业，兼顾传统产业和新兴产业，兼顾实体经济和新兴行业，进一步改善和优化中小企业直接融资和间接融资的结构。

在不远的未来，中国创业板一定能像美国纳斯达克市场那样培养出许许多多的世界知名品牌，将出现我们自己的“微软”，我们自己的“丰田”和我们自己的“思科”。中国的创业板将创出一片全新的天地。

原载《现代领导》2009 年第 11 期。

规范完善创业板制度建设

内容摘要：创业板发展过程中难免伴随着一些问题。本文针对这些问题提出规范创业板制度建设的重要性和意义，同时根据创业板发展过程中存有的不足提出五点措施。

2010年10月30日是中国创业板推出满一周年的日子。一年多前，酝酿了十年之久的创业板承载着无数国人梦想在深圳敲钟开市，首批28家公司挂牌亮相；一年之后，创业板上市公司已达到134家，按10月27日股价计算，市值达到5 891.2亿元，参与创业板的投资者人数有36万余人，上市中小企业总共募集资金高达947.62亿元。

10月29日，深圳举行了第一届创业板专家咨询委员会成立大会。时任证监会主席的尚福林在会上说："创业板的推出，适应了我国应对国际金融危机、促进经济平稳较快发展的内在要求，也适应了我们加快转变经济发展方式、培育和发展战略性新兴产业的内在需求。"创业板自推出以来，总体运行平稳，市场各方参与积极有序。创业板在鼓励和引导社会投资、支持创新型企业发展、促进产融结合等方面的功能初步显现，正在朝着预期的方向发展。

中国创业板的开局之年，受到市场的热烈关注，其中一些个股更赢得了市场的追捧，这与创业板所处的行业有着很大关系。134家创业板上市企业中的高新技术企业达到120家，其所占比例高达90%。这些创业板所处的行业与市场新兴产业的投资热点相吻合，给创业板个股带来了很多题材和机会。创业板在落实国家自主创新战略中是一个重要的渠道，是促进经济结构转型的推动力。创业板进一步完善了创新型中小企业的融资链条，加快了科技成果的产业化，对推动国家自主创新战略发挥着重要的推动和引导作用。一大批具有较强自主创新能力和较高成长性的企业在创业板上市,创业板已经成为推动国家自主创新战略的一个重要平台。

创业板的推出和运作也带来了不少成长中的烦恼和问题,这些问题中有些是全球创业板的共性问题,有些是中国创业板的特有问题。

一、创业板的“三高”问题

创业板的“三高”是指创业板的高市盈率、高发行价和高额募集资金。创业板新股IPO市盈率频创新高,2009年首批28家新股最高发行市盈率82.2倍,平均发行市盈率56.6倍,远高于主板二级市场平均约23倍的市盈率。2010年1月7日,当第四批8家创业板发行时,最高发行市盈率进一步攀升至123.9倍,平均发行市盈率高达88.6倍,再度刷新纪录。随着130多家创业板的“三高”现象出现,创业板在某种程度上已成为很多人眼中鼓励偷懒的“创富板”。

与高市盈率、高发行价相对应的是高额超募资金,创业板企业实际募集资金远远超出其招股说明书中罗列的拟投资项目所需的资金。至今为止已挂牌的三批创业板,第一批平均超募率为129%,第二批平均超募率为209%,第三批平均超募率达到了248.5%,第四批创业板8家公司超募资金达41.3亿元,平均超募率逾250%,成为超募率最高的一批创业板公司。

这些超募资金,等于给了很多创业板企业轻松获得资金的一个机会,这些超募资金在没有特殊用途的情况下,要么存在银行,要么炒作房地产或其他投资项目,没有充分发挥出资金的迫切用途和使用效率,实属浪费,这和创业板的“创业”初衷是相悖的。

为了消除创业板市场“三高”现象,规范创业板发行市场,建议采取如下措施:

(1)调整发行股数,对募集资金规模设限。上市企业募集资金规模原则上不得超过上市前企业的净资产和拟募集资金项目投资总额,若发行价格高于预期，则相应调减发行股数，使企业实际募集资金规模控制在一个相对合理的范围内。在发行价格市场化后，如果说一级市场高发行价、高市盈率是受发行人和承销商的利益驱使，那么二级市场的投机炒作热情则源于高溢价发行所产生的高额资本公积金以及由此所形成的未来高转增股本预期。一旦对融资规模设限，无法通过 IPO 产生高资本公积金，二级市场投机炒作热情自然消退，反过来又可化解一级市场高市盈率、高发行价的泡沫成分。

（2）提高准入门槛，对创业板企业资质设置一定限制。虽然创业板公司被要求具有一定的成长性和创新能力，但过大规模和经营多年的企业都与推广创业板有所违背。所以，要对企业规模和经营时间设置一定的门槛。比如企业净资产超过 8 000 万元以上规模的，企业成立以来持续经营 5 年以上的都不得申报在创业板中进行 IPO，这些企业只能转向在中小板或主板市场中进行 IPO，以使创业板名副其实，使真正需要的创业型企业能够获得 IPO 的融资机会，也可防范某些企业为了故意圈钱而虚增其净资产。

（3）加强市场监管，维护“三公”原则。创业板市场既有较大的发展潜力，又有较大的风险，没有相对完善的制度规范，就会造成过度的投机和市场风险。要坚持从严监管的原则，把防范、化解风险放在更加突出的位置，进一步完善制度安排，要加大监管的力度，强化实施监管，加强对异常交易行为的查处，要进一步健全异常交易监控、立案稽查、行政处罚和移送司法等环节的监管联动、快速反应机制，依法严惩市场操纵、内部交易等各类违法违规行为。对重要的案情做到及时发现、及时查处，及时向社会通告，全力维护“公开、公平、公正”的市场秩序。

（4）加大信息披露力度，提高披露的质量。做好信息披露是创业板市场健康发展的重要保证，也是所有创业板上市公司应尽的法定义务。上市前，创业板企业在发布招股说明书的同时，至少应披露其最近一期和最近一个完整会计年度经审计的财务报告，以便使投资人能获取更多关于发行人的财务及相关信息，防范某些企业财务报表过度包装甚至欺诈上市的行为。上市后，要结合创业板企业的特色、盈利模式和技术特点以及市场营销方式，落实创业板上市公司信息披露方面的规定，进一步完善信息披露的监管流程，逐步健全创业板信息披露的规则体系，充分揭示创业板的风险与不确定性。要根据创业板运行的实践，不断完善针对性更强的信息披露和监管措施，督促创业板公司充分披露公司的发展战略、股权变动、募集资金使用情况、关联交易和经营模式调整等重大事项。切实提高创业板公司信息披露的真实性、准确性、完整性和及时性，要进一步丰富和拓展信息披露渠道，确保网上信息披露的质量，使投资者能够方便、快捷和及时地获取创业板市场的信息与资料。

（5）增强风险意识，完善创业板的直接退市机制。退市机制是保证市场高效、有序实现健康可持续发展的基础性制度。作为资本市场优胜劣汰的长效机制的关键环节，完善创业板的直接退市制度，一方面可以引导市场资源流向优质企业；另一方面可以有效遏制市场过度投机与违规违法行为，实现对投资者权益的真正保护。企业在增强风险意识的同时，把市盈率控制在合理的水平，避免创业板的过度投机。如果一年内让创业板直接退市企业至少达到当年上市总额的10%，将会对创业板公司形成强烈的刺激动力，对加强公司治理和经营活动都有很大好处，因为一旦在经营管理中出现松懈和问题，极有可能面临公司的直接退市。创业板直接退市机制的建立健全，将会与发行制度的深化改革形成良好互动，有利于实现更为科学合理的估值和定价，符合当前市场化改革与基础制度建设的根本方向。

有了创业板的直接退市机制，便会降低上市公司本身的操纵行为所带来的风险，也降低了题材炒作的空间，有助于减小创业板市场的风险。创业板公司退市之后，最好有一个缓冲过程，保护好投资者的权益，为投资者手中的股票提供一定的流通渠道。纳斯达克市场股票退市后，投资者可通过多种渠道找到对手方，实现股票的流通，他们可以在次一级的市场上进行交易，类似国内的三板市场，当然也可以不通过市场而直接场外协商转让。

二、高管离职套现问题

2010年11月开始的创业板限售股解禁也值得特别关注。这批解禁的首发原始股东限售股主要由创投公司、高管以及其他非控股股东的持股所构成，并且以持股占总股本比例在5%以下的“小非”数量较多，持股成本相当低廉。数据显示，从11月1日创业板限售股解禁之后的3个交易日里，深交所创业板大宗交易平台已有8家公司的7.58亿元市值股票被减持。因此，创业板高管离职套现问题是不容回避和忽视的。个别高管的辞职，对投资者心理产生了较大的影响。毕竟，创业板上市公司管理层和核心技术人员的稳定，与公司的平稳健康发展息息相关。

要解决好这一问题，可以借鉴一些成熟市场的做法，在发行时可以搞很小比例的存量发行，置换一部分股份出来，直接解决创业者的生活问题，而锁定部分的锁定期则稍微延长一些。杜绝恶意的高管离职套现，则可以通过建立个人诚信档案的方法。

深交所近日发布了《关于进一步规范创业板上市公司董事、监事和高级管理人员买卖本公司股票行为的通知》，延长了创业板离职高管持股锁定期限。上市公司高管在上市6个月内离职的，18个月内不得转让公司股份，比原先规定延长了6个月。新规定无疑有助于进一步稳定创业板上市公司管理层和核心技术人员的人心，为创业板的平稳健康发展上一道保险。

一年的发展时间太短，一年发展中出现的问题也是发展中的问题，解决问题的同时更要看到创业板的前景。虽然创业板培育的都是一些小微企业和创新型企业，但随着时间的推移，今天的创业板小公司，明天就有可能成长为行业领袖，可能成长为国际大公司。我们坚信创业板一定能制胜未来。

原载《现代领导》2010年第12期。

尽快出台创业板退市机制的必要性

内容摘要：由于退市制度不完善，证券管理机构对投机行为惩戒力度不足，导致投机炒作和内幕交易不断，使得股票市场不重视上市公司基本面，而看重各种虚无缥缈的"题材"和"消息"。本文阐述了创业板退市机制建立的重要性，这对股票市场的投资理念将起到一个正面的积极引导作用。

一、深交所对创业板退市制度的态度

最近，深交所总经理宋丽萍在接受媒体访问时首度披露了创业板退市制度的原则及框架："直接退市、快速退市和杜绝借壳炒作现象，是我们设立创业板退市制度的基本原则。"从而，深交所在现有《创业板上市规则》退市标准的基础上，又增加了两条：一是公司连续受到交易所公开谴责的，即创业板公司在最近36个月内累计受到交易所公开谴责三次的；二是股票成交价格连续低于面值的。

深交所坚持创业板实行直接退市制度，不再实行长时间的"退市风险警示"制度。第一，公司达到暂停上市条件，其股票即停止交易；达到终止上市条件即摘牌。第二，根据不同情形进一步缩短退市时间，保证问题公司和业绩差的公司能尽快退出市场，使创业板真正实现优胜劣汰，健康发展。第三，不允许暂停上市公司利用资产重组方式恢复上市。

在具体退出制度中将设置两步缓冲。首先，在公司实施退市前，给予30个交易日的股票交易时间,便于投资者处理手中持有的股票。其次,公司退市后将在代办股份转让系统挂牌,给投资者提供一个可以进行股份转让的渠道和平台。

至此,深交所的退市原则和框架有了一个清晰的雏形方案。

二、各方对创业板退市的具体意见不尽相同

早在2010年两会期间,全国政协委员、深交所理事长陈东征委员就表示可能于当年年内推出创业板退市机制。但2010年9月8日深交所总经理宋丽萍在厦门出席“证券交易所与可持续发展2010年会”后却向媒体表示,当年年内深交所很难推出创业板退市制度,也没有具体时间表。回溯以往,创业板推出之前,2009年4月时任证监会主席的尚福林就表示要“积极推进主板退市制度改革,建立健全创业板退市机制”,但迄今未见任何具体举措。看来,深交所无法推出创业板的退市制度,关键不在深交所自身。

社会各方专家也不断呼吁:创业板直接退市制度越早推出越主动。其实,推出创业板退市制度,业界已呼吁多年,证监会和深交所的领导也在各种地点和场合强调和重申推出退市制度的必要性和迫切性。但是,空喊退市却总不见踪影,导致了专家的质疑、投资者的疑惑和准上市公司的等待迷茫。创业板退市制度或许像喊“狼来了”一样,喊得太多,就不灵了。

一直以来,各方对于推出创业板退市制度的重要性没有疑义,但是对于创业板退市的具体制度却有着不同的观点。

主要观点是主张采取直接退市。在列明创业板退市硬性指标的情况下,直接退市,不给风险提示,不给重组机会,若符合条件,日后可再发行。其直接动机在于彻底堵死题材炒作、内幕交易,杜绝重组黑幕、借壳资源,因为创业板盘子较小,利用重组机会爆炒重组概念的可能性大为增加。

同时,创业板直接退市后应该建立补偿机制,即创业板上市公司、公司主要大股东、公司高管、保荐机构等都是退市的责任人,应当共同

承担退市补偿的责任。如果不能解决这个问题,直接退市就等于变相惩罚了公众投资者,这显然不公平。

但也有人担心直接退市对于普通投资者的补偿问题难以解决。因此,还有一种观点认为,从基于保护当前投资者利益的角度出发,在一定范围内给予上市公司纠正自己行为、维护上市公司持续上市资格的可能性。

无论选择哪一种退市制度,都是各有利弊的。关键不在于选择哪种制度的问题,而在于应该立即行动,给市场一个明确的预期。其实,退市制度出台以后也还需要在实践中不断检验、修订和完善,这样才能更好地发现问题、解决问题。

三、创业板退市制度缺失的弊端

1. 创业板退市制度的缺失难以保持创业板的长期发展和高效运行

创业板市场要健康快速发展,必须建立起有效的退市制度。缺少了退市制度的创业板市场犹如缺少刹车的高速运行列车,安全堪忧。退市制度是保障创业板高质量运行的关键所在,只有尽快建立退市制度,才能使创业板"流水不腐"。创业板退市制度的难产,将使市场风险不断积累,无法释放,从而进一步推高证券市场的系统风险。

创业板退市制度推出以后,也许还会产生新的问题,但尽快建立退市制度仍然是利大于弊。创业板只有实现有进有出,让经营不善和不符合要求的公司退出,让新鲜血液进来,才能保持市场的活力,才能让更多的中小企业得到资本市场的支持。需要关注的是,虽然直接退市制度在创业板设计时就被多次明确提及,但一直以来市场都有意无意地忽略了这一风险的存在,这显然是创业板退市制度的难产所决定的。

2. 创业板退市制度缺失将大大加剧创业板的炒作风险

A 股投资者普遍缺乏风险防范意识,是长期累积导致的。主板市场退市机制的失灵和愈演愈烈的借壳上市之风使 A 股投资者长期无法感受上市公司经营失败的切肤之痛,投资者经常看到的是ST公司股价成倍上涨的巨大诱惑和刺激。退市机制的失灵和借壳上市的泛滥已经污染了证券市场的整体环境,导致投资者缺乏最起码的风险意识,证券市场的定价能力也随之丧失。垃圾股股价长期高企,正常的优胜劣汰机制无法发挥,证券市场的资源优化配置功能严重缺失;借壳重组的暴利导致内幕交易泛滥,市场公信力长期得不到建立。

虽然证监会领导曾经口头表示,创业板将加大退市力度,不再鼓励借壳重组,但令人不安的是,深交所陆续公布的与创业板有关的市场规则中并没有任何限制借壳重组的条款,相反,《创业板股票上市规则》第十四章依然要求暂停上市公司在恢复上市时提交"关于公司重大资产重组方案的说明",也就是说,面临退市风险的公司仍然可以采取卖壳的方式获得重组方的大额优质资产注入。

一般来说,创业板公司股本小、市值低,借壳方注入同样规模的资产可获得更高的持股比例,因此大部分创业板公司都是天然的好壳。只要监管部门不采取限制性措施,创业板公司可以随时被人借壳重组,根本无须等到退市。近期多家中小板公司纷纷踏上卖壳之旅就是最佳例证。

3. 创业板退市制度缺失使得创业板泡沫难以消除、扩容超募也难以增长

随着创业板公司2010年年报、半年报以及季报的公布,创业板"高成长"的幻想破灭,2011年10月24日最低跌至741.33点,从目前的历史最高点1 239.60算起,一年不到,累计跌幅高达40.20%,远远超过同期上证指数跌幅。创业板曾经顶着"高成长"光环被恶炒,但业绩增速低于市场预期,低于中小板和主板,创业板反而成为业绩增长最差、变脸最快的板块。

消除创业板泡沫的有效方法,就是通过加速创业板的扩容以拉平市盈率。由于创业板缺乏基本退市制度,正常的扩容异常困难,新兴的有发展潜力和高成长性的公司反而难以及时进入创业板。

四、加快创业板退市制度建设以完善投资游戏规则

目前，对于问题创业板公司的直接退市，监管部门与业界实际上是有共识的。我们并不缺少退市标准和退市模式——而是将太多的制度目标和政策目标纳入退市制度设计考虑之中，我们缺少的是退市细节问题和执行力度。所有这些都无形中增加了创业板退市制度设计的难度，导致摇摆不定，难有定论。因此，从创业板直接退市的现实来说，与其受困于过多的顶层制度设计目标，倒不如舍弃其他目标，坚决捍卫证券市场监管的本源，就是保护投资者的利益。然后在此基础上尽快选定退市标准及退市模式，在实践中探索运行和不断修正，使制度逐渐成熟并加以固化。

国外已有非常成熟的标准案例和退市操作模式，我们可以加以吸收、借鉴和利用。同样是创业板，美国纳斯达克如今已有 3 000 余家企业，每年大约有 8% 的公司退市，根据纳斯达克和世界交易所联合会公布的数据，1985 年至 2008 年纳斯达克总共退市 12 965 家，新增上市 11 820 家，退市公司多于新增上市公司数量（不含 OTCBB 挂牌公司）。英国 AIM 市场在 2003 年至 2007 年间，每年退市比例也在 8%～15% 的水平，都明显高于主板市场。

我国创业板还有很长的路要走。只有尽快建立起优胜劣汰的创业板退市机制，才能更好地把中国的创业板做好做大做强。把创业板打造成一个高效、健康的资本运行市场，成为中国的"纳斯达克"，成为真正的新兴、高新企业的"孵化器"，为我国不断涌现出的新兴、高新中小企业提供更为宽广的发展空间。

原载《现代领导》2011 年第 11 期。

“新三板”：中小微高科技企业的一个融资平台

内容摘要：“新三板”是中小微高科技企业的一个有效融资平台。本文介绍“新三板”概念的形成，以及“新三板”和资本市场中的主板、中小板、创业板之间的相互关系，认为“新三板”是我国多层次资本市场中不可缺少的有机组成部分。

一、“新三板”历史概况

2012 年 8 月 3 日，国务院批准决定扩大非上市股份公司场外交易市场试点，首批扩大试点除中关村科技园区外，新增天津滨海高新区、上海张江高新区和武汉东湖高新区。“新三板”扩大试点拉开了帷幕。

三板市场起源于 2001 年，全称为“代办股份转让系统”，是一个独立的场外交易系统。每个交易日采取集合竞价的交易方式，为退市后的上市公司股份提供一个继续流通的场所。同时也解决了原 STAQ、NET 系统历史遗留的数家公司法人股流通问题。

2006 年 1 月 16 日，经国务院批准成立的“新三板”是特指中关村科技园区（现又扩大到天津、上海和武汉的园区）非上市股份有限公司进入代办股份转让系统进行试点，成交价格不是通过公开竞价，而是通过买卖双方协商议价进行，因挂牌企业均为中小微高科技企业，不同于原转让系统内的退市企业及原 STAQ、NET 系统公司的三板市场，故称为“新三板”。

2012 年 9 月 7 日，中国证监会副主席姚刚在“新三板”第一批扩大试点合作备忘录签署暨首批企业挂牌仪式的致辞中表示，中央经济工作会议将完善多层次资本市场确定为2012年经济工作的主要任务之一，全国金融工作会议提出加大对经济薄弱领域的金融支持。扩大试点工作的启动，是推进全国场外市场建设的重要步骤，标志着非上市股份公司股份转让试点开始从北京中关村园区走向全国。随着这项工作的有序推进，对改善中小微高科技企业金融环境、推动自主创新和结构转型、活跃民间投资融资活动的积极作用和示范效应，必将起到积极的作用。

第二批扩大试点园区的名单在2012年年底或2013年年初公布，其中苏州和成都等工业园区进入扩大试点范围的呼声都比较高。

现在各种关于“新三板”的消息都会引起苏州天弘激光股份有限公司董事长金朝龙的关注，他说：“我们希望早日到‘新三板’去融资，从而扩大产业化规模，打破高端激光器设备由国外垄断的局面。”在苏州工业园区，对“新三板”充满期待的不只是金朝龙这一家公司，向“新三板”进发已成为苏州工业园区企业的共识，大家已逐渐意识到“新三板”是一条相当便捷的融资渠道。

目前，苏州“新三板”项目储备量处于全国前列，“新三板”试点基础工作扎实，优势明显。苏州工业园区已在新一批扩容试点工作中取得了领先位置，为“新三板”培育的企业规模已超百家，并形成了19家企业完成股改、30多家企业正积极推进股改和50多家企业与券商在谈的三大梯队。一大批优质企业进入培育序列，深厚的企业储备，使得苏州工业园区被纳入“新三板”扩大试点范围“只欠东风”。

二、“新三板”是我国多层次资本市场中不可缺少的部分

成熟的“新三板”不仅可以满足挂牌企业的融资需求，也是主板、中小板和创业板市场的蓄水池。“新三板”扩大试点不仅有利于解决中小微高科技企业的融资难问题，更为重要的是，以“新三板”为扩容契机的资本市场创新改革对于中国经济的转型有着很大的助推作用。

可以消除目前困扰我国资本市场的某些沉疴痼疾,为低迷的资本市场注入新的活力。“新三板”扩大试点对于中国多层次资本市场来说具有三方面的重要意义:

一是增加“新三板”市场的容量,增强市场活力。目前“新三板”市场只有北京中关村一家国家级高新技术园区的一部分公司进行挂牌交易,规模很小,公司不多,交易冷清,吸纳新公司挂牌交易的能力不强。因此,将“新三板”逐步扩大试点到全国各地的国家级高新技术园区,不仅可以在短期内迅速扩大“新三板”市场的规模,而且可以充分调动各级地方政府及广大投资者的积极性。规模的扩大也会进一步吸引大量投资机构进场,使市场更加活跃。

二是扩大直接融资平台。“新三板”市场的扩容可以使更多的中小微高科技企业进入资本市场融资,解决企业的融资问题。“新三板”扩容后,门槛较低,不仅增加了 VC 和 PE 的退出通道,而且使其退出更加方便,这就会调动 VC、PE 的积极性,不断扩大向中小微高科技企业投资参股的规模,扩大中小微高科技企业融资的范围。

三是为建立全国统一的场外交易市场和多层次资本市场打下坚实的基础。按照监管部门提出的“总体规划,分步推进,稳妥实施”的原则,“新三板”市场的发展应该是先扩容,后统一,为建立全国统一的场外交易市场创造前提条件,为多层次资本市场赋予真正的含义。

相比主板、中小板和创业板来说,“新三板”的融资更为便利。虽然银行贷款利率低是一大优势,但一些无资质或无抵押的中小微高科技企业,在办理贷款时银行审批更加严格,造成了中小微高科技企业融资难的窘境。“新三板”推动场外市场的建设,改善中小微高科技企业股权质押融资环境,可以为中小微高科技企业建立直接融资模式,提供平台和融资服务,解决融资难问题,更为重要的是,可以带动其他融资途径。企业融资可以不再局限于银行贷款和政府补助,更多的股权投资基金将会因为“新三板”制度的保障而主动进行投资。同时也进一步提高了公司的治理水平,促进企业规范管理和健康发展,增强企业发展后劲。

有三类公司比较适合进入“新三板”。一是处在成长早期阶段的小企业，尤其是中小微高科技企业，这些企业规模小、风险大，难以被主板市场投资者认可和接受，适合进入"新三板"市场；二是那些自认为无必要，也不愿意采用相对较高的公司治理、信息披露标准的企业；三是企业自身特点难以支持一个交投活跃的市场，或者企业对股份流动性没有特别偏好，比如说中小金融机构企业。

目前，"新三板"高效低成本按需融资的优势不断增强扩大。累计有38家企业完成或启动了45次定向增资，融资额合计19.5亿元。有的企业进行了多次连续融资，还有的企业通过定向增资进行并购重组。与此同时，挂牌企业增信效应明显，融资能力大幅提升。

全国各类实有注册企业超过1 300万户，中小企业占比超过99%。但到目前为止，全部上市公司数量只有2 484家，由此可见，场内市场服务范围远远不能满足企业的需求，金融结构性不平衡，直接融资比重过低，难以适应实体经济发展的需要。在这种背景下，加快发展我国多层次资本市场体系，也就成为促进经济金融科学发展的重要举措。

"新三板"市场资源丰富，何止千军万马，未来规模将超过创业板。预计5年内挂牌公司将达到2 800家左右，按每家市值规模4亿到5亿元计算，"新三板"总市值将超万亿。随着"新三板"试点的不断扩大，未来几年全国88个高新技术园区都将陆续被纳入试点范围，而高新技术园区中目前销售收入规模在1 000万到5亿元区间的公司则是"新三板"挂牌公司的主要来源。从扩大试点和今后发展来看，随着各种新的制度规范陆续出台和完善，"新三板"一定能成为真正意义上的纳斯达克，对孵化高科技产业、推进我国经济转型的积极作用将逐步显现。

三、"新三板"的持续健康发展必须要有完善的制度建设和保证

2012年10月11日，中国证监会发布《非上市公众公司监督管理办法》（下称《监督办法》），于2013年1月1日起正式实施。目前《监督办法》是"新三板"交易和发展的一个基本制度，相关的配套细则尚

在制定之中。《监督办法》的出台标志着对非上市公众公司监管被纳入了法制轨道,标志着“新三板”挂牌公司将可以按照相关细则申请定向发行。但后续制度和规则的配套及完善仍迫在眉睫。

“新三板”制度的选择要逐步从行政审批制向市场备案制过渡,以免重蹈中小板与创业板审核造富的覆辙,但非实质性核准也可能成为选项。《监督办法》中明确挂牌公司没有盈利门槛、非实质性审核等,但定向发行后股东累计超过200人或累计融资额高于1 000万元的,由运管机构审查后发行,事后向证监会备案。仍存在审查过程,只不过审查者不是证监会,而是运管机构。如果审查办法与创业板等一致,那么“新三板”还是沿用过去的办法,也就失去了其市场运作的意义。

“新三板”要允许资产超过30万元的个人投资者进入市场,大大降低交易门槛。目前“新三板”交易很不活跃,甚至只有几百手,原因在于机构与企业投资者交易股权,每手交易需在3万股以上,散户不能直接参与交易。若将“新三板”每笔报价委托最低数量限制由每手3万股降低至1 000股,让交易门槛更低,将达到活跃交易的目的。

“新三板”要引入做市商机制。做市商机制有利于活跃交易,有利于增强市场透明度,有利于维持市场价格和交易的稳定性,有利于提高市场的流动性。为解决做市商的股票来源,应该允许券商通过挂牌企业的定向发行持有部分股票。未来一旦转板通畅,应该允许券商以做市商的身份持股,在转板成功的股票上获得大笔投资收益和相应的投行业务。

“新三板”要合理采用集合竞价和连续竞价机制。场外交易与主板集合竞价一样,要按照“价格优先、时间优先”原则,由交易系统自动撮合交易,加上连续竞价,最大限度地保障交易效率和公平性。目前“新三板”则实行私下讨价还价的协议转让。

“新三板”要尽快推出直接转板制度。直接转板制度可以让经过市场培育发展壮大后符合上市要求条件的“新三板”公司有直接的转板通道去申请备案转板,以直接转入相应的主板、中小板和创业板中去,不用再重新去申请IPO和排队,这将会大大提高“新三板”的发展速度。

“新三板”要尽快确定退市制度。“新三板”准入门槛较低，退市制度应该更严格，只有加快推出“新三板”的退市制度，才能更有利于我国资本市场的健康发展。退市制度将在提高“新三板”上市公司的整体质量、形成优胜劣汰的市场机制方面发挥重要的作用，将有利于培养投资者和整个证券市场的风险意识，遏制投机炒作行为，逐渐树立以业绩为基础的投资理念，维护证券市场的正常秩序，从根本上保护投资者的合法权益。

原载《现代领导》2012年第11期。

公司治理因素对上市公司 IPO 效应影响分析

内容摘要：公司治理的好坏对其经营业绩有着深刻影响。由于公司治理中包含多个指标，因此在选择衡量治理结构指标时要慎重考虑。本文主要从股权结构特征、股权激励两个方面来研究公司治理因素对 IPO 效应的影响。

一、治理因素

中国证监会于 2001 年和 2003 年相继颁布的关于上市公司治理结构和治理标准的准则，为投资者衡量公司治理状况提供了可靠依据。在对 IPO 效应的影响因素分析中，不少学者也对公司治理因素进行了研究，但是总体来说，所选因素较为广泛，在样本的选择上也不够全面，不具有可比性，而本文正是从中挑选具有代表性、影响较大的公司治理因素，并创新性地结合了我国特殊资本市场背景的公司治理因素，力求达到论证的全面性。

二、研究设计

（一）研究假设

本文研究提出了以下假设：

H1：大股东持股比例越高，股权集中度越高，上市公司 IPO 效应越明显，两者呈正相关关系。

H2：大股东政治级别越高，上市公司 IPO 现象越明显，两者呈正相关关系。

（二）样本选取

本文选取 2011 年在沪深两市公开上市的 A 股公司作为研究对象。由于同时发行 A 股和 H 股或 B 股的公司与仅发行 A 股的企业所受监管不同，因此本文剔除了 10 家分别发行了 B 股、H 股和 S 股的公司，以及 4 家财务报表不完整以致财务数据无法获得的公司。同时为了降低研究的误差率，还剔除了公共事业行业等样本企业数量较少的行业。经过以上筛选，本文最终得到样本共 108 家，占总样本数量的 88%。

（三）财务指标

在综合参考了国内外各类关于 IPO 效应的相关文献之后，本文选取总资产息税前收益率（EBIT/A）作为衡量企业经营绩效的指标。息税前净收益（EBIT）是指企业在扣除所得税金之前的利润，去除各种营业外收入和补贴收入，再加上财务费用和各种附加费。

三、实证结果与分析

（一）IPO 效应存在性检验

1. IPO 企业经营业绩变化趋势

从上市前 1 年至上市当年及后 3 年间，样本公司的总资产息税前收益率（EBIT/A）和总资产收益率（ROA）的中位数与平均数变化趋势见表 1、图 1、图 2。其中，资产收益率的变化较为明显，但是总体上来说总资产息税前收益率和总资产收益率变化趋势是一致的：公司在上市前后存在显著的经营业绩下降的现象，并且总体上呈逐年下降的趋势。这和以前一些学者关于 IPO 效应的研究结果是一致的，说明公司存在着上市后经营业绩下降的现象。从图 1 中可以很明显地看出，总资产息税前收益率和总资产收益率在 IPO 当年有明显下降，并且总资产息税前收益率的下降幅度要大于总资产收益率的下降幅度。但是从上市当年至第二年，总资产息税前收益率经历了较明显的一次上升,此后缓慢上升,而总资产收益率的上升幅度十分不明显。两个指标的平均数变化趋势图也反映了基本相同的情况。另外,各指标的平均数和中位数差别较大,说明样本公司中特异性数据特征明显。

表1　上市前后公司经营业绩财务指标变化指标

指　标		-1	0	1	2	3
BEIT/A	中位数(%)	21.61	7.4	8.79	8.54	8.1
	平均数(%)	51.12	10.14	16.32	12.3	11.83
BOA	中位数(%)	24.45	15.28	8.765	10.73	11.15
	平均数(%)	30.1	21.45	12.12	12.8	13.08

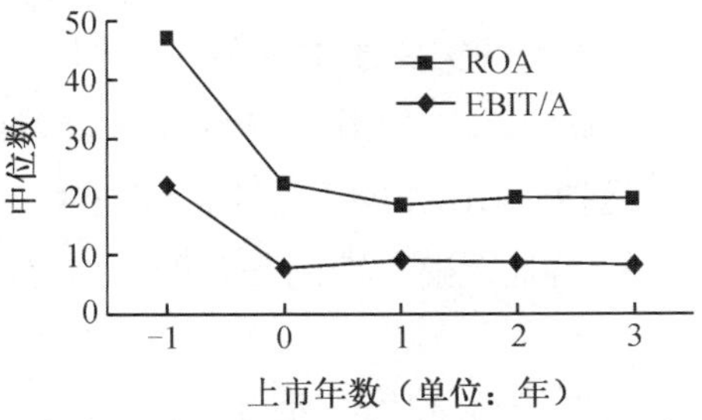

图1　上市前后财务指标中位数变化趋势图

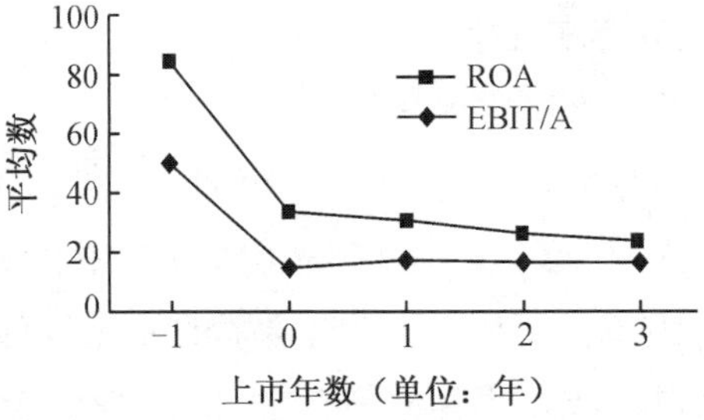

图2　上市前后财务指标平均数变化趋势图

2. IPO企业业绩变化显著性检验

利用SPSS中的Wilcoxon检验方法进行检验。由表2中的显著性检验结果来看,每个指标都具有95%以上的显著性,较好地反映了样本公司IPO后经营业绩下降的趋势。这也与朱祥武、张帆(2001)及许海(2001)等人所研究的结果一致,即上市公司在上市后有明显经营业绩下降的趋势，IPO 效应确实存在。

表 2　经营业绩财务指标变化显著性检验

时　间		-1 ~ 0	0 ~ 1	1 ~ 2	2 ~ 3
BEIT/A	中位数差	-14.21	1.39	-0.25	-0.44
	P 值	0.037	0.002	0.023	0.001
ROA	中位数差	-9.17	-6.515	1.965	0.42
	P 值	0.003	0.026	0.034	0.021

3. 原因分析

通过对样本公司业绩指标的实证分析，可以看出总资产息税前收益率（EBIT/A）和总资产收益率（ROA）的变化趋势并不完全相同。原因主要有以下几点：第一，总资产息税前收益率开始上升而总资产收益率却变化不明显，说明企业的经营效率并不高，资产的利用能力低下。在我国由于特殊的公司治理情况，上市公司募集资金使用目的变更的情况时有发生，上市募集的资金不能有效地投入生产经营中去，造成了资源浪费，导致了经营效益的低下，这是 ROA 指标无法增长的主要原因。第二，我国上市公司中普遍存在盈余管理，通过关联交易粉饰报表等现象，财务操控情况严重，因此 EBIT 值也不可避免地存在着被高估的现象。第三，从综合实证研究的结果来看，公司并不能期望通过上市就一定会取得业绩上的进步，公司内部的治理结构等问题依然影响着经营绩效。

（二）公司治理因素对 IPO 效应影响分析

1. 第一大股东持股比例

通过比较第一大股东持股比例不同的企业上市前后经营绩效之间的差异来判断第一大股东持股比例对公司 IPO 效应的影响，以检验之前的 H1。

为了研究第一大股东持股比例和业绩变化的关系，本文参考了卢文彬（2001）和许海（2001）等人的研究方法，将样本公司按照比例的高低分为两组，再检验两组业绩之间的差异。如果两组之间存在差异，则说明第一大股东持股比例对业绩变化有影响，H1 成立。由于资产收益率在之前的 IPO 效应检验中和总资产息税前收益率的分布并不一致，考虑有可能存在人为操控的现象，本文采取总资产息税前收益率作为衡量企业经营绩效的唯一指标。之后对 H2 进行的研究也将同样采用该方法。

第一，样本分组。假设公司在上市当年年末第一大股东持股比例为 M，根据 M 值的大小，将样本企业平均分为两组。在此次得到的样本中，M 值较低的一组分布在[12.32%，36.05%]，平均数和中位数分别为 26.48% 和 29.8%；M 值较高的一组分布在[40.88%，80%]，平均数和中位数分别为 59.78% 和 55%。

第二，结果分析。从样本分析结果可以很清楚地看出公司在上市之后业绩逐年下滑，IPO 效应十分明显。同时作为对照比较的两组，低样本组公司的业绩尽管与高样本组在上市之后都经历了显著的业绩下滑，但是始终好于高样本组公司，这说明第一大股东持股比例较低的公司的经营状况要明显好于比例高的公司。同时，可以看出高样本组在 IPO 后业绩下滑程度要略高于低样本组的公司，但是两个样本组公司在上市后几年中业绩逐渐趋于一致。分析比较两对照组的结果，说明我国公司中大股东持股比例较高的公司 IPO 效应比较突出，并且长期的业绩也不如比例较低的公司，这与许海（2001）、卢文彬（2001）等人的研究结果是相类似的。

第三，显著性检验。从 Wilcoxon 检验结果来看，两样本组在上市前一年的显著性检验中 P 值均大于 0.05，无法保留原假设，两样本组存在明显差异，但是上市当年和之后三年间的 P 值均大于 0.05，显著性水平较低，配对检验不显著，两样本组不存在明显差异。这与之前的描述统计结果也是相一致的，两样本组在上市前差异较大，上市当年和之后的业绩差异不再明显。总体来看，尽管第一大股东持股比例较高的公司上市前后业绩变化大于比例较低的公司并且业绩水平也较低，但是长期来说，二者相差并不大，说明第一大股东持股比例对 IPO 效应的影响并不明显，这与许海（2001）和国外学者 Wayne H. Mikkelson（1997）等人的研究结果也是相类似的，因此 H1 并不成立。

第四，原因分析。Jain 和洪剑峭等人的研究都证明大股东持股比例与 IPO 效应存在着一定关系。大股东持股比例过高会导致其余中小股东的利益受损,导致内部控制人问题,从而产生“大股东代理成本问题”。

大股东代理成本问题是我国上市企业公司治理中的重要问题。大股东控制权的增加不仅不利于保护中小股东利益,更有可能导致募集资金使用目的的变更,从而影响企业经营业绩。而在我国,由于多数上市企业为国有企业,即原有企业剥离不良资产后上市,因此代表国家控股上市的企业在 IPO 后与母公司之间依然存在严重的关联交易现象,而大股东持股比例高的公司由于缺乏监管治理,关联交易的现象更加突出。这正好能够解释在结果分析中第一大股东持股比例高的公司上市前后业绩变化较大的原因,也可以解释上市前一年大股东持股比例对两组样本公司企业总资产息税前收益率差异影响的显著性。这是由于大股东持股比例高为公司通过关联交易包装财务报表,虚高上市前经营业绩提供了可能性,而在上市之后经营业绩则显著恶化。而这也同样可以解释在显著性检验中会出现第一大股东持股比例与 IPO 效应相关性不明显现象,从长期来看,由于目前股权较为分散,大股东对公司业绩的影响程度也在逐渐下降,对公司经营状况的控制能力也有所减弱,这都导致了大股东持股比例对公司上市后业绩变化影响不大。

2. 大股东政治级别

为了合理衡量大股东政治级别对公司业绩变化的影响,本文采用陈文斌(2005)和元建兴(2006)等人的研究方法,将大股东政治级别分为四个等级,详见表 3。

表 3 大股东政治级别

划分阶级	级别描述
第 1 级	部级:大股东为原各部委直属企业(改制后为大型集团企业)
第 2 级	省级:大股东为省、直辖市人民政府或国资局,省、直辖市属国有企业
第 3 级	市级:大股东为县、市、区级人民政府或国资局,县、市属国有企业
第 4 级	其他:大股东为民营企业、集团企业、乡镇企业、其他法人企业等

将样本公司按大股东执政级别的高低分为对照两组,对其总资产

息税前收益率指标进行显著性检验,如果两组之间存在差异,则说明大股东政治级别对企业经营业绩变化有影响,H2 成立。

从样本分析结果中可以发现,在上市前一年大股东政治级别较高的一组的业绩明显好于级别低的一组,但是上市当年和之后几年中级别高组的业绩都不如级别低组。而从总体上来说,无论是级别高还是级别低的样本组公司,在上市之后都存在着业绩下滑的情况。还可以很明显地观察到大股东级别较高组公司在 IPO 之后业绩恶化情况十分严重,大大超过了级别较低的样本组公司。然而从上市当年到之后三年中,两样本组公司的业绩逐渐趋于一致,大股东政治级别较高组和较低组的经营状况开始接近,但是级别较低的一组的经营业绩仍然要略好于级别较高的一组。这说明大股东政治级别对 IPO 效应还是具有一定影响力的。

经过 Wilcoxon 检验,两样本组公司在上市前一年的显著性检验中达到了 99% 以上的显著性水平,无法保留原假设,两样本组公司存在明显差异,在上市当年和上市之后的三年间 P 值也均大于 0.05,显著性水平较高,配对检验显著,两样本组存在明显差异。这尽管与之前的描述统计结果并不完全一致,但是总体说明了两样本组在上市之前和之后的业绩存在差异,大股东政治级别较低的一组的总资产息税前利润率收益率表现要明显好于较高组。总体来看,大股东政治级别较高的公司 IPO 效应较为明显,上市前后业绩变化大于比例较低的公司,并且在上市之后几年中与较低组的业绩也存在差异。在上市当年和之后三年中级别低组的业绩表现都要高于级别高组,说明大股东政治级别高低对 IPO 效应有一定的影响,大股东政治级别越高,IPO 效应越显著,这与陈小悦(2005)和元建兴(2001)等的研究结果也是相类似的,H2 成立。

3. 原因分析

正如前文所述,大股东的政治级别一定程度上衡量了大股东对代理利益的攫取能力,大股东政治级别越高,对公司的控制能力就越强,代理问题就越容易发生。通常来说,大股东政治级别主要从上市后的募集资金使用情况上影响上市公司的业绩。由于我国上市企业大多是国有企业改制,因此企业内部国家参股现象比较普遍,大股东也通常享有一定的政治级别。由于我国资本市场的特殊背景,国企政治级别高的可能在资金募集时受到有关部门的优待较大。大股东政治级别越高,其对募集资金后的使用情况的控制权也越大。前文已经分析过募集资金使用方向的改变导致上市募集来的资金无法全面有效地投入经营活动中去,导致资金使用缓慢,闲置情况严重。这不仅是上市公司资金使用决策能力偏低的表现,也是公司诚信缺失、不负责任的体现,严重影响了我国上市公司的形象和信誉,对公司的经营产生了极大损害,这也是导致大股东政治级别较高的公司业绩长期不佳的原因之一。另外,由于级别越高,在上市时受到优待的可能性越大,因此上市公司在 IPO 前后业绩变化也就越为明显,因此大股东政治级别的高低能够影响到企业上市前后业绩的变化。

四、研究结论

本文研究得出了以下结论:我国 A 股市场中的上市企业整体上存在显著的 IPO 效应。企业的财务业绩计量指标在上市当年即大幅度下滑,并且在之后的几年中仍然呈下降趋势。这在一定程度上证明了我国上市公司中存在为了提高发行价、扩大企业融资规模而在上市前包装财务报表的行为。由于我国资本市场审批制度方面的原因,上市企业为了能够获得审批通过,往往通过盈余管理等手段美化财务报表,财务包装现象突出。另外,我国公司董事会稳定性较差,监管不力,上市之后随着外部股东的增加,管理层和股东之间的利益冲突愈加突出,增加了代理成本,导致了企业经营绩效的下滑。实践表明,我国企业在上市之后,倾向于扩大规模等扩张化战略,但同时资产利用效率又未能得到提高,与股东利益最大化的目标相背离,降低了我国企业的价值。第一大股东持股比例高低对公司业绩变化没有显著影响。在实证检验中,大股东持股比例较高的样本组企业 IPO 效应更为明显,在上市前后业绩变化幅度更大,但是从总体上来说,大股东持股比例高低对 IPO 效应并没有显著影响,大股东持股比例低的企业的业绩在上市后也未明显好于持股比例高的企业。这与一些学者之前认为的由于大股东的存在导致关联交易更易发生,从而影响企业经营状况的看法并不一致。就本文来说,原因可能是随着更多民营企业的上市,股东的组成结构愈加复杂,大股东的权益被稀释,对公司的影响力也在逐渐减弱,因此从长期来看,第一大股东持股比例的高低对业绩变化的影响也随之降低。大股东政治级别越高,在上市时受到相关部门优待的可能性也就越大,这也部分解释了大股东政治级别高的上市公司在IPO前后业绩变化幅度大的原因。这与我国特殊的资本市场背景是有一定关系的,同时也暴露了我国上市企业管理层缺乏监管的现状。

总体来说,本文认为公司治理因素对企业的经营业绩变化起到了重要作用,深刻影响了企业在上市前后的业绩走向趋势。第一大股东持股比例对企业上市前后的业绩产生了一定影响,而大股东的政治级别与企业长期的经营状况有着重要关系。

参考文献:

[1] 元建兴,王琼. 制度适应、公司治理与IPO募集资金使用研究[J]. 财政研究,2007(4).

[2] 黄品奇,蒋力. 我国IPO公司财务绩效分析[J]. 统计与决策,2006(11).

[3] 朱祥武,张帆. 公司上市前后经营业绩变化的经验分析[J]. 世界经济,2001(11).

[4] 许海. IPO前后公司财务业绩变化趋势的实证研究[J]. 山西财经大学学报,2001(5).

原载《财会通讯》(综合版)2013年第12期中。

公司财务管理

关于企业选择缴纳增值税的思考

内容摘要: 国家自1994年开始对流转税税制进行改革,在全国范围实行增值税制度。对企业来说,这是一个新的政策内容和操作方法。为帮助企业在推行新税制过程中了解政策、适应政策,本文从有利于企业角度出发来分析、测算和判别相关内容,帮助企业做出合理的决策和选择。

新的增值税按照销售额的大小将企业划分成小规模企业和一般企业两类。小规模企业是指年销售额在100万元以下的工业企业,或年销售额在180万元以下的商业批发企业。除此以外的企业均属一般企业,但如果符合一定的条件,年销售额在60万~100万元的工业企业,或年销售额在120万~180万元的商业批发企业也可申请为一般企业。

一、增值税一般纳税人标准

一般纳税人是这次税制改革中的新内容。一般纳税人与小规模纳税人缴纳增值税税金的计算方法不同。这两种不同方法对企业来说会引起赋税额的差异,企业对此特别敏感。在具体申请办理增值税一般纳税人的资格前,许多企业盲目随大流,“一窝蜂”地争达“标”,认为企业只有取得一般纳税人的资格才会少交税,使产品具有价格优势。为此,一些未达“标”的企业不顾自身实际情况,年前突击行动,不惜亏本大做特做生意,拼命凑满销售额,以达到一般纳税人的最低标准,而事实情况并非如此。

增值税暂行条例实施细则的第三十条第二部分规定,符合一般纳税人条件但不申请办理一般纳税人认定手续的企业,不使用增值税专用发票。即使符合一般纳税人条件的企业,如果不申请办理认定手续也可按小规模纳税人的税金计算方法缴纳增值税,税金按销售额的固定税率计算。这样对于达到一般纳税人标准的企业来说,就有两种缴纳增值税的选择机会,并且都是在政策、税法允许的范围内:一种按一般纳税人交税,另一种按小规模纳税人交税。

一般纳税人在进货、销售过程中所用的是增值税专用发票。增值税专用发票全国统一,共有五联,其中有一联是税金抵扣联。一般纳税人进货时,在取得增值税专用发票的同时还有一联税金抵扣联,这就是进项税额,可以在以后的销售过程中从销项税额中抵扣。一般纳税人实际缴纳的增值税税金等于销项税额减进项税额。在销售过程中一般纳税人同样需要开具给对方增值税专用发票的发票正联和抵扣联,对方单位凭这张抵扣联同样可以抵扣税金。当然,一般纳税人在销售过程中必须根据对方确实具有一般纳税人的资格,才能开具增值税专用发票,否则只能开具普通发票。小规模纳税人在进货时取得的是普通发票,不存在税金的抵扣问题,小规模纳税人在销售过程中同样也只能开具普通发票,实行简易办法固定税率计算税金,按销售额的6%计算增值税。按发票数额收取的金额是价款和增值税额的混合收入,小规模纳税人的销售额按下面公式计算:

$$\text{销售额} = \frac{\text{取得混合收入}}{1 + 6\%}$$

总之,只要是缴纳增值税的企业,其销售收入均不含增值税,但可以含销售税、城建税等。

二、如何计算企业应缴纳的增值税

下面有两个企业的资料,它们都已达到一般纳税人的标准,我们来看看这两个企业在选择不同的增值税计算方法后,其缴纳的税金应该是多少。

资料一:某机关印刷厂主要承接各行政机关事业单位的书刊资料

印刷任务，预计1994年全年价税合计收入为234万元，全年耗用纸张、油墨等原材料费用为105.3万元，并取得了增值税抵扣联发票。

先按一般纳税人交税的方法计算该企业应交增值税：

全年价税合计收入 = 234（万元）

全年销售额 $= \frac{234}{1+17\%} = 200$（万元）

全年增值税销项税额 $= 200 \times 17\% = 34$（万元）

全年原材料等价税合计支出 = 105.3（万元）

全年原材料等不含税费用 $= \frac{105.3}{1+17\%} = 90$（万元）

全年增值税进项税额 $= 90 \times 17\% = 15.3$（万元）

全年应交增值税 = 销项税额 − 进项税额 = 34 − 15.3 = 18.7（万元）

再按小规模纳税人交税的方法计算应交增值税：

全年价税合计收入 = 234（万元）

全年销售额 $= \frac{234}{1+6\%} = 220.75$（万元）

全年应交增值税 $= 220.75 \times 6\% = 13.25$（万元）

资料二：某印刷厂主要承接社会各种印刷业务，预计1994年全年价税全收入为234万元，全年纸张、油墨、低值品和水、电等各种应税劳务为152.1万元，并取得了增值税抵扣联发票。

先按一般纳税人交税的方法计算该企业应交增值税：

全年价税合计收入 = 234（万元）

全年销售额 $= \frac{234}{1+17\%} = 200$（万元）

全年增值税销项税额 $= 200 \times 17\% = 34$（万元）

全年原材料等价税合计支出 = 152.1（万元）

全年原材料等不含税费用 $= \frac{152.1}{1+17\%} = 130$（万元）

全年增值税进项税额 $= 130 \times 17\% = 22.1$（万元）

全年应交增值税 = 销项税额 − 进项税额 = 34 − 22.1 = 11.9（万元）

再按小规模纳税人交税的方法计算应交增值税：

全年价税合计收入 = 234（万元）

全年销售额 $=\frac{234}{1+6\%}=220.75$（万元）

全年应交增值税 $=220.75\times 6\%=13.25$（万元）

从以上两个资料的数据计算结果可知，资料一的企业显然应采用小规模纳税人的税金计算方法，因为这要比一般纳税人的计算方法少交5.45万元（18.7 - 13.25）的税金；资料二的企业显然应采用一般纳税人的税金计算方法，因为这要比小规模纳税人的计算方法少交1.35万元（13.25 - 11.9）的税金。这两个企业均属于印刷行业，其含税销售收入均为234万元，为什么它们采用两种不同的方法后，所计算的全年应交增值税会不同呢？这主要是因为两个企业的销售毛利率不同，即印刷厂在购进原材料等各种应税劳务转移价值过程中，所取得的进项税额不同，材料一中的企业，其销售毛利率为 $\frac{200-90}{200}\times 100\%=\frac{110}{200}\times 100\%=55\%$；材料二中的企业，其销售毛利率为 $\frac{200-130}{200}\times 100\%=\frac{70}{200}\times 100\%=35\%$。

所以，一个企业的销售毛利率较高，购进原材料等的进项税额较小，则用一般纳税人方法计算的应交增值税要比用小规模纳税人方法计算的应交增值税来得大，故这类企业应选择小规模纳税人的方法来计算应交增值税；反之，一个企业的销售毛利率低，购进原材料等的进项税额较大，这类企业则应选择一般纳税人的方法来计算应交增值税。但企业的经营决策者究竟应该怎样进行比较选择呢？

三、利用毛利率来判断选择

这可用数学手段来表述。

设：一个企业的销售额为 A，价税混合销售收入为 $(1+17\%)A$，原材料等转移价值成本（不含税）为 a，原材料等转移价值的价税混合采购费用为 $(1+17\%)a$。则：

原材料转移价值成本为 a

销售额为 A

新增价值为 $A-a$

新增价值占销售额的比重为$\frac{A-a}{A}\times 100\%$

$\frac{A-a}{A}\times 100\%$即为销售毛利率。这种提法不十分准确，新增价值 $A-a$中还会包括一些属于成本费用中的固定资产折旧费等，但为了表述得简单容易，暂且认定$\frac{A-a}{A}\times 100\%$为销售毛利率，$\frac{a}{A}\times 100\%$为销售成本率，它们互为补数关系。只要使得采用两种方法计算的应交税金数额相等，求出销售毛利率$\frac{A-a}{A}\times 100\%$的具体数值，就能依此作为增值税选择的判别点。

先计算一般纳税人应缴纳的增值税：

销项税额 $=17\%A$

进项税额 $=17\%a$

应交增值税 = 销项税额 − 进项税额

$$=17\%A-17\%a$$

$$=17\%(A-a) \quad\cdots\cdots\cdots\cdots (1)$$

再计算小规模纳税人应缴纳的增值税：

$$\text{价税混合销售收入}=(1+17\%)A$$

$$\text{销售额}=\frac{(1+17\%)A}{(1+6\%)}$$

$$\text{应交增值税}=\text{销售额}\times\text{税率}=\frac{(1+17\%)A}{(1+6\%)}\times 6\% \quad\cdots\cdots\cdots\cdots (2)$$

使式(1)用一般纳税人的方法计算的应交税金等于式(2)用小规模纳税人的方法计算的应交税金。

即
$$17\%(A-a)=\frac{(1+17\%)A}{(1+6\%)}\times 6\% \quad\cdots\cdots\cdots\cdots (3)$$

通过整理式(3)得
$$\frac{A-a}{A}=\frac{(1+17\%)\times\%}{(1+6\%)\times 17\%} \quad\cdots\cdots\cdots\cdots (4)$$

计算式(4)得

$$销售毛利率\frac{A-a}{A}\times 100\% = 38.96\%$$

当企业的销售毛利率大于38. 96%时,可选择小规模纳税人的税金计算方法;当企业的销售毛利率小于38. 95%时,可选择一般纳税人的税金计算方法。实际工作中也能通过销售成本率来进行判别,因为 $\frac{A-a}{A}\times 100\%$ 与 $\frac{a}{A}\times 100\%$ 为补数关系,有关原材料等转移价值的成本资料更容易取得,只要取得原材料等的进项税额及销售额,就能进行分析判别。

出版业的一般纳税人缴纳增值税为13%的低税率,对于这些行业来说又是如何进行判别选择的呢?

设:某出版社年销售额为 A,价税混合销售收入为 $(1+13\%)A$,书刊印刷成本(不含税)为 a,书刊印刷成本的价税合计费用为 $(1+17\%)a$。

先计算一般纳税人应缴纳的增值税:

销项税款 $=13\%A$

进项税额 $=17\%a$

应交增值税 = 销项税额 - 进项税额 $=13\%A-17\%a$ ……… (5)

再计算小规模纳税人应缴纳的增值税:

价税混合销售收入 $=(1+13\%)A$

$$销售额=\frac{(1+13\%)A}{1+6\%}$$

$$应交增值税=销售额\times税率=\frac{(1+13\%)A}{1+6\%}\times 6\% \quad \cdots\cdots\cdots\cdots\cdots (6)$$

使式(5)用一般纳税人的方法计算的应交税金等于式(6)用小规模纳税人的方法计算的应交增值税税金。

即

$$13\%A-17\%a=\frac{(1+13\%)A}{1+6\%}\times 6\% \quad \cdots\cdots\cdots\cdots\cdots (7)$$

整理式(7)变形得式(8):

$$17\%A-17\%a-4\%A=\frac{(1+13\%)A}{1+6\%}\times 6\%$$

$$17\%A-17\%a=\frac{(1+13\%)A\times 6\%}{1+6\%}+4\%A$$

$$A-a=\frac{(1+13\%)\times 6\%}{(1+6\%)\times 17\%}A+\frac{4\%}{17\%}A$$

$$\frac{A-a}{A}=\frac{(1+13\%)\times 6\%}{(1+6\%)\times 17\%}+\frac{4\%}{17\%}\cdots\cdots\cdots\cdots\cdots\cdots\quad(8)$$

计算式(8)得

销售毛利率$\frac{A-a}{A}\times 100\%=61.15\%$

这就是出版业选择缴纳增值税的判别点。当出版社的销售毛利率大于61.15%时,可选择小规模纳税人的税金计算方法;当出版社的销售毛利率小于61.15%时,可选择一般纳税人的税金计算方法。

综上所述,对于已达到一般纳税人标准的企业,从其量的分析上可以选择有利于企业的方法来计算应交增值税。但实际工作中还有许多其他影响因素,如企业产品的销售是中间环节还是消费环节。如果企业的产品销售属于中间环节,一般购货单位需要增值税专用发票。这对于小规模纳税人来说是有局限性的,好在目前税务部门已开了口子,对于小规模纳税人需要开具增值税专用发票者,可到税务部门办理手续。税务部门认可11%的进项税额,按销售额的17%计算销项税额,小规模纳税人实际仍然承担6%的增值税。

原载《江苏财会》1994年第4期。文中有关数据分析和测算均是在当年增值税政策解读下进行的,现时过境迁,很多政策和增值税税率都发生了变化,文中提到的推导和判别仅作为参考与研究之用。本文是笔者第一次公开发表的论文,在此要感谢李心合教授对该论文的指导和帮助。

固定资产清理中的几点认识

内容摘要： 本文通过对固定资产的清理及其发现的问题，提出处理的办法和改进的措施，厘清了对国有资产管理重要性的认识。

目前各学校正在全面开展清产核算工作，这对于划清国有资产界线，保证其完整性而不被侵吞流失有着积极意义。苏州大学印刷厂于1991年年末，对厂里固定资产进行了一次详细的清查盘点，本文就这次清理过程中所发现的问题，粗略地谈一些认识，供交流、参考。

这次固定资产清理工作前后不到一个月，由于时间紧、人员少、有关资料不全，在这种情况下，如何选定一种比较合适的方法，就显得颇为重要。我们根据当时的实际情况，决定采用倒轧账的方法，通过查账核实、调查询问和测算估计来进行清理工作。所谓"倒轧账"，就是以近15年苏州大学印刷厂账户中新增减的固定资产为主要依据、以固定资产实地盘点作为补充资料来重新确定固定资产原值。采用这种方法，可以在较短的时间内，在新查定的固定资产原值的基础上，根据每项固定资产的实际使用年限重新计算出单项固定资产的已提折旧数，从而建立起一套完整的固定资产明细账，这样，固定资产的每一项折旧、净值和原值就会一目了然，固定资产的增减变动也能及时得到反映。

在固定资产清理过程中，采用了以下一些做法：

第一，根据苏州大学印刷厂近15年来的会计资料，从账本中逐笔查出在这段时间内新增加的固定资产，再结合该厂的固定资产实物形式逐一进行核对。其中大部分固定资产有账有物，目前仍在生产中继续使用，一小部分机器设备已经出售或报损，但没有冲销有关账户，使得固定资产价值仍保留在账面的余额中。

第二，走访了苏州大学印刷厂的一些老工人，他们对一些固定资产的处置过程比较了解，有的是当事人，对机器设备的性能及运转情况亦比较熟悉，可以帮助提供很有用的数据和资料。在清理过程中，还请他们把固定资产按照不同技术特性分别归类，重新登记固定资产编号、编制固定资产台账一式二份，一份由车间具体操作人员保管，另一份由专职固定资产管理人员保管。

第三，15 年前的固定资产没有账本，而这些固定资产的使用期限又往往不止 15 年，有的甚至达到 20 年以上，这种情形在全厂范围内还占有一定的比重。对于这部分固定资产的清理，只能根据有关固定资产卡片或其他资料来推算，估计其新旧程度、已使用年限。这些有物无账的固定资产，其中有的有卡片、有实物形态，在生产中还在继续使用；有的有卡片，虽有实物形态但已失去了使用价值，需要报损。

通过清理，核查出该厂固定资产原值为 60.7 万元，而当时厂部固定资产账面原值为 61.1 万元，账面原值与实际盘存固定资产原值差额为 0.4 万元。后经分析，盘亏部分主要是历年的低值易耗品，故进行了调整，并在此基础上，对该厂每项固定资产逐一登记明细账，并根据其已使用年限重新推算出每项固定资产的已提折旧额，建立起一套完整的固定资产账簿资料。

以下是我们通过固定资产的清理，应该注意发现和解决的问题。

一、应提高对固定资产管理工作重要性的认识

目前各单位往往比较重视财务的记账工作，对产值、成本和利润的有关数据比较关心，而对固定资产的管理工作则重视不够。多年来，苏州大学印刷厂的固定资产管理工作都是临时委派某人代管一下，没有专人负责，各职能部门没有明确的职责范围，一些工作无人问津，固定资产的原始资料没有连续性的记载，甚至人员变更后也没有交接手续，使得一些固定资产的资料散落不全。

二、固定资产的管理制度不够健全

固定资产的增减变动没有按照有关的管理制度办理手续。对新增加的固定资产没有按照要求建立档案、卡片，各种数据资料填列不全，如固定资产的编号、规格、名称、技术特征、使用部门、安装地点、购置年限和开始使用时间等。安装调试交付使用后，没有明确专人保管，各种大、中、小修理也没有时间、地点和金额等资料记录。尤其是机器设备的出售与报损，更没有严格按照应有的审批权限来办理手续，或者是固定资产卡片上没有注销，或者是财务上没有记账，固定资产管理部门与财务部门互不通气，你记你的账，我做我的卡片，具体经办人员与管理部门和财务部门没有相应的有效的凭证传递，以致出售或报损的机器设备在财务上张冠李戴。管账的人不知出售报损的是何种机器设备，管理部门的人也不知道账务上减少的是何种机器设备，等等。

三、固定资产的财务处理方法不当

当固定资产出售或报损后，财务上没有根据该种机器设备购进时的原值及已提折旧在有关的固定资产账户中销账。固定资产账户中登记减少的仅仅是机器设备出售或报损时收取价款的那一部分价值，其原值与价款之间的差额仍保留在固定资产的余额中，甚至有的固定资产已经出售或报损，但其原值一点也未冲销，这样使得固定资产账户的余额中部分或全部包含了已经减少的固定资产的价值。如此日积月累，这一块的“水分”越来越大，严重地影响了固定资产情况的真实性。

四、对固定资产投资效果缺乏考核

在清理过程中，发现该厂有些新购置的机器设备闲置无用，或是利用率不高，没有发挥出其应有的投资效果，固定资产投资前的可行性论证不足，致使盲目投资或重复投资，降低了资金投入的使用效果。重固定资产投资而轻固定资产的投资效果，这是企业的通病。对于固定资产投资的合理选择，一般应考虑到技术与经济性能好，对改进生产工艺、改善劳动条件与提高劳动生产率有效果，购置费和日常维修费用低，能够为企业创造出更多的利润等因素。以此作为考核标准，把有限的资金用在刀刃上，这样才能以较少的投入而获得较大的产出，提高固定资金的利用效果。

通过 1991 年的清理，厂部调整了固定资产的有关账户余额，减去原来不合理的“水分”，使固定资产的实物形式与明细账以及卡片一一建立了对应关系，真实地反映了厂部现有的固定资产设备情况。过去，没有固定资产明细账，总账中只有一个历年累计固定资产原值数，但这些原值到底是由哪些机器设备所组成的，谁也说不清，账、物脱节而不相吻合。厂部历来对固定资产采取的是综合折旧率，年折旧率为 5%，即固定资产折旧年限为 20 年。按理说，像这种小规模的厂家，其固定资产最好采用个别折旧率，根据实际管理的需要和回收投资的时间长短而对不同的固定资产采用不同的折旧率。其工作量一步到位，对于以后固定资产增减变动的账务处理也较简便。正因为厂部原来一直采用的是综合折旧率，就无法做到这一点。近几年，厂部大量添置了一些电脑、微机及胶印系统，这些设备若按传统的折旧年限计提折旧，显然不能满足企业今后对固定资产的更新需要，这类固定资产的磨损极快，需在较短的时间内提足折旧，但在采用综合折旧率的方法下，却无法做到这一点。因此，通过固定资产清理后，厂部决定将原来对固定资产采用综合折旧率的办法改为现在的个别折旧率的办法。

总之，从固定资产清理过程中看到了工作中的不足与问题，提高了对固定资产管理工作重要性的认识。针对所存在的问题，大家提出了一些改进措施，重新修订和完善了原有固定资产的管理办法，健全了有关规章制度，加强了各个职能部门之间的协调与配合，使全厂的固定资产管理工作逐步走上轨道。

原载《教育财会理论与实践——江苏省教育会计协会论文集（五）》，东南大学出版社 1998 年版。

从企业改革角度谈企业家职业化管理问题

内容摘要：企业家走职业化管理道路是现代企业制度中的基本内容。本文论述了推行企业家职业化管理的必然性，以及在推行企业家职业化管理中应处理好的几个问题。

随着市场取向改革的逐步深入，国有企业转换经营机制的问题已十分迫切地摆到了我们面前。党的“十五大”报告中指出：“建立比较完善的社会主义市场经济体制，保持国民经济持续快速健康发展，是必须解决好的两大课题。要坚持社会主义市场经济的改革方向，使改革在一些重大方面取得新的突破。”为在20世纪末建立起我国有序的社会主义市场经济体系，需要深化加大对经济体制改革的力度，特别是对国有企业需要进行大的手术，给其注入新鲜血液，使国有企业具有一定的经济活力。把国有企业传统的管理制度改革成适合我国社会主义市场经济体制发展要求的现代企业制度，使其在市场经济的竞争中逐步壮大起来，真正做到自主经营、自负盈亏、自我发展、自我约束，充分发挥出国有企业对国民经济的主导作用，这是关系到我国社会主义事业兴旺发达的大事，也是经济体制改革成功的关键。

现代企业制度的基本特征，就是法人机构和法人治理机构。法人机构即经理制度，是西方国家企业组织在由古典企业向现代企业的发展过程中所确立的一种制度体系，主要指支薪的经理人员在企业经营管理中居支配地位，形成有效降低经理代理成本的一种机制，经理制度也是一种现代企业家制度；法人治理机构是由所有者、董事会和高级执行人员组成的公司组织机构，由精通管理的经理专家们对公司进行运作，这里的专家就是指企业经营管理者，即企业家。

市场竞争说到底就是人才竞争，相对于其他资源要素来说，企业家作为一种特殊的经营管理人才，对于经济的发展，特别是对于企业的发展，起到举足轻重的作用。因此应该把造就企业家队伍看作是一项培养跨世纪高素质人才的宏大工程，让企业家尽快地成长发展起来，使其走上职业化管理道路，这不仅是建立现代企业制度的客观需要，也是建立社会主义市场经济的必然要求。

随着社会化大生产的发展，企业的规模日益扩大，组织形式越来越多样化和复杂化。就企业的所有制结构而言，其组织形式也经历了由单人所有制到合伙所有制以及股份所有制企业的发展，与这种发展相对应的就是企业经营和管理越来越复杂化。于是，企业的老板再也不可能兼任企业家的职位了，而不得不由专门的企业家来经营和管理企业。

在社会主义市场经济条件下，企业家的职业化管理是指企业财产的所有者通过招聘，公开竞争，择优选择企业的经营管理人才，使其成为企业的法定代表人，代表企业承担相应的法律责任来从事经营管理活动的一种制度。这里的企业主要指国有企业，即国有企业的所有者与企业经营管理者之间依据《企业法》用契约的形式建立起一种雇佣与被雇佣的法律关系。国有企业的所有者、政府部门可以择优聘用企业的经营管理者，企业家也可根据各方面的条件、情况有选择地接受聘任，通过契约形式明确企业所有者和企业家双方的权利与义务。特别需要强调的是应该明确划清双方各自对于财产所有权的占用和归属问题。企业的所有者享受财产的所有权，依法对财产享有占有、使用、收益和处分的四项权利；而企业的经营管理者则享受企业的经营权，依法对财产享有占有、使用和处分的三项权利。

推行建立现代企业制度，从企业角度来说，这是一种新的尝试。企业面临的问题很多，主要是企业的经营管理人才问题，企业需要优秀的企业家来进行运作。作为国有资产的所有者，政府部门也需要一大批高素质既懂经济又有经营能力的企业家来带动国有企业在激烈的市场竞争中发展壮大,特别是建立一批关系到国计民生的大中型企业和集团公司,作为骨干企业来推动整个国民经济的发展,迎接国际市场的挑战。而作为企业家本身来说,则希望走职业化管理道路。在一次对厂长、经理们的调查中,提问对于"我国企业家走职业化道路"的态度时,得到的回答是:65%的人表示"同意",8.2%人表示"不同意",26.8%的人表示"无所谓"。这个结果说明,当前我国大多数企业经营管理者都赞成"我国企业家走职业化道路"。

企业家走职业化管理道路,可以为企业家创造条件,用法制手段来保证企业家行使正当权力,企业家以提高自身地位、实现自我价值、追求事业成功为主要目标,以自己所能承担的责任、风险,所得到的相应回报而引以为自豪;企业家走职业化管理道路,可以更好地发挥企业家的作用,调动企业家的积极性,并可通过这种双向选择,实现企业家与企业所有者在法律上和经济上的平等。

在计划经济向市场经济、粗放型经济向集约型经济的转变过程中,我国经济体制的改革仍然处于过渡时期,许多配套措施没有跟上,法制建设尚待完善,有利于企业家成长的外部环境还需逐步形成。

一、提高素质,改善条件,树立企业家的职业规范形象

在商品经济社会中,作为一个企业家应具备什么样的素质,才能在市场经济的竞争中左右逢源、游刃有余、立于不败之地呢?这需要企业家具有双重知识结构,即一定的理论知识水平和经营管理能力。理论知识水平应包括较强的政治思想素质和较深的文化素养,坚持党的基本路线,用辩证唯物主义方法分析、看待问题,用邓小平理论来指导工作,武装自己的头脑,特别是要不断学习研究邓小平理论中关于建设有中国特色的社会主义理论体系,以提高其自身的政治理论水平。作为一个现代企业管理者,不仅要有较高的学历和文化修养,更要有较强的经营管理能力和实干精神,对企业的生存发展具有战略家远见卓识的目光,具有强烈的经营意识,有超前的发现能力和善于捕捉适应市场变

化的能力,敢于创新,勇于实践。市场意识、竞争意识、创新意识、开拓意识、机遇意识和风险意识是一个企业家应具有的基本素质。

除此之外,一个企业家还必须具有一定的社会责任意识。企业不是一个封闭的系统,它处于整个社会的有机循环过程之中,随着社会化大生产的进一步发展,劳动生产力的提高,社会对于企业的制约作用将会越来越大,企业的污染问题、环境保护问题、自然资源合理开发利用问题和劳动力就业问题,都是每个企业家首先必须考虑的。真正的企业家不能仅仅以投入产出最大化来作为自己的经营目标,而应以对社会所承担的责任、贡献作为自己的经营目标。

市场经济的建立为企业家创造了一个广阔的天地,为企业家自我价值的实现创造了机遇,同时也给企业家带来了竞争和压力。在充分发挥企业家作用的同时,也要为企业家创造出更宽松的外部环境和条件,以利于企业家的成长。有一个良好的融资环境,则便于企业家找到自己的融资渠道;有一个合理的人才流动环境,可使企业家能在人才市场中找到自己的创业合作伙伴;有一个安定的社会保障环境,如职工的养老、失业保险和医疗保险制度的完善和建立,可解除企业家的后顾之忧。

企业家有自己的行业协会,并能以自己的行为方式树立起一种明确的职业规范形象,取得社会的认可。像医生、律师、歌唱家和科学家等一样,企业家在社会职业中应占有一席之地,并通过较好的职业声望而受到人们的尊敬和羡慕,从而成为一种人们所向往的专门从事企业经营管理的社会职业。

二、转变观念,政企分开,改变企业家的传统思维方式

现阶段,大多数企业家都是在过去计划经济体制下培养出来的,像企业的厂长经理,特别是国有大中型企业的厂长经理都是由上级主管部门或地方部门任命的,有些还是国务院任命的。总之,大多数企业的厂长经理是由政府任命的。应该看到,改革开放几十年来,原先这些主

要由政府部门任命的企业经营管理者，经过多年的实践锻炼，已逐步成长为较有才能的企业家。但也要看到，由于种种历史原因，在他们身上不可避免地存在着这样或那样的不足，传统的习惯还时常影响着企业家的思维。作为一个企业家要不断战胜自我，突破传统思想的束缚，敢于承担一定的风险，具有超前思考、超前实践的能力。

当然这不是盲目冒险，而是要建立在科学的基础之上，企业家需要掌握一定的数理统计、预测分析方法以及相关的社会学、经济学和心理学等方面的知识，关心了解国内外大事，把握宏观政策对于经济变化的影响作用。只有这样，企业家才能站得高、看得远，具有全新的观察问题和思考问题的能力，从而把握机遇，把握市场。

过去，企业的经营者是由上级主管部门任命的，主管部门说你行就行，不行也行；说你不行就不行，行也不行。这样很难培养出真正的企业家，这些经营者仅仅是行政主管部门的代言人而已，反正企业经营管理者无须单独承担相应的任何责任，凡事都由集体讨论决定。这是个管理体制问题，解决的办法就是实行政企分开，使企业家进入市场，通过竞争，使企业家受到锻炼和培养，让企业家真正挑起企业的重担来。不能像以前那样，实行党委领导下的厂长经理负责制，大事小事都要由党委集体讨论决定，出了问题，板子找不到屁股，是集体讨论通过的，最后没人承担责任，经济损失少则几万、多则上亿。这样的教训太多了。早在 1979 年，邓小平同志就提出要起草一个工厂法，改变党委领导下的厂长负责制，因为企业是一个经济组织，不是一个政治组织。已颁布的《企业法》和《公司法》中已明确规定了实行厂长经理负责制。

三、全面考核，建立档案，推行企业家的资格考试制度

作为企业的核心人物，企业家是企业的灵魂，企业家的一举一动都会给企业带来极大的影响。对企业家综合能力的正确判断，可以为企业用人单位提供选择经营管理人才的客观依据。这需要一套严格而科学的方法，即建立企业家资格考试制度。企业家只有通过了全国企业

家资格考试及能力考核,才能拿到相关级别的企业家资格证书。这是企业家执业的先决条件,这种资格可以根据企业家的能力水平,分为国家、省和地方三个级别。使企业家人才进入劳动力市场,在有序的市场经济中流动,从而形成一个人才交流市场,通过市场机制的作用,让企业家根据自身条件去竞争相应的职位,将企业家的潜在能力充分激发出来。实现宏观经济对人才资源流动的合理配置,优化组合,充分提高人才的利用效率,使企业真正成为独立于政府之外的自主经营、自负盈亏的经济实体。

企业家要取得执业资格,不仅需要参加笔试,而且需要参加综合能力水平考核,这可以全面衡量、判断一个企业家的知识水平能力、语言理解能力、判断推断能力、综合分析能力、数量关系能力和领导活动能力。

建立一个全国综合性的企业家人才档案库,通过考核而取得资格证书的企业家可以进入企业家人才档案库,为企业家职业化、市场化服务。市场经济的发展要求提供更多的企业家人才以供用人单位选择,这就需要建立数据丰富而准确的企业家档案。将企业家的年龄、性别、健康状况、业绩、资格级别以及有关自然情况和社会履历编进电脑,输入信息库,形成大量、快捷的信息。这样一来,在选择企业家时,中介机构可以为用人单位迅速调出被选对象的全面资料,从而有利于分析、比较,从中选择部分较为合适的人选,为最终选择提供便利条件。同时,动态化数据库信息存储管理,能及时反馈企业家的情况以及保证信息的科学化、准确化。只有这样,用人单位在选择企业经营管理者时,才有据可查,有迹可循。建立企业家档案数据库,是企业家职业化管理、市场化管理的必备条件。

四、客观评价,综合激励,建立企业家的自我约束机制

对企业家的正确评价,能起到一定的激励导向作用;而如何对企业家进行评价,则必须有一套完整的运行机制和客观的评价系统。首先,企业家应该以一定的经济利益来作为自己的经营目标,当然企业家

的这种行为方式和价值观念都必须建立在社会总体环境所能允许的范围之内,也可理解为在产生经济效益的同时所产生的社会效益,即坚持社会效益和经济效益并重的原则。过去对于企业家业绩的评价,总是以利润指标作为唯一标准,在这种情况下,企业家往往单纯为追求利润而忽视企业的远期发展目标,甚至不顾对社会应承担的相应责任。1995 年财政部新颁布的十大经济评价指标,综合考虑了企业的发展以及对社会的贡献,如资本保值增值率、社会贡献率和社会积累等。这些指标作为对企业家的综合评价,也是比较客观的。

此外,对于企业家的评价,要由社会中介机构或民间组织来完成,不能像计划经济时期那样,对企业经营者的评价主要是由上级行政主管部门或国家政府来进行,实际上,这是一个涉及是否客观公允的问题。作为企业家来说,能力水平有强弱高低之分,这种差异总是客观存在的,问题是对其评价如何尽量做到客观公正。

在对企业家进行客观评价的基础上,也应该建立相应的激励机制,使企业家有一定的物质利益待遇,特别需要逐步提高国有企业经营管理者的收入水平,将企业家的收入与企业的各种考核指标有机地结合起来,随着企业经营效益的好坏变化而有所变化,以体现对企业家所承担的责任、风险以及能力的补偿。从目前情况来看,我国企业家的经济收入虽有较明显的提高,但仍处于较低的标准。从“中国企业家调查系统”的抽样调查中了解到,国有企业经营者的收入低于集体企业经营者的收入,集体企业经营者的收入又明显低于非公有制企业经营者的收入。三者的月收入在 700 元以上的比例分别为 3.7%、5.5% 和 43.1%。既然企业家要承担一定的风险,他们的经济收入就应该与其经营业绩直接挂钩,高效益的企业,企业家就应得高报酬,这也是企业家的权利之一。如深圳南方制药厂总经理的工资大约是职工平均工资的 18 倍,年薪大约是 21 万元。

对企业家的激励机制应该是多样化的,按企业家的收入实行年薪制,是一种正面的激励,它可以使企业家在一个经营周期中,能充分地显示其经营成果,通常以一年为一个经营周期。在实行股份制的企业中,对取得特殊成绩的企业家,还可以采用赠送股权作为一种激励方法,使企业家的自身利益与企业利益融合得更紧密。除了这些物质利益的激励外,还需要相应的精神激励,如对企业家取得的成绩进行表彰、宣传和记功等。激励机制不仅包括以上所谈的正面激励,而且还应该包括反面激励,对犯了错误的企业家采取一定的惩罚手段,对触犯法律的就要移交司法机关进行制裁。这样使得企业家有了相应的约束机制。

过去主要依靠党性、党纪来对厂长经理进行约束,而今在建立社会主义现代企业制度过程中,我们应该如何对企业家进行约束呢?我们不仅要继续依靠党性、党纪来约束规范企业家的行为,而且更要发挥市场对企业家的约束作用和社会道德及法律法规对企业家的约束作用,将企业家的言行置于社会公众的监督和法律的约束之下。建立现代企业制度实质上就是建立现代法制制度,要进一步强调理性化的约束机制,即法制约束。对企业家的法制约束往往是最直接、最有效的方法之一。

对企业家的评价、激励和约束,应合理地结合起来,使其相互作用、相互制约。激励应建立在合理的评价基础之上,并受到一定的约束。不然,企业家往往只包盈、不包亏,大家都想当企业家,又会形成新的官本位,这是我们必须特别注意的。但是,如果没有合理的激励机制、评价机制和约束机制,也不会产生真正的企业家。所以,要正确处理好这三者之间的关系,使企业家真正做到权利和义务对等。

五、健全法制,完善制度,保障企业家的合法经营权利

从某种意义上讲,市场经济就是法制经济。当前,我国虽然相应制定了不少与市场经济有关的法律、法规和条例,但仍不够健全,法制的气候尚待进一步形成。对企业家来说,非常希望有一个良好的市场运行和竞争环境,使竞争能在公开、公平和公正的条件下进行,这就离不开法律的保障。企业家在经济活动中往往会碰到许多无所适从的情况,是与非、合法与不合法的界限不清,有时不同的地区、部门之间也存

在着不同的标准,甚至在同行业中还存在着相当的偏差。所以,需要用法律的形式明确规范企业家的行为,使企业家的一切活动都能做到有法可依、有章可循。

在全民社会中广泛开展普法教育活动,增强每个公民的法律意识,提高领导干部的法制观念和依法办事的能力,政府机关要依法行政、依法治理,为每个企业家创造一个良好的法制环境,使企业家的合法经营活动、社会文化活动和对外交往活动有相应的法律保障。

参考文献:

[1] 宏观改革与企业发展:企业家的反应与期望——1994年中国企业家问卷调查主报告[J]. 管理世界,1995(1).
[2] 中国企业家调查系统——现阶段我国企业家队伍的行为特征调查分析[J]. 管理世界,1995(3).
[3] 王希久. 企业家战略思维——适应市场规律的创新[M]. 北京:中国农业出版社,1997.
[4] 孙剑华. 现代企业管理理论与方法[M]. 北京:化学工业出版社,1997.
[5] 马健行,顾海良. 中国市场经济体制与经济社会政治结构变化[M]. 北京:中共中央党校出版社,1996.
[6] 张洪霖,刘新华. 怎样当个企业家[M]. 北京:企业管理出版社,1996.

原载《苏州丝绸工学院学报》1998年第2期。

谈谈资金的使用效率问题

内容摘要： 如何确定企业正常经营所需要的资金量，有效利用经营中多余的资金，结合企业实际情况有选择地挑选一些短期投资或长期投资进行合理组合，以提高企业资金的使用效率和经济效益。本文就此阐述了自己的观点。

企业在一段时期内其经营规模是相对稳定的，其资金周转的需要量也是一定的，对企业来说，生产经营规模需要一定数量的周转资金，如果企业的资金拥有量大大超过其周转的需要量，则会造成不必要的浪费，这就存在着一个资金使用效率的问题。

一、预测企业经营资金的需求量

企业对生产经营资金的合理需要量的把握，一般通过数学定量方法来进行测算。企业经营资金有固定资金和流动资金之分。

企业固定资金需要量的预测主要有两种方法。

（1）单台设备计划生产能力测算法：

$$某项设备资金需要量=\frac{全年计划生产任务}{单台设备全年计划生产能力}$$

（2）单台设备计划台时测算法：

$$某项设备资金需要量=\frac{单位产品定额台时\times定额改进系数\times计划年度产量}{单台设备计划有效工作台时数}$$

企业流动资金需要量的预测主要有两种方法。

（1）销售收入资金率预测法：

预测期流动资金需要量

= 预测期计划完成产品销售收入 × 基期销售收入资金率 ×（1 - 预测期流动资金周转加速率）= 预测期计划完成产品销售收入 × $\frac{\text{基期流动资金平均占用额} - \text{不合理占用额}}{\text{基期产品销售收入}}$ × 100% ×（1 - 预测期流动资金周转加速率）

（2）回归分析预测法：

利用回归方程式 $y = a + bx$，

方程式中 $a = \frac{\sum x^2 \sum y - \sum x \sum xy}{n\sum x^2 - (\sum x)^2}$，$b = \frac{n\sum xy - \sum x \sum xy}{n\sum x^2 - (\sum x)^2}$

例如，某出版社近 5 年来其产品销售收入和流动资金需要量的资料如表 4 所示，该出版社 1999 年度计划完成 2 000 万元的产品销售收入，现预测一下该出版社 1999 年度需要多少流动资金的需要量。

表 4　产品销售收入和流动资金需要量资料表　（单位：万元）

年份/年	产品销售收入(x)	流动资金需要量(y)	xy	x^2
1994	500	125	62 500	250 000
1995	900	210	189 000	810 000
1996	1 100	260	286 000	1 210 000
1997	1 300	290	377 000	1 690 000
1998	1 600	360	576 000	2 560 000
$n = 5$	$\sum x = 5\,400$	$\sum y = 1\,245$	$\sum xy = 1\,490\,500$	$\sum x^2 = 6\,520\,000$

根据回归方程式 $y = a + bx$，可算出：

$$a = \frac{\sum x^2 \sum y - \sum x \sum xy}{n\sum x^2 - (\sum x)^2} = \frac{6\,520\,000 \times 1\,245 - 5\,400 \times 1\,490\,500}{5 \times 6\,520\,000 - (5\,400)^2}$$

$$= \frac{68\,700\,000}{3\,440\,000} = 19.97$$

$$b = \frac{n\sum xy - \sum x \sum y}{n\sum x^2 - (\sum x)^2} = \frac{5 \times 1\ 490\ 500 - 5\ 400 \times 1\ 245}{5 \times 6\ 520\ 000 - (5\ 400)^2}$$

$$= \frac{729\ 500}{3\ 440\ 000} = 0.212\ 1$$

将 a 和 b 分别代入回归方程式 $y = a + bx$，得 $y = 19.97 + 0.212\ 1 \times 2\ 000 = 444.17$（万元）。

通过计算可测算出该出版社 1999 年度流动资金需要量为 444.17 万元。

根据以上公式，企业大体可以计算出在生产经营过程中的资金周转需要量，但由于企业自身的具体情况不完全相同，所以，其实际的资金周转需要量也会略有不同。然而，有些企业的资金平均存量大大超过了其正常资金的周转需要量，企业只有将这部分多余的生产经营资金进行投资，才能有效地提高其资金的使用效率和企业的经济效益。

二、企业要合理选择对外投资

投资的一般含义是指所有者利用生产经营多余的资金对外进行资本使用，以获得比同期银行存款利率高的收益。企业通过资本的借贷使用，积极对外进行投资，充分提高了企业闲置资金的使用效率，创造出更大的经济效益，使企业获得参与社会剩余产品价值再分配的一部分权利。由于资本在不同部门、不同地区之间的借贷流动，客观上也对宏观经济总体运行起到了互补作用。

进入 1999 年以来，银行存贷款利率一降再降，企业如何把这块闲置的资金充分调动使用起来，无论是对于企业自身的经济效益也好，还是对于国家宏观国民经济运行的需要也好，都将是积极有益的。

目前，所有者的投资主要是指向其他单位投出的资金，包括直接向其他单位投出的现金、实物和无形资产以及购入的股票与债券。如果按其投资目的、持有时间、变现能力以及内容和性质等来区别，则投资又可分为短期投资和长期投资两类。

短期投资，是指一个企业利用其暂时闲置的生产经营资金去购买在一年内可以随时变现的有价证券或进行不超过一年的其他投资。企业利用多余资金购买股票、债券等一些有价证券以获得高于同期银行存款利息的期望收益;同时也对其他企业进行一些短期的直接投资,诸如资金之间的临时融通等。通过市场调剂,使这部分企业的多余资金有了固定的使用去向,而当企业急需资金时,又能通过证券市场交易使证券随时变现。企业短期投资主要可以分为三类:

第一,股票投资,即企业以购买股票形式对外进行投资。股票是股份有限公司发行的一种有价证券,股份有限公司将其全部财产划分为若干等额的股份,以股票的形式进行发行,是所有权的凭证。企业可以作为投资者认购股票,并成为股份有限公司的股东,参与股东大会,享有利润的分配权,承担该公司的责任与风险。股票投资不能收回股本,只能通过证券市场进行转让,若该公司解散时,投资人有权参与其剩余财产的分配。所以,股票投资具有风险大、责任大,但也具有获取较高收益机会的特点。企业应该结合自身的实际操作经验以及把握好宏观国民经济总体运转走势来谨慎选择股票投资。

第二,债券投资,即企业以购买债券的形式对外进行投资。债券是债务人向债权人出具的一种债务证书,在约定时间内支付一定比例的利息,并在到期时偿还本金的一种有价证券。企业作为债权人购入债券,其关心的是企业能否定期收取规定的利息以及债券到期后能否及时收回本金。企业购入的债券按发行者划分,可分为政府债券、公司债券和金融债券三种。政府债券是指政府作为发行人的债券,它通常由财政部发行,政府担保。我国习惯上把政府债券称为公债。政府债券有短期的国库券、中期债券和长期债券。公司债券是指公司企业为发展业务或补充资本,经股东大会或董事会审议决定,向社会公开募集的债券。金融债券是指经中央银行或其他政府金融管理部门批准,由银行或其他金融机构发行给投资者的债务凭证。从企业短期投资目的出发,无论企业购买的债券属于短期债券、中期债券还是长期债券,只要企业能通过证券市场随时变现,都属于企业的短期投资。

第三,其他投资,即企业除了股票、债券以外的一些投资,一般指联营投资。关于联营投资,国家有关法规规定,企业投出资金与其他单位联合经营,要按国家规定办理一定的手续,所获权利和义务受国家法律保护与监督。企业与其他单位联营,以投出的资产对接受投资的单位负责,并与接受投资单位的经营成果挂钩。经营得好,多分利润;经营得不好,少分或不分利润,甚至还要承担弥补经营亏损的责任。资产一经投出,除联营合同期满,或由于特殊原因联营企业解散外,一般不能抽回资金。企业的这种联营投资一般一年签订一次合同,如合作愉快,来年继续签订合同。从管理角度来看,这同样属于企业的短期投资。

三、投资性质

长期投资,是指企业不准备随时变现,持有时间在一年以上的有价证券以及超过一年的其他投资。企业进行长期投资可以定期收回高于资金成本的稳定收益,从而积累资金,增加现金流入量,以供企业今后扩大生产经营规模和技术改造的资金需求。长期投资可分为股权投资和债券投资。股权投资包括向附属企业、其他企业的投资,它有两种形式:一是直接投资形式,是指以现金和资产投入被投资的企业,由被投资企业向投资者出具证明书,确认其股权;二是间接投资形式,是指投资者投资于某企业时,通过在证券市场购买该企业的股票而进行的投资。债券投资包括认购的国库券、各种公债、公司债券等。

企业划分长期投资和短期投资不能仅仅着眼于投资持有有价证券期限的长短,重要的区别应着重于他们投资的目的和性质的不同。短期投资主要是利用企业正常经营中暂时多余的生产经营资金购入一些不是其本身业务需要的,但能随时变现的有价证券,以充分提高企业资金的周转速度,达到谋取一定利益的目的。但长期投资的目的不仅仅在于获取投资收益以满足扩大生产经营规模的需要,更重要的是为了影响和控制其他企业的重大经营决策,参与其经营活动以达到渗透目的。

划分长期投资和短期投资的界限主要是投资的目的,而不是投资期限的长短,尽管目前仍把投资期限的长短作为划分长期投资和短期投资的主要依据。

总之,管好用好资金,是企业资金管理的重要内容之一,也是企业财务管理工作的主要任务之一。企业的流动资产和固定资产要合理地占用资金周转的需要量,以提高其资金的使用效率,使企业的生产经营资金做到既不短缺又不浪费,不仅保证企业资产的完整无缺,而且使其不断增值和升值。在此基础上,企业从自身实际情况出发,综合考虑,合理选择一些投资组合,使企业的总体经济效益水平更上一个台阶。

原载《苏州大学学报》(工科版)1999 年第 4 期。

浅谈我国社会保险基金的运用

内容摘要：社会保险基金是实施社会保障的核心问题，由于社会保障制度的立法工作滞后，还存在诸多问题。本文试就当前我国社会保险基金运用的现状、存在的问题进行分析比较，就如何完善与创新提出建议和看法。

社会保险基金的有效运用一直是各国讨论的热点，我国社会保险业经过十多年的改革和实践，已初步建立形成了具有中国特色的城镇职工社会保险体系。社会保险基金如何运作投资、怎样才能使社会保险基金不断积累以及怎样才能使社会保险基金的偿付能力不断增强，是我们必须面对的问题。

一、社会保险基金的构成

社会保险基金是指社会保险专管部门通过法定或契约方式，由各单位和个人缴纳保险费用以及政府资助而建立起来的一种社会后备保障基金。按照规定，社会保险基金只能用于社会保险项目的补偿或给付，不得以任何理由挪作他用，是一种具有特殊用途的专款专用的基金。社会保险基金通常由四个部分构成。

（一）国家拨款

政府为履行其社会保险职责，每年都需要向社会保险部门拨付一定数量的资金，以保证社会保险业的正常运作。政府的社会保险拨款一般分为三种：一是将保险支出纳入国家预算的预算拨款；二是根据社会保险项目的实际需要，分项补助的专项拨款；三是临时拨款，即由于意外事件发生所需的应急性拨款。国家拨款已成为社会保险基金的一个组成部分。

（二）单位和个人缴纳的保费

为了体现社会保险是以政府为主体的强制性保险和投资受益的公平原则,单位和个人必须共同向社会保险机构缴纳保险费用,使被保险人在受益期内能得到相应的报酬。在国外,企业和个人都按照其工资总额的一定比例缴纳社会保险费用。如美国 1997 年养老残废和死亡保险规定,企业按工资总额的 6.2% 缴纳保险费用,职工按本人工资总额的 6.2% 缴纳保险费用;意大利则规定,企业按工资总额的 7.35% 缴纳保险费用,劳动者按本人工资总额的 2.625% 缴纳保险费用。我国的社会保险也要求单位和个人共同承担缴费义务,如基本养老保险,企业按工资总额的 20% 缴纳保险费用,个人则按工资总额的 7% 缴纳;失业保险,企业按工资总额的 2% 缴纳保险费用,个人按工资总额的 1% 缴纳;工伤保险和生育保险,企业均按工资总额的 1% 缴纳保险费用,个人不承担费用;基本医疗保险,企业按工资总额的 9% 缴纳保险费用,个人按工资总额的 2% 缴纳,除此之外每个参加基本医疗保险的个人还需承担每月 5 元人民币的医疗共济基金。这些单位和个人共同缴纳的社会保险费用构成了社会保险基金的主要组成部分。

（三）社会捐赠

即由社会团体、经济组织和个人自愿向社会保障部门进行的各项捐款。在西方国家,个人慈善性捐赠是每个公民的一种很普通的基本义务。这些慈善性的捐赠资金,成了社会保障收入的重要组成部分。根据统计,1997 年我国民政部接受境内外救灾和扶贫的社会捐赠钱物达到 14.1 亿元人民币,1998 年高达 70 亿元人民币,1998 年 10 月至 1999 年 3 月,除常规福利彩票外,仅赈灾彩票专项募集就达 15 亿元人民币。虽然社会捐赠按规定一般都用于灾区重建和人民生活的安排,但某些捐赠款在未支出之前,仍可视作社会保险基金的组成部分。

（四）投资盈利

就是通过对社会保险基金的运作投资所获取的一部分收益。在发达国家,社会保险基金的投资回报率是比较高的,这方面的基金收益是相当可观的。据有关方面测算,虽然我国社会保险基金的数量不算多,但如果将其全部作为定期储蓄存入银行,一年也可获得十几亿元人民币的回报。这十几亿元人民币就可用作补充社会保险基金。

二、社会保险基金运用的原则

社会保险基金是社会公共基金和建设基金的重要组成部分,它是人们的养命钱,在运作社会保险基金时,必须遵循一些原则。

(一) 社会性原则

社会保险基金的运用,首先必须考虑资金的投向应符合国家有关政策的规定,有利于社会的进步发展和国民经济的增长,社会保险基金运用必须讲求良好的社会效益,那些违背国家政策法规、只顾眼前利益和个别利益的投资,都应坚决摒弃。

(二) 风险分散原则

任何投资都会存在一定的风险,为使社会保险基金的投资风险降到最低,保证投资基金的相对安全,需要分散社会保险基金的投资风险,可将社会保险基金进行分类投资。社会保险基金一般分为三类。第一类是随时用于支付的退休金、失业救济金和医疗、工伤保险金的部分,这部分基金要求具有高度的流动性或变现能力;第二类是准备应付突发事件和国家调整社会保险费率的部分,这部分社会保险基金也要求具有较高的流动性;第三类是用于支付将来保险金的部分,这部分基金不要求及时变现,可用于长期投资。根据社会保险基金的性质和分类,社会保险基金的投资机构可采取不同的投资方式以提高保险基金的投资收益率。由于第一类社会保险基金的流动性要求较高,保险基金既不能投资于货币市场,也不能投资于资本市场,只能用作储蓄存款;第二类社会保险基金,可投向货币市场,用于资金的短期拆借、购买可转让定期存单、对商业票据进行贴现、购买短期国库券和企业债券等;第三类社会保险基金则可用于中长期储备的投资,购买期限较长的国家特种债券、国库券、企业债券、上市股票、信托委托贷款和各种其他直接投资等。至于这些保险基金各类的投资比例,应根据现时的需要和将来可能承担的偿付责任做出合理的安排。社会保险基金的分类投资既满足了日常管理的正常需要,又保证了保险基金的流动性和安全性,降低了投资风险,使社会保险基金得以保值增值。

(三)收益性原则

社会保险基金运用的直接目的是使基金增值,扩大基金和增加积累,扩大社会保险的实际偿付能力。为此,在保证投放资金能够安全回流的前提下,还应尽可能选择那些能带来可观投资收益的项目,唯有这样,才能使社会保险基金在不断积累的过程中增值,为社会保险制度的发展和完善奠定坚实的经济基础。如今,在其他国家,尤其是经济发达国家,把社会保险基金投资于第一类的比例相当小,其根本原因是社会保险基金存放在银行不仅不能使社会保险基金增值,就是保值也很困难。我国1985年至1993年连续9年中,有4年的养老保险基金存款利率低于通货膨胀率,1986年、1991年和1993年的3年期以下的存款利率也低于通货膨胀率。于是,养老保险基金即使全部按最长期限的定期存储也很难维持保值。社会保险基金投资于第二类的也不多,短期投资,除了各种风险因素外,投资成本也比较高。投资购买大额存单、商业票据贴现、购买短期国库券和企业债务,虽然社会保险基金的保值没问题,但其有效增值就很难保证了。社会保险基金投资于第三类的(尤其是投资于长期债券和股票)比例较高。如美国的退休金计划通常将基金的40%投资于债券市场,60%投资于股票市场;1997年瑞士各职工养老基金组织向股票市场投资的平均比例大约为45%;1998年英国的职工养老基金用于股票的投资比例高达70%~80%。将大部分社会保险基金投资于债券与股票市场,是因为这种投资方式能够使社会保险基金增值,是实现社会保险基金收益性原则的最佳方式。

三、社会保险基金运用值得思考的几个问题

(一)处理好风险与收益的问题

在投资决策过程中,投资者应倍加关注投资风险与收益的关系问题。几乎所有的人都认为,社会保险基金是一部分必要劳动的积聚,是

人们的养命钱,因此,将社会保险基金运用于投资,应投资在那些回报率高而风险相对较低的项目上。然而实际上这只不过是人们的一种良好愿望罢了。林肯国民投资公司总裁杰夫瑞·尼克曾说过:"为什么不存在高收益、低风险的投资呢?如果有这种机遇,那么谁提供这种机遇,谁家的门槛就要被踩烂了。"免费的午餐是不会有的。投资收益与风险是成正比例关系的,试图获得一定的投资收益,就必须冒一定的投资风险。如果投资者根本不愿承担任何风险,收益率因此也会降低的。如前所述,第一类基金的投资方式,风险极小,但它不能保证社会保险基金保值增值,而且还可能使基金贬值。第二类基金的投资方式,风险不大,但至多使基金保值。第三类基金的投资方式,由于其风险高,获利机会也大,才有可能使社会保险基金增值。当然,高风险投资并不一定就能有高的回报,它只是提供了一种能够获取高收益的机会,所以作为保险基金的投资者一定要处理好收益和风险的关系问题。

(二)处理好基金公营与民营的运作模式问题

社会保险基金是否需要经营?回答是肯定的。但是,社会保险基金由政府统一经营,还是由民间投资机构经营,或是由政府与民间合作经营,是当今世界绝大多数国家还在继续探索的问题。从各国的实践看,社会保险基金由政府统一经营,具有便于风险控制和管理的优越性。但是,由于政府经营受自身统筹兼顾、全面协调等宏观政策的约束,加之缺乏外在的竞争压力和内在的经济利益激励,其经营的收益性与民营相比,就低得多,某些国家甚至还出现负收入。我国的社会保险基金如何运用?由谁来运用?正在酝酿之中。笔者认为,我们可以考虑由民营投资机构经营。诚然,民营社会保险基金不论从资金投放还是从投资收益分配的角度看,都面临着较大的市场风险,为规避投资风险,使民营社会保险基金按照增值的目标运行,国家可以为其创造一些必要的条件:(1)国家赋予各投资机构有运营社会保险基金的权利,并有权决定基金的投向与运营方式,同时允许统筹基金和个人账户基金有权自主选择信得过的投资公司或代理人。(2)建立健全有关社会保险投资法规,保证各投资机构运用社会保险基金的合法地位,保证社会基金运用的各项原则得以实现,保障社会保险基金所获得的收益不因其他原因而受侵害，这是民营社会保险基金规范运作和良性发展的基础。（3）建立和完善金融市场，发展银行的多种功能，为社会保险基金从储蓄型向投资型转化，从闲置资金向生产资金转化提供良好的外部环境。

（三）处理好基金的运用载体和监督管理问题

社会保险基金的运作需有一个运用载体。如今世界多数国家的社会保险基金的运用载体主要有两种：第一种是由有关部门和人员组成的各种投资管理委员会。如美国是由财政部部长、社会保险署署长和劳工部部长等五人组成的社会保障信托基金委员会；瑞典等国家是由政府、雇主和职工代表组成的基金管理委员会。第二种是专门设立社会保险基金投资机构。如日本的信托基金局、荷兰的养老基金投资公司和智利等国的养老基金管理公司等。社会保险基金是通过这些投资载体进行专业管理和具体运作的。目前我国金融市场尚不完善，相关的法律法规尚不健全，社会保险投资的技术人才大量缺乏。如果让社会保险从业人员直接进行经营性投资，必然会面临较大的投资风险和其他一系列问题。根据这种情况，应考虑在我国建立专营的社会保险基金运用载体——社会保险投资公司或社会保险基金管理公司。这些投资管理公司可以是社会保险公司中具有相对独立的附属或分支机构，也可以是独立于社会保险公司之外自主经营、自负盈亏的其他法人经济实体。这些投资公司可以接受社会保险公司的委托，经营管理社会保险基金，负责社会保险基金的投资运营。为实现社会保险基金运用的预期收益，各投资载体的内部和外部还需要分别成立相应的监督检查机构，对投资公司保险基金的投资方向、投资方式、投资收益的处理和投资原则的执行等情况进行监督检查，以保证投资公司的稳健经营和社会保险基金的安全与高效。

原载《苏州大学学报》（工科版）2001年第6期，笔者为本文第一作者。本文所涉及的社保缴费基数和各项社保基金的上缴比例都是当年所采集的数据，这些社会保险缴纳基数和缴纳比例随着经济发展与环境变化也在不断做出相应的调整，使其完善。

企业不同发展阶段的税收筹划

内容摘要： 企业的发展从筹建到注销有其不同的阶段。本文结合企业不同阶段的自身特点，从企业角度出发，提出了对企业税收进行合理筹划的一些想法。

一、倡导企业合理利用税收筹划

税收筹划是指企业在不违反国家法律、政策规定的前提下，通过对经营、投资、理财等一系列活动进行有序安排和筹划，尽可能减轻企业税收负担的行为。但税收作为重要的国民经济杠杆，体现了国家的宏观经济政策和税收政策。所以，企业的税收筹划应顺应国家宏观经济的调控，顺应国家政策法规的导向，顺应国家税收政策杠杆的调节。

税收筹划和避税有着本质的区别。税收筹划是利用合理合法的手段，没有风险；而避税利用的则是既"不违法"也不合法的手段，这种"不违法"行为一不小心便会演变成违法行为，具有很大的风险性。所以，企业应有税收筹划思想而不应有避税行为。

企业的建立、发展有不同的阶段。与此相对应，在企业的不同阶段，税收筹划的理念也各具特点。

二、企业筹建阶段的税收筹划

（一）企业注册地点的税收筹划

为了实现对外开放由沿海向内地推进的战略布局，实现我国高新技术产业开发的生产力布局，实现我国扶植贫困地区发展全面进入小康社会的布局,国家制定了不同地区的税负差别和税收优惠政策,这为企业提供了一个很好的税收筹划机会。因此,选择企业的注册地点,对于企业节省税金支出、实现国民经济宏观调控具有十分重要的意义。

(二)不同企业组建形式的税收筹划

企业的组织形式是多种多样的,国家对于各种组织机构税收负担的规定也有一定差异,经营者必须根据自身的实际情况选择好企业的组织形式。

1. 股份有限公司和合伙企业的选择

目前,许多国家对公司和合伙企业实行不同的纳税规定。公司的经营利润缴纳企业所得税,税后利润作为股息分配给投资者,投资者还要缴纳一次个人所得税。而合伙企业则不作为企业看待,其利润不交企业所得税,只缴纳各个合伙人分得收益的个人所得税。显然合伙企业的税负比一般企业要轻,因此,选择不同的组织形式是法律规定所许可的。

2. 子公司和分公司的选择

当一个企业进行国外或外地投资时,它可在建立常设机构、分公司或子公司之间进行选择。由于一些低税国家或地区可能对具有独立法人地位投资者的利润规定只缴纳较低的税收或者是免缴,因此,这些法人便喜欢在低税国家或地区建立子公司或者分公司。

三、企业正常生产经营阶段的税收筹划

(一)一般纳税人与小规模纳税人选择的税收筹划

假如某物资批发企业年应纳增值税销售额为300万元,其会计制度也比较健全,符合作为一般纳税人的条件,适用17%的增值税率。但该企业准予从销项税额中抵扣的进项税额较小,只占销售额的10%。在这种情况下,企业应纳增值税为45.9万元[300×17% -(300×17%)×10%]。如果该公司分成两个公司,各自独立核算,一分为二后的两个单位年应税销售额为160万元和140万元,这两个小规模企业使用6%的征税率。在这种情况下,只要分别缴纳9.6万元(160×6%)和8.4万元(140×6%)即可。

显然，划分为小规模纳税人以后，可比一般纳税人少缴纳 27.9 万元（45.9 - 9.6 - 8.4）的增值税。如何选择一般纳税人对企业有利还是选择小规模纳税人对企业有利，方法是多种多样的，常用的方法有增值率法。增值率的计算为：（销售收入 - 购进价款）/销售收入。一般纳税人与小规模纳税人纳税平衡点的计算为：增值率 × 销售收入 × 17% = 销售收入 ×6%。当增值率为 35.29% 时，无论是小规模纳税人还是一般纳税人所缴纳的增值税是一样的；如果增值率大于 35.29% 时，则一般纳税人的税负重于小规模纳税人的税负；反之如果增值率小于 35.29% 时，则一般纳税人的税负轻于小规模纳税人的税负。

（二）销售收入的税收筹划

通过对取得销售收入的方式和时间的选择和控制进行税收筹划。

1. 销售收入结算方式的选择

企业销售货物有多种结算方式，不同的结算方式其收入确认的时间有不同的标准。税法规定：直接收款销售以收到销货款或取得索取销货款凭据，并将提货单交给买方的当天为收入确认时间；赊销和分期收款销货方式均以合同约定的收款日期为收入确认时间；而订货销售和分期预收货款销售，待交付货物时确认收入实现。这样，通过对销售结算方式的选择和控制，来确定收入实现的时间，可以合理调整所得额的归属年度，以达到减税或延期纳税的目的。

2. 销售收入确认时点的选择

每种销售结算方式都有其收入确认条件，企业通过对收入确认条件的控制，可以控制收入确认的时间。因此，在进行销售收入确认时间节点的税收筹划时，企业应特别注意临近年终所发生的那些销售业务收入。企业可有意推迟一些销售收入的确认时间，例如，直接收款销货时，可通过推迟收款时间或推迟提货单的交付时间，把收入确认时间延至次年，获得延迟纳税的税收利益。

（三）成本费用的税收筹划

成本费用税收筹划是基于税法对成本、费用的确认和计算的不同，根据企业实际情况选择有利方案。主要有以下几点：

1. 存货计价方法的选择

存货流转有实物流转和价值流转两个方面，由于实物流转与价值流转往往不相一致，因而必须采用某种存货成本流转的假设，采用适当的存货计价方法在期末存货和已销售货物之间分配成本。存货计价方法不同，企业存货营业成本就不同，从而影响应税所得额，进而影响所得税。因此，存货计价是企业调整应税所得额的有力工具，以选择最有利的存货计价方法来达到节税目的。

2. 折旧方法的选择

由于折旧需要计入产品成本或期间费用，直接关系到企业当期成本和费用的大小，关系到企业利润的高低和应缴纳所得税的多少，因此，折旧方法的选择和计算成了十分重要的问题。在计算折旧时，不同的折旧计算方法对企业会产生不同的税负影响。

3. 成本、费用的分摊与列支

通过对成本各项目的归集和分配使其达到一个最佳的成本费用标准，使其利润最小化，从而达到少缴纳税金的目的。运用成本费用分摊与列支方法，并非是任意夸大、乱摊成本，而是应该在税法允许的范围内，运用成本计算程序和核算方法等合法手段进行税收筹划活动。

四、企业发展阶段的税收筹划

这主要是指企业投资的税收筹划。

投资通常是指投入财力，以期望在未来一个相当长的时期内获得收益的行为。企业在进行投资预测和决策时，首先要考虑投资所获得的收益，其次要考虑所获收益中属于本企业的有多少。对投资者来说，税收是投资收益的减项，应缴税款的多少，直接影响投资者的最终收益。因此，企业投资中的税收筹划是十分必要的。

1. 通过在投资总额中压缩注册资本比例的税收筹划

增加贷款所支付的借款利息，可以列入被投资企业的期间费用而节省所得税支出，同时可以减少投资风险，享受财务杠杆利益。例如，某企业注册资本为600 万元，投资总额为1 000 万元，不足资金400 万元，于是向银行贷款解决。假如借款年息为40万元，当年税前利润为100万元。由于在投资总额中注册资本比例压缩为60%，这意味着企业有如下税收利益；一是将借入资本利息40万元作为税前扣除金额，缩小了所得税税基，所得税税率为33%，即可节税13.2万元；二是分配利润时，由于按股权分配，既能减少投资风除，又能享受财务杠杆利益。

2. 通过对出资方式及资产评估进行的税收筹划

在投资方式中，应选择设备投资和无形资产投资，而不易选择货币资金投资方式。因为设备投资的折旧费可以作为税前扣除项目，缩小所得税的税基；无形资产的摊销费用也可作为管理费用税前扣除，缩小所得税的税基。实物资产和无形资产在产权变动时，必须进行资产评估，在对外投资中，通过选择评估方法，可以使资产增值，这不仅可以节省投资资本，还可以通过多列折旧费和无形资产摊销费用，缩小被投资企业所得税的税基，从而达到节税目的。

3. 在投资期限中，应选择分期投资方式，而不是一次性投资方式的税收筹划

我国对中外合资、合作经营企业各方出资期限的规定是：合营各方应当在合营合同中订明出资期限，并且应当按照合营合同规定的期限缴清各自的出资额。合营合同中规定一次缴清出资的，合营各方应当从营业执照签发之日起六个月内缴清；合营合同中规定分期缴付出资的，合营各方第一期出资不得低于各自认缴出资额的15%，并应在营业执照签发之日起三个月内缴清，其最后一期出资额应在自营业执照签发次日起三年内缴清。所以，在投资中尽可能延长投资期限，未到位的资金可以通过向银行或其他机构进行贷款来解决。企业在生产、经营期间，向金融机构借款的利息支出，按照实际发生额可以税前扣除。这样就可以缩小所得税的税基，从而达到节税目的。

五、企业衰退阶段的税收筹划

这主要是指企业兼并的税务筹划。

有一些企业由于种种原因经营不善亏损严重，处于停产倒闭状态。

这时企业可以通过法律手段来进行破产清算，但这绝不是企业的唯一出路。这些濒临倒闭的企业可以根据实际情况进行重组兼并，从某种意义上来讲，企业自身的一些特殊情况也是一种被重组、被兼并的筹码。此时有些企业正处于发展壮大过程中，需要大量资金来扩大厂房和增加机器设备，但这些企业又不想从银行贷款，此时这两家企业便会不谋而合走到一起，可以利用税收政策的规定，对停产企业进行兼并重组。作为一个企业经营管理者不仅要及时了解这些税收政策，而且还要非常精通，只有这样才能吃透税收政策，合理合法地做好税收筹划决策，使企业不断发展壮大起来。

国家税务总局关于《企业改组改制中若干所得税业务问题的暂行规定》（国税发 1998 年 97 号）指出，被吸收或兼并的企业已不符合企业所得税纳税条件的，应以存续企业为纳税人，被吸收或兼并企业的未了税务事宜，应由存续企业承继。另对亏损弥补的处理规定为：企业以新设合并方式以及吸收合并方式或兼并方式合并，且被吸收或兼并企业按《企业所得税暂行条例》及实施细则规定不具备独立纳税人资格的，各企业合并或兼并前尚未弥补的经营亏损，可在税收法规所规定的弥补期限的剩余期限内，由合并或兼并后的企业逐年延续弥补。

从中不难看出，上述这些税收政策的规定为企业进行税收筹划提供了可能和依据。如上述这家企业兼并停产企业后，对自身发展有许多好处：可以充分利用停产企业的闲置厂房和设备扩大自己的生产规模；可以在不占用自有资金的情况下，节约大量的流动资金而迅速投入生产；不必从银行借入过多的资金，承担大量的负债。同时，作为合并或兼并后的存续企业，可以对被吸收或兼并前的企业尚未弥补亏损的部分进行税收弥补，从而减少了应缴纳所得税额，相应也减轻了企业的税收负担。

原载《出版经济》2004 年第 2 期。

分析预收税金差异对国家宏观财政收入的影响

内容摘要：由于计算错误产生的差异会引起上缴税金的减收，广告业和其他一些实行不定价格的行业该如何正确计算预收税金、该如何正确选择纳税依据？本文对此产生的差异进行量的分析和比较，并指出这个差异最终是由谁来弥补和承担的。

财政收入大部分来自国家税收，税收是国家为满足社会公共需要、参与社会产品再分配的过程。正确计算税金对于筹集国家财政资金、保证国家税收及时足额地入库无疑是至关重要的，也是发展社会主义市场经济的先决条件之一。

一、预收税金差异的产生

广告业价格的制定一般采用成本、费用、毛利和税金的汇总加计办法，在经营过程中对于税金的确定一般也是按成本、费用和毛利的总额乘以一定比例进行预计。在这些实行不定价格的行业中，其最终销售价格是买卖双方按合同条款而确定的，其中税金计算的正确与否不仅会对本企业产生一定的影响，而且对于国家税收收入也会产生相应的影响。

销售税金是销售收入与销售税率的乘积。当销售实现时，企业必须按税务部门规定的相应营业销售税率计算税金，并及时向税务机关进行申报缴纳。在实际工作中，一些实行不定价格的企业和行业，它们的营业销售税金是向客户预收的。然而,企业到底应该向客户预收多少税金,才能正好等于该企业实现销售时向税务机关申报缴纳的营业销售税金呢?

有些企业在计算预收税金时,把税前价格(企业成本加上企业利润)乘上营业销售税率直接求得预收税金,这显然不对,用数学公式表示(1):

$$x = ab \tag{1}$$

其中 x 表示预收税金,a 表示税前价格,b 表示营业销售税率。当销售实现时$(a+x)$便成了该企业所谓的“销售收入”。这种做法以为,向税务机关申报上缴的税金是以税前价格为计算依据的。实际上,销售收入才是真正的计税依据。销售收入不仅包括该企业的生产成本和利润,而且还包括该企业向国家上缴的税金,即企业向客户预收的税金。从理论上讲,销售收入由$(c+v+m)$所组成,而 m 分成两部分:一部分是企业的利润,另一部分是企业向国家上缴的税金。因而,企业在计算向客户预收税金时,所计算的依据要准确,计算预收税金时,不能把销售收入$(c+v+m)$中上缴国家税金的部分剔除以后再乘上税率来求得,而应该通过把成本$(c+v)$加上全部的利税(m)之和再乘上相应的税率来求得,从而正确计算出向客户预收的税金,用数学公式表示(2):

$$x' = (a + x')b \tag{2}$$

其中 x'表示用正确方法计算的预收税金,a 表示税前价格,b 表示营业销售税率。由公式(2)进行推导得公式(3)。

$$\begin{aligned} x' &= ab + x'b \\ x'(1-b) &= ab \\ x' &= \frac{ab}{1-b} \end{aligned} \tag{3}$$

若营业销售税率 $b=5\%$ 时,代入公式(3)得 $x' = \frac{a \times 0.05}{1-0.05}$,计算可得预收税金的简便计算公式 $x' = \frac{a}{19}$;若营业销售税率 $b=10\%$,代入公

式(3)得 $x' = \frac{a \times 0.1}{1 - 0.1}$，计算可得预收税金的简便计算公式 $x' = \frac{a}{9}$；若营业销售税率 $b = 15\%$，代入公式(3)得 $x' = \frac{a \times 0.15}{1 - 0.15}$，计算可得预收税金的简便计算公式 $x' = \frac{a}{5.67}$。

实际工作中，采用营业销售税率为5%的企业和行业比较普遍。现以营业销售税率 $b = 5\%$ 为依据进行分析计算，利用上面得出的简便计算公式 $x' = \frac{a}{19}$，只要把税前价格(a)除以19便能求出需向客户预收的税金；若当营业销售税率 $b = 10\%$ 时，由上可知，预收税金的简便计算公式为 $x' = \frac{a}{9}$，此时只需用税前价格(a)除以9便能求出需向客户预收的税金；当营业销售税率 $b = 15\%$ 时，过程同上，公式计算从略，只需用税前价格(a)除以5.67便能求出需向客户预收的税金。

二、举例分析

以下试举例比较一下用前后两种不同方法所计算的预收税金。

设：某企业在一定时期内的企业成本和企业利润(税前价格)a 等于10万元，营业销售税率 b 为5%。

预收税金按第一种方法用公式(1)进行计算：

税前价格　　$a = 100\,000$(元)

营业销售税率　　$b = 5\%$

预收税金　　$x = ab = 100\,000 \times 5\% = 5\,000$(元)

销售价格　　$a + x = 100\,000 + 5\,000 = 105\,000$(元)

销售实现后，$a + x$ 便是销售收入，应缴营业销售税金 $x'' = (a + x)b = 105\,000 \times 5\% = 5\,250$(元)

应缴营业销售税金 x'' 与预收税金 x 之间有一个差额，即 $x'' - x = 5\,250 - 5\,000 = 250$(元)。

应缴营业销售税金 x'' 是一定的，它不会因为企业自身计算有误而可以向国家少上缴营业销售税金，因此应缴营业销售税金必须用企业成本和利润(a)中的利润来弥补当初预收税金的不足部分，从而保证企业营业销售税金的足额上缴。

预收税金按第二种正确方法用公式(3)进行计算：

税前价格　　　$a=100\ 000$(元)

营业销售税率　　$b=5\%$

预收税金　　　$x'=\frac{ab}{1-b}$，即 $x'=\frac{a}{19}=\frac{100\ 000}{19}=5\ 263.16$(元)

销售价格　　　$a+x'=100\ 000+5\ 263.16=105\ 263.16$(元)

销售实现后，$a+x'$ 便是销售收入，应缴营业销售税金 $x'''=(a+x')b=105\ 263.16\times5\%=5\ 263.16$(元)。

应缴营业销售税金 x''' 与预收税金 x' 正好吻合，$x'''-x'=5\ 263.16-5\ 263.16=0$。

当销售实现时，上缴的营业销售税金正好等于当初向客户预收的税金。由上可知，用公式(1)计算的预收税金比用公式(3)计算的预收税金要小，它们之间的差额为 $x'-x$，这个差额占销售收入($a+x$)的比重为 $\frac{x'-x}{a+x}\%$（其中销售收入按公式(1)计算），即 $\frac{\frac{ab}{1-b}-ab}{a+ab}\%=\frac{b^2}{1-b^2}\%$。当营业销售税率 $b=5\%$ 时，这个比重为 0.250 62%。如上例销售收入 $a+x=105\ 000$(元)，通过计算便能知道用公式(1)计算少预收的税金为 $105\ 000\times0.250\ 62\%=263.16$(元)。当营业销售税率 $b=10\%$ 时，这个比重为 1.01%……

进一步分析这个差额 $x'-x$，实际上企业上缴营业销售税金时，是由两部分来弥补的：一部分是由企业自身的利润来弥补的；另一部分是由减少上缴国家营业销售税金来弥补的。

用公式(1)计算的预收税金 x 不仅小于用公式(3)计算的预收税金 x'，而且也小于销售实现时的应缴营业销售税金 x''。这个差额 $x''-x$ 就是用企业的利润来弥补的，它占销售收入($a+x$)的比重为 $\frac{x''-x}{a+x}$，即

$\frac{(a+x)b-ab}{a+x}\% = \frac{(a+ab)b-ab}{a+ab}\% = \frac{b^2}{1+b}\%$。当营业销售税率 $b=5\%$ 时，这个比重为 0.238 09%。如上例销售收入 $a+x=105\ 000$（元），通过计算便能知道预收税金小于应缴营业销售税金的差额为 105 000 × 0.238 09% = 250（元），这与上例计算的结果完全相同，$x''-x=5\ 250-5\ 000=250$（元）。当营业销售税率 $b=10\%$ 时，这个比重为 0.909%……

三、谁来弥补了这项差异

预收税金减少，销售价格降低。销售实现后，销售收入也会减少，从而，上缴国家的营业销售税金也相应减少。这减少的差额 $x'''-x''$ 占销售收入 $(a+x)$ 的比重为 $\frac{x'''-x''}{a+x}\%$，即 $\frac{(a+\frac{ab}{1-b})b-(a+ab)b}{a+ab}\% = \frac{(\frac{ab}{1-b}-ab)b}{a+ab}\% = \frac{b^3}{1-b^2}\%$。当营业销售税率 $b=5\%$ 时，这个比重为 0.012 53%。如上例销售收入 $a+x=105\ 000$（元），通过计算便能知道向国家少缴的营业销售税金为 105 000 × 0.012 53% = 13.16（元），这与上例计算的结果完全相同，$x'''-x''=5\ 263.16-5\ 250=13.16$（元）。当营业销售税率 $b=10\%$ 时，这个比重为 0.101%……

综上所述，由于计算依据的误差，会引起向客户少预收税金，这占销售收入的比重为 0.250 62%。分析一下，这少预收的税金是用两部分来弥补的：一部分是用企业的利润来弥补的，占销售收入的比重为 0.238 09%；另一部分是通过向国家减少上缴营业销售税金来弥补的，占销售收入的比重为 0.012 53%。

这些比重都是仅仅以营业销售税率 5% 为依据分析计算的，如果以营业销售税率为 10%、15%……为依据进行分析计算，那么这些差额占销售收入的比重就会更大。当营业销售税率为 10% 时，通过计算得知用企业利润弥补差额占销售收入的比重为 0.909%；用国家税金来弥补差额占销售收入的比重为 0.101%。当营业销售税率为 15%

时，通过计算得知用企业利润弥补差额占销售收入的比重为1.956 5%；用国家税金来弥补差额占销售收入的比重将达到0.345 3%。这是一组多么惊人的数据。

总之，这些负担最终转嫁给了企业和国家。尽管这些负担对于某个行业或企业来说是微不足道的，然而从全国总体范围来看，这少缴给国家百分之零点几的营业税金，汇总起来将是多么巨大的资金。如能把属于国家的这块财政收入及时、足额地上缴入库，对于支持国家建设，保证税收政策和税收制度的正确贯彻执行，防止税款侵吞流失，建立一个与社会主义市场经济相适应的完善和谐的税收管理体制具有一定的现实意义。

原载《苏州大学学报》（工科版）2007年第6期。

对外投资管理

一、投资的种类

投资的一般含义,是指所有者利用剩余的资金对外投资,以获得较高的收益。通过投资,所有者获得了参与全社会剩余价值再分配的一部分权力,由于投出资本在不同的部门之间、地区之间、国家之间的借贷流动,从而形成了宏观经济上的互补作用。

目前投资的主要形式有:以现金形式向其他单位的投资;以实物形式向其他单位的投资;以无形资产形式向其他单位的投资;以股票、债券形式向其他单位的投资; 等等。投资按其目的、性质的不同可以划分为以下几种。

(一)短期投资

短期投资,是指一企业利用暂时闲置的资金购买在一年内可以随时变现的有价证券或期限不超过一年的其他投资。企业利用剩余的资金购买股票、债券以获得高于同期银行存款利息的期望收益,同时也为别的企业提供了生产经营所急需的资金,通过调剂使这部分社会闲散游资有了固定的使用去向,而当企业需要资金时,又能通过证券市场使证券随时变现,使企业充分发挥了资金的使用效果。

短期投资分为以下三类。

1. 股票投资

股票投资即企业以购买股票的形式对外投资。股票是股份有限公司发行的一种有价证券,股份有限公司将其全部资本分为若干等额的股份,以股票的形式发行。企业可以作为投资者认购股票,亦成为股份有限公司的股东,并协助获取优厚的股利和股票的升值。股票投资不能收回股本,只能通过证券市场进行转让,所以股票投资具有风险大、责任大但可获取较多经济利益的特点。

2. 债券投资

债券投资即企业以购买债券的形式对外投资,债券是债务人向债权人出具的一种债务证书,是一种有价证券。企业购入的债券,作为债权人关心的是定期收取预定的利息以及债券到期后收回本金。企业购入的债券,按发行者划分,可分为国家债券、企业(公司)债券和金融债券三大类。国家债券是政府根据信用原则,以发行债券的形式举借的各种债务,有公债、国库券等;企业(公司)债券是企业为了筹集资金而向投资者出具的在一定时期还本付息的债务凭证;金融债券是银行或其他金融机构作为债务人,向投资者发行的借债凭证。

3. 其他投资

其他投资是指除股票投资和债券投资以外的一些投资,一般指联营投资。关于联营投资,国家有关法规规定,企业投出资金与其他单位联合经营,要按照国家规定办理一定的手续,所获权利与承担的义务受国家法律保护和监督。企业与其他单位联营,就要以投出的资产对接受投资单位负责并与接受投资单位的经营成果挂起钩来。经营得好,企业可以多分利润;经营得不好,企业就少分或分不到利润,甚至还要承担弥补亏损的责任。资产一经投出,除联营合同期满,或由于特殊原因联营企业解散外,一般不得抽回投资。

(二)长期投资

长期投资是指不准备随时变现、持有时间在一年以上的有价证券以及期限超过一年的其他投资。长期投资又可分为股权投资和债券投资。股权投资包括向附属企业、其他企业的投资。它有两种投资形式,一种是直接投资形式,是指现金或资产投入被投资的企业,由被投资的企业向投资者出具出资证明书,确认股权;另一种是间接投资形式,是指投资者投资于某企业时,是通过在证券市场上购买该企业的股票。债券投资包括认购国库券、各种公债、企业债券等。

划分长期投资与短期投资不能仅仅着眼于投资持有期限的长短,

更重要的区别应在于它们投资的目的和性质不同。短期投资主要是利用正常经营中暂时多余的资金，购入一些不是它本身业务上需要但能随时变现的有价证券，以供经营业务周转之用，同时达到获取一定利益的目的。而长期投资的目的，不仅仅在于获取投资收益以满足扩大生产经营规模的需要，更重要的是为影响和控制其他企业的重大经营决策以达到渗透目的。如果企业为了获得投资收益或者为了影响和控制其他企业，即使企业购买的股票或债券是允许交易的证券，但不准备在短期内将其转让，也就不能作为短期投资来处理。

所以从根本上说，划分长期投资和短期投资的界线，主要还是投资的目的，而不是投资的期限，尽管定义上是将投资期限作为划分长期投资和短期投资的依据。

二、投资作价

上述已经说明企业的对外投资形式有三种：股票投资、债券投资、其他投资。企业对外的其他投资，就是用于联营企业、中外合资企业的各项财产，或用库存材料、或用固定资产、或用无形资产对外投资。这里有一个财产作价的问题，即资产评估。

投出资产作价方法主要有以下几种。

（一）重置成本法

即按被评估作价时该项资产在全新情况下的重置成本，减去按重置成本计算的已使用年限的累计折旧，即为该项对外投出资产的重置成本。凡是企业用有形资产对外投资时，都要对投出资产进行评估作价。这样做，既考虑到了投出资产的功能，又反映了该项资产目前的新旧程度。

采用重置成本评估资产，多用于固定资产的对外投资。事实上，固定资产的重置成本与按新旧程度预计折旧之差，也不能表示该项固定资产的现值，企业的设备项目众多，实际工作中很难逐一按重置成本来计算，只有大项目、主要设备可照此办理。但重置成本法毕竟是一种可以采用的作价方法，它与原始成本作价法相比较，更加显示其合理性、准确性。下面列表比较原始成本法与重置成本法两种不同的作价方法。

表5　原始成本法与重置成本法比较表

资产项目	作价方法		新旧程度
	原始成本法	重置成本法	
土地	10	20	
房屋	38	56	六成新
减:折旧	15.2	22.4	
机械设备	50	80	八成新
减:折旧	10	16	
合计	72.8	117.6	

从上表可以看到,以资产的重置成本法作价,要比原始成本法作价合理得多,也准确得多,这是因为:(1) 原始成本为十几年,甚至几十年前购置固定资产的价值,与现行市价相距甚远,而重置成本则是购置固定资产的现行价值,价值的计算标准比较合理;(2) 按其新旧程度扣除了折旧部分,即按净值作价。因此尽管重置成本作价法也不尽完善,但在资产评估作价中还是采用得比较普遍的。

(二) 收益现值法

收益现值法,是通过估算被评估资产的未来预期收益折算成现值,借以确定被评估资产价格的一种资产评估办法。

这里所说的"收益"的概念与构成,有以下三种观点:

(1) 企业所得税后的利润;

(2) 企业利润总额与提取折旧额之和(或企业利润总额与提取折旧额之和,扣除再投资);

(3) 企业利润总额(含所得税)。

上述三种观点,哪一种符合我国国情和国际惯例,还有待于实践中的总结。西方国家评估资产采用收益现值法,与上述第二种情况相似。这种采用现金流量计算收益的做法,与我国企业税后利润加上提取折旧额之和,并扣除再投资的计算收益的实际做法相接近。

收益现值法评估资产，常采用预期收益折现的方法，其计算公式为：

收益现值 = ∑（各年预期收益额 × 各年折现系数）

例：某企业尚能继续经营 3 年，营业终止后资产全部用于对外投资，经预测测得 3 年内各预期收益的数据如表 6，请对该企业全部资产进行评估。

表 6　某企业 3 年内各预期收益数据表　　（单位：万元）

年度	收益额	折现率	折现系数	收益折现值
第一年	200	6%	0.943 4	188.68
第二年	300	6%	0.890 0	267
第三年	500	6%	0.839 6	419.8
合计	1 000			874.76

根据上述计算表计算，该企业全部资产评估作价为 874.76 万元。

上述计算表中，第一年收益额 200 万元，即一年后的 200 万元折算现值为 188.68 万元。它是根据以下公式计算出来的：

$$V_o = V_n \times \frac{1}{(1+i)^n} = 200 \times \frac{1}{(1+6\%)^n} = 188.68\text{（万元）}$$

表中的第一年折现系数 0.943 4，即为$\frac{1}{(1+6\%)}$的值。（V_o 代表现值，V_n 代表终值，i 代表年利率，n 代表年数）

第二年、第三年的收益折现值、折现系数的计算与第一年是同样道理。

（三）现行市价法

现行市价法，主要是用于单项生产要素交易的资产评估方法，如买卖设备、原材料，用单项设备作为投资参股、经济合作经营等。

采用现行市价评估资产，这里所说的现行市价有三种：其一，是计划价，即国家对一些物资、原材料规定指令性价格的价格；其二，是浮动价，即指导性价格，国家允许地方和企业在规定的幅度（上限与下限之间）内自行定价；其三，是市场调节价，也称议价。

目前,我国物价还没有理顺,出现了上述三种价格形式并存的情况。需要明确的一点是,采用现行市价评估资产时,这里所说的现行市场价是指市场调节价,即买卖双方协商的价格,亦即议价。在具体运用现行市场价评估资产时,应注意以下几点:

(1)参股、投资、担保,对同一资产进行评估时,无论其原来购入的价格如何,均以现行市场调节价格为准,但是对抵押或企业破产清理时的财产评估应按其可以变现的估价;

(2)企业承包、全民所有制企业的联营、兼并、转让、保险应以现行采购价为准;

(3)不同所有制企业的上述经济行为以及租赁经营,均应以现行市场调节价格为准;

(4)中外合资、经济合作企业,均以市场调节价为基础,并参照国际市场价格做必要调整。

企业拥有的有价证券(股票、债券),属于企业用银行存款等货币资金的对外投资,这部分资产的评估,一般采用现行市价法。收回这部分对外投资,即股票、债券的出售、转让,其资产的评估一般也是采用现行市价法。

表7　某企业拥有的股票、债券的面值与市价资料表

(单位:万元)

资产项目	面值	市价	附注
一、国库券	20	22	按面值
二、国家重点建设债券	30	34	期限、利率计算后,即为债券市价
三、公司债	40	42	当日证券市价
四、普通股	110	120	
合　计	200	218	

该企业拥有的股票、债券按现行市价进行资产评估。其中普通股股票,按当日证券市场行情计算;债券(包括国库券、国家重点建设债券以及公司债)按当日证券市场行情作价。没有市场价格的可参考债券面值、债券期限,以及利率等因素计算作价。

该企业拥有的有价证券(债券、股票),按现行市价法评估其资产为218万元。

三、投资预测

(一)影响投资的因素

投资者进行投资的主要目的之一,是为了赚钱。影响投资的因素有两个:一是投资的预期报酬率,即投资所产生的利润与投资额的比例;二是资本市场的利率水平。投资者在决定是否投资或是否增加投资时,都要比较资本市场的利率水平与其投资的预期报酬率,如果投资的报酬高于资本市场利率,则说明投资者可以向资本市场借款来进行投资,因为投资所获除偿还资本市场的借款利息外仍有余利;否则投资者则不会借款进行投资。即使投资者自身拥有资本而不需要向资本市场借款进行投资时,仍然需要比较资本市场的利率和投资的预测报酬率,因为假如投资的预期报酬率小于资本市场资金的利率,他完全不必进行投资,而将其资本直接通过资本市场借贷出去,从而获得比投资更大的利息收入。只有当投资的预期报酬率大于资本市场利率时,投资者才会进行投资。

这里的盈余指的便是边际效率。当投资所产生的边际效率高于资本市场利率时,投资者一定会增加投资;反之,则会减少投资。因此,投资均衡点就是利润率等于资本市场利率时的数量。当资本市场利率下降时,表示投资所付的代价减少,在利润率不变的情况下,投资者的收益增加,这样会促使投资者增加投资。反之,当资本市场利率上升时,说明投资代价增大,因而投资者将会减少投资。

(二)投资预测

上述影响投资的主要因素是预期报酬率和市场利率,但在进行具体项目投资前,如何对这些因素进行分析比较,就需要采用一系列的专门方法,这里主要介绍长期投资的预测方法。长期投资方案的可行与否,要看预期投资报酬率是否高于企业的资金成本率。这就需要我们从货币时间价值与投资风险价值两方面来分析比较备选方案的现金流量,算出该方案的经济效益,以便从中做出最优方案的抉择。

投资预测的基本方法有:净现值法、内含报酬率法、回收期法、现值指数法等。

1. 净现值法

(1) 净现值的计算。

任何一项长期投资方案,决策者总是希望未来所获得的报酬的总金额要比原来投资的金额更多一些,即价值的增值。但未来得到的报酬和原投资额发生在不同时期,根据货币的时间价值观念,不同时期货币的价值是不相等的,这两项金额必须统一在同一个“时点”上才能进行比较。因此,我们把一项投资方案在未来期间所能获得的各种报酬按照资金成本折算成总现值,然后拿它和原投资额折成的现值(如系一次投资,即原投资额;若系分期投资,则需分别按不同时期的资金成本折成现值,再予以加计)进行对比,其差额就叫作“净现值”。

在实际工作中,由于投资方案的未来报酬往往有一些复杂情况,故其净现值的计算可按以下步骤进行:

① 对未来各年的现金净流量进行预测。

现金净流量 = 营业收入 - 营运成本

或: = 营业净利 + 折旧

② 根据资金成本计算未来报酬的总现值。

它包括以下两部分,a. 将各年的现金净流量拆成现值。若各年的现金净流量相等,按年金折成现值;若各年的现金净流量不相等,则分别按复利(或单利)折成现值,然后进行加计。b. 将固定资产的期末残值,或中途变现价值,以及期末回收的流动资产按复利(或单利)折成现值。

然后 a + b,即构成未来报酬总现值。

③ 计算投资方案的净现值,公式如下:

净现值 = 未来报酬总现值 - 原投资额的现值

(2) 净现值法的应用。

净现值法,就是根据一项长期投资方案的净现值是正数还是负数来确定该方案是否可行的预测方法。若净现值是正数,即说明该方案的投资报酬率大于资金成本率，那么该方案可行；反之，若净现值是负数，即反映该方案的投资报酬率小于资金成本率，则该方案不可行。

例：某公司准备在计划年度添置一台设备，价款为 320 000 元，可使用 10 年，期满有残值20 000元。使用该设备可使公司每年增加销售收入 250 000 元，折旧每年按直线法计提，折旧以外每年发生成本为 178 000 元，所得税率为 33%。若设备款项系银行贷款，年利率为 12%，复利计算利息。要求采用净现值法为该公司做出投资方案是否可行的预测。

$$每年计算折旧 = \frac{320\ 000 - 20\ 000}{10} = 30\ 000（元）$$

每年税前利润 = 250 000 − 178 000 − 30 000 = 42 000（元）

每年税后净利 = 42 000 × (1 − 33%) = 28 140（元）

每年现金净流量 = 28 140 + 30 000 = 58 140（元）

10 年内现金净流量折成现值 = $A \cdot (P/A, 12\%, 10)$

= 58 140 × 5.650 = 328 491（元）

第 10 年年末残值折成现值 = 20 000 × $(P/F, 12\%, 10)$

= 20 000 × 0.322 = 6 440（元）

未来报酬总现值 = 328 491 + 6 440 = 334 931（元）

净现值 = 未来报酬总现值 − 原投资额的现值 = 334 931 − 320 000 = 14 931（元）

通过计算，该项举债添置设备方案的净现值为正数，故此方案可行。

净现值法的缺点，就是它不能提示出投资方案本身实际可能达到的投资报酬率究竟是多少。这就需要用另一种专门方法来弥补这种缺陷，这就是下面所讲的内含报酬率法。

2. 内含报酬率法

(1) 内含报酬率法的计算。

内含报酬率是指一项长期投资方案在其寿命周期内按现值计算的实际可能达到的投资报酬率，亦称"内在报酬率"或"内部报酬率"。

内含报酬率的基本原理，就是根据这个报酬率对投资方案各年的现金净流量进行折现,使未来报酬的总现值正好等于该方案原投资额的现值。正因为如此,内含报酬率的实质就是一种能使投资方案的净值等于零的报酬率。

内含报酬率的计算方法,因各年现金净流量是否相等而有所不同。现分述如下:

① 若各年现金净流量相等。

a. 先求年金现值系数。

内含报酬率要求,未来报酬总现值 = 原投资额的现值

各年现金净量 × 年金现值系数 = 原投资额的现值

$$年现金值系数 = \frac{原投资额的现值}{各年现金净流量}$$

b. 查“1 元的年金现值表”,在已知期数(寿命周期)的同一行中分别找出与上述年金现值系数相邻近的较小和较大的两个折现率。

c. 根据上述两个邻近的折现率与已求得的年金现值系数,采用插值法计算出该项投资方案的内含报酬率的近似值。

② 若各年的现金净流量不相等。

a. 先估一个折现率,并按此率计算未来各年的现金净流量的现值和期末残值(或中途变现值的)的现值,然后加计总数求出未来报酬的总现值,再与原投资额的现值比较。若净现值为正数,即表明原估计的折现率低于该方案的实际投资报酬率,应稍稍提高原估计的折现率,再行测试;若净现值为负数,即表明原先估计的折现率高于该方案的实际投资报酬率,应稍稍降低原估计的折现率,再行测试。如此,经过逐次测试,最终要求找出相邻近的一个正数的净现值与一个负数的净现值所代表的两个折现率。

b. 根据内含报酬率就是使投资方案的净现值等于零的原理,对前面找出来的两个邻近的折现率采用插值法即可算出该投资方案的内含报酬率的近似值。

(2) 内含报酬率法的应用。

内含报酬率法,就是根据各备选方案的内含报酬率是否高于资金成本,来确定该方案是否可行的预测方法。若内含报酬率大于资金成

本率,方案可行;若内含报酬率小于资金成本率,则方案不可行。

例:仍以上例资料,要求采用内含报酬率法进行决策分析。

由于该投资方案的固定资产期末有残值,各年现金净流量不完全相同,故需用逐次测试法。

① 先采用折现率(i) = 12% 进行第一次测试。

表 8　折现率(i) = 12% 第一次测试表　　(单位:元)

年份	各年现金净流量	折现率	现值系数	现值
1—10 年	58 140	12%	(P/A,12%,10) = 5.650	328 491
第 10 年年末	残值 20 000	12%	(P/F,12%,10) = 0.322	6 440
未来报酬总现值				334 931
原投资额				320 000
净现值				14 931

② 通过第一次测试,净现值为正数,说明应稍稍提高折现率再进行测算。现采用折现率(i) = 14% 进行第二次测试。

表 9　折现率(i) = 14% 第二次测试表　　(单位:元)

年份	各年现金净流量	折现率	现值系数	现值
1—10 年	58 140	14%	(P/A,14%,10) = 5.216	298 042.24
第 10 年年末	残值 20 000	14%	(P/F,14%,10) = 0.270	5 400.00
未来报酬总现值				303 442.24
原投资额				320 000.00
净现值				− 16 557.76

③ 通过以上两次测试,分别取得邻近的两个正负净现值所代表的折现率 12% 与 14%,即表明该投资方案的内含报酬率就在 12% 与 14%之间。现再采用插值法进行计算:

$$
\begin{array}{ll}
\text{折现率}(i) & \text{净现值} \\
\left.\begin{array}{l}\left.\begin{array}{l}12\% \\ ?\% \end{array}\right\} X\% \\ 14\% \end{array}\right\} 2\% &
\left.\begin{array}{l}\left.\begin{array}{l}10\,185 \\ 0 \end{array}\right\} 10\,185 \\ -15\,723.20 \end{array}\right\} 25\,908.20
\end{array}
$$

$$\frac{X}{2}=\frac{10\,185}{25\,908.20}$$

$$X=\frac{20\,370}{25\,908.20}=0.79$$

该投资方案的内含报酬率 = 12% + 0.79% = 12.79%

根据以上计算的结果,可知该公司添置设置投资方案的内含报酬率为12.79%,大于资金成本贷款利率12%,故此方案可行。

通过以上净现值法与内含报酬率法的叙述,可以认识到“资金成本”在长期投资预测中是淘汰不可行方案的重要工具。譬如在净现值法中,资金成本是计算投资方案净现值的依据,其净现值是负数,则该方案应予否决;而在内含报酬率法中,任何一项投资方案的内含报酬率,应以不低于资金成本率为度。

3. 回收期法

(1) 回收期的计算。

回收期是指以投资项目的各年现金净流量来回收该项目的原投资总额所需的时间(年数)。

回收期的计算方法,因各年现金净流量是否相等而各有不同,现分述如下:

① 若各年现金净流量相等。

$$\text{预计回收期}=\frac{\text{投资总额}}{\text{平均每年现金净流量}}$$

$$=\frac{\text{投资总额}}{\text{年新增利润额}+\text{年折旧额}}$$

如果投资方案的各年现金净流量完全相等,但由于寿命周期末有残值,以致最后一年的现金净流量与其他各年产生差异,在这种情况下,为了简化计算,也可以将残值平均分摊到各年的现金净流量内。

② 若各年现金净流量不等。预计回收期应根据各年年末的累计

现金净流量与各年年末尚未回收的投资余额进行计算。

（2）回收期法的应用。

回收期法是根据投资方案的预计回收期,来确定该方案是否可行的决策方法。若预计回收期比要求的回收期短,则负担的风险程度就比较小,可行;若预计回收期比要求的回收期长,则负担的风险程度就比较大,不可行。这里所说的要求的回收期,一般是投资项目的经济寿命的一半。

回收期法的优点在于计算简便,容易理解,并可促使企业尽可能想办法缩短回收期,及早回收投资产生的经济效益。特别是对那些技术更新较快的工业部门来说,回收期是一项评价投资项目风险程度的有用指标。但该方法也有严重的缺陷,那就是没有考虑到货币的时间价值;另外,它也不能说明该项投资将来究竟能获得多大的经济效益。因此,回收期法是评价长期投资方案效益高低的第二位方法。在实际工作中,通常都是把测定回收期与计算净现值、内含报酬率等方法结合起来加以应用的。

例:仍以上例资料,要求采用回收期法对该投资方案是否可行进行决策分析。

$$平均每年的现金净流量 = 58\ 140 + \frac{20\ 000}{10} = 60\ 140(元)$$

$$预计回收期 = \frac{原投资额}{平均每年现金净流量} = \frac{320\ 000}{60\ 140} = 5.3(年)$$

从以上计算结果可以看出,该项投资方案的预计回收期(5.3 年)略大于要求的回收期(10 ÷ 2 = 5 年),方案不可行,投资回收期超过要求的年限,有一定财务风险。

例:某公司计划年度准备上马一个高新技术的项目,投资额为1 500 000元,经济寿命期为 5 年,各年的现金净流量的数据如表 10。

表 10　各年的现金净流量数据表　（单位:元）

年份	第 1 年	第 2 年	第 3 年	第 4 年	第 5 年
各年现金净流量	680 000	660 000	640 000	430 000	320 000

要求采用回收期法对该投资方案是否可行做出决策分析。

由于各年现金净流量不等，计算回收期需要编制计算表如表 11。

表 11　计算回收期需要编制的计算表　（单位：元）

年份	各年现金净流量	年末累计现金净流量	年末尚未回收仍投资余额
1	680 000	680 000	820 000
2	660 000	1 340 000	160 000
3	640 000	1 980 000	
4	430 000	2 410 000	
5	320 000	2 730 000	

$$\text{预计回收期} = 2 + \frac{160\,000}{1\,980\,000 - 1\,340\,000} = 2.25(\text{年})$$

从以上计算结果可以看出，该项投资方案的预计回收期（2.25 年）小于要求的回收期（5 ÷ 2 = 2.5 年），故该方案可行。

4. 现值指数法

（1）现值指数的计算。

现值指数是指任何一项投资方案的未来报酬按资金成本折算的总现值与原投资的现值之比。现值指数亦称“获利能力指数”，或“已折现的收益成本率”。其计算公式如下：

$$\text{现值指数} = \frac{\text{未来报酬的总现值}}{\text{原投资的现值}}$$

上述公式中未来报酬的总现值的计算程序，以及原投资额的现值的计算方法均与“净现值法”同。

（2）现值指数法的应用。

现值指数法就是根据各个备选方案的现值指数是否大于 1，来确定该方案是否可行的决策分析方法。若现值指数大于 1，方案可行；若现值指数小于 1，则方案不可行。

例：仍以前例资料，要求用现值指数法进行决策分析。

$$\text{现值指数} = \frac{\text{未来报酬的总现值}}{\text{原投资额的现值}} = \frac{334\,931}{320\,000} = 1.05$$

由于该项投资方案的现值指数大于 1，故此投资方案可行。

现值指数法与净值法一样,都考虑了货币的时间价值。现值指数是以相对数表示,便于在不同投资额方案之间进行对比;而净现值法则以绝对数表示,不便于在不同投资方案之间进行对比。所以,现值指数法优于净现值法。

上述介绍了四种投资预测的方法。在进行投资预测时,应尽可能将这些方法结合起来加以综合应用,只有这样才可能对投资做出正确预测,对投资的经济效益做出比较全面而科学的评价。

四、投资收益

投资收益是企业在一定时期内的股票、债券投资所获得的损益性收入,以及从其他单位分来的利润或亏损。这些收益构成了企业的利润总额。新制度中的投资收益所包含的范围比原来的扩大了,它不仅包括企业以货币资金及实物形式对外投资分回的税前利润,还包括企业购买有价证券而取得的债券利息收入和股利。

(一)投资收益的内容

投资收益主要包括:对外联营投资应分得的利润收入,对外短期和长期债券投资应分得的利息收入、对外短期和长期股票投资已宣告的股利收入,转让或收回投资所取得的收入与账面成本的差额按照权益法核算的股权投资在被投资单位增加的净资产中所拥有的份额。但有一点需说明,企业发行债券和股票所取得的溢价收入及购买债券所发生的折价收入,不得直接计入当期损益,不能作为投资收益来管理,在确认投资收益时,必须遵循权责发生制的原则,即在本期确认实现的收入,不论其款项是否收到,均应合理预计并计入投资收益。

新制度明确规定,投资收益构成企业本年利润的总额。企业的本年利润,等于销售利润,加上投资收益、加上营业外收入,减去营业外支出。一个企业的投资管理得好坏,直接影响到投资收益的多少;而投资收益的正确计算和合理分配同样直接影响到单位的利润水平。

(二)投资收益分配的原则

财政部对国内联营企业的利润分配做出了规定,就是联营企业实现的利润应当按照“先分后税”的原则,根据联营协议的规定来确定投资各方应分享的利润,然后在投资企业各方所在地依法缴纳所得税。具体分配方法是,在平等互利和维护国家财政收入的前提下,由参与投资的各方共同商定。

(三)投资收益的分配

企业投出资产,将本企业资产的使用权让给吸收投资的单位,同时获得了分享利润的权力,如何分配好这块投资收益,对企业今后的发展无疑是重要的。投资收益的分配主要包括:

1. 追加长期投资

从联营企业分来的投资收益,若用于追加长期投资,则国家给予优惠政策。财务制度规定:“联营企业若进行技术改革可按规定向银行申请技术措施贷款。技术措施贷款项目投产后增加的收入,先用于归还贷款,还清贷款后再按协议分利。无论是国有企业还是集体企业,均应按归还贷款的数字(扣除投资各方应负担的不构成固定资产价值应核销部分)相应增加联营各方的投资。”根据这一规定,企业投资于其他单位,吸收投资单位用贷款项目增加的利润归还贷款,并相应增加了投资单位的投资。对于投资单位来说,这部分对外投资收益已转化为追回对外投资。

我国目前税收政策的一大特点,是税前还贷(1996 年 1 月起取消税前还贷,改为税后还贷)。即企业在一定条件下和一定范围内,可利用贷款建成项目产生的新增利润归还贷款,这笔支出在税前列支,从缴纳所得税计税额中扣除。这种做法,是国家利用税收政策不但帮助企业归还贷款利息,而且帮助企业归还贷款本金,实际上是国家在一段时期对企业进行扶持一项优惠政策。随着改革进一步深化,将取消税前还贷,因为外商投资企业、股份制企业以及税利分流企业都不存在税前还贷问题。税前还贷也不符合国际惯例。但是,这项政策在国有企业还可能需要一个过渡时期,至少对某些企业原来的老贷款由税前归还改为税后归还,企业还一时难以承受。但改革税前还贷是势在必行的,只是时间长短的问题了。

2. 弥补本企业的亏损

从其他单位分来的未交所得税的投资收益(利润),应与本企业实现的利润一并征收所得税,如本企业发生亏损,在计算应纳税所得额时,其他单位分来的利润自然弥补了亏损,并按弥补后的余额计算和缴纳所得税。

如联营企业发生亏损,根据联营合同或协议,由联营企业提出申请,按照国家规定的程序报经批准后,在五年内用联营企业以后年度实现的利润予以抵补。联营企业连续五年用以后年度实现的利润弥补不足,从第六年开始,按规定由联营企业或联营企业投资各方用税后留利(盈余公积)抵补。

3. 应缴所得税、特种基金

按照先分后税原则,投资分得原利润应由投资各方缴纳所得税款。这是投资收益分配的一个重要内容。

在实际工作中,从联营企业分得的利润缴纳所得税的地点,并不一致。有的在投资企业各方所在地缴税;有的在联营企业所在地缴纳一部分税(如经济特区的联营企业等),然后在投资企业所在地再补缴纳一部分税款。在计算应缴所得税款时,应注意以下几个问题:

(1) 按照《关于对深圳、珠海、汕头、厦门等经济特区内联企业征收所得税问题的通知》的规定,特区内联营企业,不论其经济性质和隶属关系,一律先按15%的税率就地缴纳所得税,税后利润联营各方再分配。投资方按照现行所得税有关规定,适用税率不超过15%的,可不再补征,也不退税;高于15%税率的,其补征的所得税,由各地税务局批准,可以给予适当照顾。按照这一规定,企业从特区分回的利润,要并入本企业的应纳税所得额,然后再计算应缴纳的税金,已在特区缴纳的所得税可以抵减应缴纳的所得税。

(2) 为促使企业及时缴纳所得税,实行先分后税的联营企业,在给投资各方分配利润时,应由联营企业所在地财税部门出具应纳税所得额转移证明,通知联营各方所在地财税部门,联营各方所在地的财税部门据以监督企业缴纳所得税。

(3) 企业向能源、交通基础设施行业以及“老、少、边、穷”地区投资分得的利润，按照规定在五年内减半征收所得税；以分得的利润中再投资于上述行业和地区的，暂免征收所得税。减免的所得税，可以作为企业的盈余公积用于增加实收资本或弥补亏损。

根据财政部的有关规定，企业税后利润仍要继续缴纳能源交通重点建设基金和预算调节基金。

企业的投资收益在弥补了本企业的当年亏损、缴纳所得税和上缴利润后，如有用分得利润追加长期投资的，还应扣除追加的长期投资，剩余部分留给企业自行支配。

原载《财务管理与分析》，贵州人民出版社 1994 年 1 月出版。文中一些政策、观点和方法都是多年以前发表的资料，用现在的眼光看已不完全适合。为反映当年实际情况，对原有资料不做大的调整和修改，以真实反映二十多年前的财务管理水平。

负债管理

负债是企业所承担的能以货币计量、需以资产或劳务偿付的债务。正确确定负债，对于企业的经营活动甚为重要。通过企业负债与资产的分析比较，可以衡量出一个企业的商业信用和财务风险，评价企业资本结构配置的合理性、负债经营的适度性和短期偿债的可能性。

负债是会计基本恒等式三大要素之一，它代表企业对债权人所承担的法律义务，要求企业于将来支付一定的现金、提供一定的商品、完成一定的服务或创造另一种负债。大多数负债最终都要用现金进行偿付，有些负债要求提供一定的商品来清偿，还有一些则要求将来提供某些服务来作为清偿。负债有这样一些特点：一是负债为生产经营过程中已发生的经济业务所产生的经济负担，不包括未来期内经济业务所可能产生的经济负担；二是能够用货币来确切计量的金额或合理的估计金额；三是凡用货币能确认计量所负的经济业务，一般都有确切的债权人和确定的偿还期限，而不能无条件单方面予以取消；四是负债的偿还必须以债权人所能接受的资财为前提。

根据不同的划分标准，负债可以分为如下几类：

（1）按有无担保品分：有担保品负债和无担保品负债；

（2）按归还的方式分：到期一次性偿还的负债和分次偿还的负债；

（3）按确定性划分：实有负债和或有负债；

（4）按流动性划分：流动负债和长期负债。

本文主要谈谈流动负债和长期负债的问题。

一、流动负债

流动负债是指将在一年或者超过一年的一个营业周期内偿还的债务，包括短期借款、应付票据、应付账款、预收货款、应付工资、应付福利费、应交税金、应付利润、其他应付款、预提费用等。流动负债是相对长期负债而言的，流动负债是负债的一种，但流动负债和长期负债的区别并不是绝对的，如有些应付账款，由于企业无款支付或与供货方产生了某些未定事项，使其超过一年或一个营业周期以上，但仍将其归入流动负债内；某些长期负债如将于资产负债表日后的一年内或一个营业周期内即需偿还的，则归入流动负债内。

（一）流动负债的分类

流动负债的内容按债务人划分，可以分为对外债务、对内债务两种。

对外债务是指短期借款、应付票据、应付账款、应交税金和其他应付款等。

对内债务是指应付工资、应付福利费、应付股利等。

由于负债是企业现在承担的、但要在将来才履行的债务责任，它不可避免地含有不确定因素。根据这种不确定性的程度，流动负债又可分为实有负债和或有负债。

流动负债按其应付金额是否肯定，可以分为下面三种：

（1）应付金额肯定的流动负债。这类流动负债，一般在确认一次义务的同时，根据合同、契约或法律的规定具有确切的金额，乃至有确切的债权人和付款日，并到期必须偿还。比如由于购入一台机器，而按照合同确定的交易额开出承兑商业汇票。这一负债具有确定的金额和偿还日期及确定的债权人。

（2）应付金额视经营情况而定的流动负债。这类流动负债需待企业在一定的经营期末才能确定负债金额，在该经营期末结束前，负债金额不能以货币计量。若应交所得税、应付投资者的利润，则必须到一定的会计期终了，计算出经营损益后才能确定应付多少所得税，分配给投资各方多少利润。

（3）应付金额须预先估计的流动负债。虽然这项负债是过去发生的现存义务，但其金额乃至偿还日期和债权人在编制资产负债表时仍难以确定，如产品质量担保产生的债务。这类债务应按以往的经验或依据有关的资料估计确定其应承担义务的金额。

（二）流动负债的内容

1. 短期借款

短期借款，是指企业借入的期限在一年以下的各种借款。短期借款一般是企业为维持正常的生产经营所需资金而借入的或者为抵偿某项债务而借入的。短期借款的债权人，一般为银行、其他金融机构，或其他单位和个人。

短期借款中，主要是银行借款。企业在商品生产、流通及正常经营过程中需要占用一定数量的资金，其中包括生产储备及营运借款、临时借款、活存透支贷款等。生产储备及营运借款是企业用于保证正常生产、经营所必须储备及营运资金的贷款；临时借款是企业由于季节性、临时性等原因所需的流动资金借款；活存透支贷款用于信誉良好的企业为保证正常生产经营所需的临时周转资金，即企业在银行开立的活期存款账户内的透支额。生产储备和营运贷款期限不超过一年，临时借款期限一般也不超过 6 个月，活存透支借款期限由借款双方商定，一般不超过 12 个月。如果这些资金的借款期限超过一年则应作为长期负债管理。

企业借入的短期借款，无论用于哪个方面，只要借入了这项资金，就构成了一项负债。归还短期借款时，除了归还借入的本金外，还要按照货币的时间价值支付利息。短期借款的利息作为一项营业费用，计入损益。如果短期借款的利息是按期支付的，或者利息是在借款到期时连同本金一起归还，且数额较大，为了正确计算各期的盈亏，可以采用预提的方法，按月计入财务费用；如果短期借款利息是按月付的，或者利息是在借款到期时连同本金一起归还，但数额不大，可以直接计入财务费用，计入当期损益。

2. 应付票据

应付票据是由出票人出票,由承兑人允诺在一定时期内支付一定款额的书面证明。在我国,应付票据是在商品购销活动中由于采用商业汇票结算方式而发生的,由收款人(或承兑申请人)签发、承兑人承兑的票据。对于卖方当事人来说,在采用商业承兑汇票的情况下,承兑人应为付款人,承兑人对这项债务在一定时期内支付的承诺,作为企业的一项负债;在采用银行承兑汇票的情况下,承兑人虽为银行,但由银行承兑的票据,只是为收款方按期收回债权提供了可靠的信用保证,对付款或承兑申请人来说,不会由于银行承兑而使这项负债消失。因此,即使是由银行承兑的汇票,付款人(或承兑申请人)的现有义务依然存在,应将其作为一项负债。按照我国银行结算办法的规定,商业汇票的承兑期限最长不超过九个月。因此,将应付票据归入流动负债进行管理和核算。

应付票据按是否带息,分为带息应付票据和不带息应付票据两种:

(1) 带息应付票据。应付票据如为带息票据,由于利息金额不大,为简化核算手续,票据的应付利息可以在票据到期后与支付票据面值的同时一次性计入财务费用。

(2) 不带息应付票据。不带息应付票据,其面值就是票据到期时的应付金额,票据面值所记载的金额不含利息,在财务处理上以票据面值入账,在报表上按其票面价值列示于流动负债项目内。

如果企业以不带息的应付票据购置固定资产,其应付票据贴现,作为企业为购置固定资产而支付的利息费用,构成固定资产原值,分期计入损益。

如果应付票据到期企业不能如数偿还这项负债,由于此时的应付票据已经逾期,债权人不能据以作为索取债务的凭证,由于不能按期偿付票据,票据的期限已过,再保留在应付票据科目中已不能真实反映企业的情况,因此,应将作为应付票据入账的金额转入应付账款科目中,作为应付账款进行管理。

3. 应付账款

应付账款是指因购买材料、商品或接受劳务供应等而发生的债务。

这是买卖双方在购销活动中由于取得物资与支付货款在时间上不一致而产生的负债。应付账款和应付票据不同,两者虽然都是由于交易而引起的负债,都属于流动负债的性质。应付账款是尚未结清的债务,而应付票据是延期付款的证明,有承诺付款的票据为依据。

应付账款一般在较短期限内支付,有些应付账款由于债权单位撤销或其他原因,使企业无法支付这笔应付款项。这笔无法支付的应付款项,应作为企业的一项额外收入列入营业外收入处理。

应付账款入账时间的确定,应以所有权的转移为标志。但在实际工作中,应区别情况处理:在货物和发票账单同时到达的情况下,应付账款一般待货物验收入库后,才按发票账单登记入账。这主要是为了确认所购入的物资无论是质量还是数量或品种上都与合同订明条件相等,以避免入账后再验收入库时发生购入物资的错、漏、破损等问题;在物资和发票账单不是同时到达的情况下,由于应付账款要根据发票账单登记入账,有时货物已到,而发票账单要间隔较长时间才能到达,但由于这笔负债已经成立,应作为一项负债反映,实际工作中采用在月份终了再入账的办法。在分期付款销售方式下,虽然货物的产权实际上是分期转移的,但作为企业的一项流动负债,应付账款通常是按全价入账的,而不考虑分期承付的问题。

在正常情况下,应付账款的付款期限一般都不长,因此,应付账款通常是按到期应付金额入账,而不考虑货币时间价值,即不考虑应付账款到期时的终值。

4. 应付工资

应付工资是企业在一定时间内支付给职工的劳动报酬,工资总额主要由计时工资、计件工资、奖金、津贴、补贴、加班加点工资和特殊情况下发生的工资等组成。随着工资制度的改革,应付工资的核算内容将有变化,但不管如何变动,总的原则应该是,企业工资总额和经济效益挂钩,职工的劳动所得与劳动成果相联系。

企业实付给职工的工资总额通过应付工资来核算。工资总额费用可以全部计入制造费用、直接人工和管理费用等成本、费用项目。

企业支付职工的工资实际上是一种负债,这种负债一般当期发生,当然就要支付。企业实际支付给职工的工资,不一定是职工实际应得工资的全部,有些必须由职工个人负担的费用,需要由企业代扣代缴,如企业为职工个人代垫的房租、由企业代扣代缴的个人收入调节税等,这时企业处于一种代理人的身份。期末,职工尚未领取或企业尚未全部发放的工资,作为一项负债列示于"资产负债表"的流动负债项目内,但不直接列示应付工资项目。

5. 应付福利费

应付福利费是企业准备用于企业职工福利方面的资金。这是企业使用了职工的劳动技能、知识等以后除了有义务承担必要的劳动报酬外,还必须负担对职工个人福利方面的义务。企业的职工福利费是按照工资总额的一定比例从成本中提取的,这里的工资总额是指扣除各种奖金后的工资总额。目前提取的比例为工资总额的14%。主要用于职工福利费的消费性支出,如医药卫生费用和生活困难补助等。

从费用中提取的职工福利基金,单独设置"应付福利费"科目进行核算。从费用中提取的福利基金,按照职工所在的岗位分别列支,从事生产经营人员的福利费,记入成本;行政管理人员的福利费,计入管理费用;等等。实际偿还这项负债时,做冲减应付福利费处理。

6. 应交税金

应交税金是企业应缴纳的各种税金,包括销售性税金如产品税、增值税、营业税、资源税和城市维护建设税等,利润性税金如所得税等,以及成本费用性税金如房产税、建筑税、车船使用税、土地使用税等。企业代征的各种营业税、收入调节税和个人收入所得税等,也包括在应交税金项目之中。这些税金的纳税义务发生于交易行为发生的当天,而纳税期通常为一个月,并于次月份的某一日缴纳,按照权责发生制的要求,必须采用预提的办法核算企业的税金。

应交税金中多数应当根据企业经营情况和国家税法规定进行预计,亦计入当期损益。具体预计方法和会计处理方法,视税金的性质和种类而定。一般来说,当月预计的应交销售性税金,应列入"产品销售税金及附加"科目,从当日营业收入中直接扣除;成本费用性税金应直接记入有关存货的成本(如加工产品的产品税、进口物资的关税等)或记入管理费用科目(包括房产税、车船使用税、土地使用税和印花税);利润性税金(所得税)应作为利润分配进行处理。各种税金在按税务机关核定为期限缴纳时,直接冲减应交税金科目。有一点需说明,企业缴纳的印花税不需要通过应交税金科目来进行管理,当企业购买印花税票时,可以直接进入管理费用科目。另外,企业缴纳的耕地占用税也可以不通过应交税金科目来核算。

7. 应付利润

应付利润包括应付给国家、其他单位以及个人的投资利润。对利润的分配,有两个方面,一方面是国家依照税法对企业的利润征收所得税,另一方面是投资者对企业进行投资而获得的参与企业的利润分配权。

(三)或有负债

负债是对已经发生的事项所承担的义务,对尚未确定的未来事项可能承担的义务,即或有负债是指将来可能需要承担的潜在债务。这种负债不是过去发生的事项引起的负债,而是尚未正式发生的某种事项潜在的可能发生的负债,这种负债的可能性一般很小。

或有负债主要有:

(1) 应收票据贴现。贴现的商业承兑汇票到期,如果付款或承兑人不能支付票款的,贴现企业负有连带的清偿责任。因此,商业承兑汇票的贴现,成为一项或有负债。

(2) 待决诉讼。尚未正式定论的诉讼事项,有可能使企业承担赔偿责任。这项待决的诉讼可能会引起赔偿,形成了企业的一项或有负债。

(3) 尚未确定的欠交款项,如税务机关与企业在纳税问题上的意见不一致,尚未有定论的应交税款,也形成了一项或有负债。

(4) 信用担保,企业为债务人或借款人(如向银行贷款时)出具的保证偿付债款或贷款本息的不可撤销的保函。在债务人或借款人清偿其债务或借款之前,提供担保的企业对这项债务或借款承担着债务人到期拒付或不能偿付时进行偿付的责任,这也形成了一项或有负债。

(5) 企业对自己出售的产品质量所允诺承担的保证责任,如三包

(包换、包退、包修)、终身保修等,由于企业产品的质量不可能达到百分之百的完美,由此而发生的费用同样也形成了企业的一项或有负债。

二、长期负债

长期负债是指偿还期在一年以上或长于一年的一个营业周期的债务。它是除了所有者投入企业的资本以外,向债权人筹集可供企业长期使用的资金。这项债务是企业今后必须以资产或劳务偿还的经济责任。

企业举借长期债务,主要是为了购置大型设备、房地产,增建和扩建厂房等。因此,长期负债有着流动负债所不具有的数额大、偿还期限长等特点。

举借长期债款,可为投资人带来获利的机会。企业需要的长期资本,主要有两种:一是增加投资人投入的资本,二是举借长期债款。从投资人角度看,举借长期债款更为有利,一方面有利于投资人保持原有控制企业的权力,不会因企业筹措长期资金而影响投资者本身的利益;另一方面还可以为投资人带来获利的机会。举借长期债款,只需要按期偿还债权人按固定利率计算的利息,如果企业经营所得的投资利润率高于长期债款所确定的固定利率,则投资者就可享有其投资利润率高于固定利率的部分。

但由于举借长期债务,会使企业的利息费用成为一种长期的固定性支出,从而加重企业的负担,企业在长期举债到期之前需提前准备偿债用的货币资金等,也是企业生产经营中必须认真处理的事项。所以,举债时有什么约束条件、怎样举债、举债的规模该有多大等,都是企业举债时要仔细规划、慎重考虑的问题。

长期负债,一般可以分为长期借款、应付债券和长期应付款三类。

(一)长期借款

长期借款,是指企业向金融机构和其他单位借入的偿还期在一年或超过一年的一个营业周期以上的债务。

目前,企业的长期借款,主要是向国家有关金融机构借入的款项,如中国工商银行、中国建设银行、中国银行、中国农业银行、交通银行等，除此之外，还有向财务公司、投资公司、金融企业等借入的款项。

为了保证国家信贷资金的完整，促进金融机构对各项借款的管理，提高借款的经济效益，减少借款的风险，管好用活信贷资金，金融部门都相应地制订了一系列借款管理办法，详细规定了企业要求借款必须符合金融部门申请借款的条件和履行必要的程序。

1. 申请借款必须符合金融部门的借款原则

金融部门的贷款原则为：按计划发放，择优扶植，有物资保证，按期归还。

2. 申请贷款必须符合贷款条件

企业申请贷款一般应具备的条件是：（1）借款企业实行独立核算，自负盈亏，具有法人资格，有健全的机构和相应的企业管理技术人才；（2）借款企业经营方向和业务范围符合国家政策，借款用途属于银行贷款办法规定的范围并提供有关借款项目的可行性报告；（3）借款企业具有一定的物资和财产保证，担保单位具有相应的经济实力；（4）借款企业具有偿还贷款本金的能力；（5）借款企业财务管理和经济核算制度健全，资金使用效益及企业经济效益良好；（6）借款企业在有关金融部门开立账户，办理结算。

3. 企业申请贷款必须履行的程序

（1）贷款的申请要履行借款审批手续。企业需要向某金融部门借入款项时，首先要提出借款申请，履行借款审批手续，说明借款原因、借款用途、借款金额、使用时间、使用计划、归还期限和归还计划等。

（2）贷款的审批。金融部门根据企业的申请，按照贷款条件，进行贷前调查。按照企业的合理需要，结合本金融部门贷款资金的支付能力，按照审批权限（国家金融部门制定的贷款办法中有具体规定，没有具体规定的一般原则是中央级、省级企业年度贷款计划由省、自治区、直辖市分行规定），予以核定企业申请的贷款和用款计划。

（3）签订借款合同。企业贷款申请批准后，应立即按照金融部门的规定签订借款合同，订明借款双方的权利和义务。同时还必须订明有关保证条款。比如规定借款企业必须有适销适用的物资和财产作为贷款的保证，借款企业无力归还贷款时，金融部门有权处理作为贷款保证的物资和财产，必要时还规定贷款保证人，保证人必须具有足够代偿贷款的财力和财产，保证人连带承担偿还贷款本息的责任。

（4）贷款的使用。借款合同签订后，在核定的贷款指标范围内，企业可以根据用款计划和实际需要，一次或分次将贷款资金转入企业的存款户，以备支用。

（5）贷款的归还。贷款应坚持有借有还的原则。贷款到期，借款企业应按照借款合同规定按期清偿贷款本息或续签合同。

贷款到期，经办金融部门予以催收，借款企业如不归还贷款，经办金融部门可按合同规定，从借款企业的存款户中扣还贷款本息及罚息。

借款企业如因暂时困难，需要延期归还贷款时，应向经办金融部门提出延期还款计划，经审查核实后，按照计划归还贷款，逾期期间一般按逾期贷款计收利息。

借款企业无力或拒不归还贷款时，经办金融部门在协商督促无效情况下，可依据法律程序处理借款企业作为借款保证的物资和财产，以归还贷款。必要时，应要求保证人代偿贷款。对经营管理不善或有破产危险的借款企业，经协商或督促，状况仍无好转的，经办金融部门可以提前收回贷款。

（6）长期借款的分类。

长期借款按使用单位划分为：工业、流通业、建筑业、交通运输业、旅游服务业、房地产业、外经企业等。

长期借款按贷款单位划分为：中国人民银行、中国银行、中国工商银行、中国建设银行、中国农业银行、投资银行、交通银行、信托投资公司、财政部门、主管部门等。

长期借款按借款用途划分为：储备资金贷款、生产资金贷款、结算资金贷款等。

长期借款按借款时间可划分为：一年贷款、二年贷款、三年贷款、四年贷款、五年贷款、五年以上贷款。

长期借款的分类如下：

- 长期借款分类
  - 按使用单位划分
    - 工业企业
    - 流通企业
    - 施工企业
    - 交通运输企业
    - 旅游服务企业
    - 房地产企业
    - 非银行金融企业
    - 对外经济合作企业
  - 按贷款单位划分
    - 国内
      - 中国人民银行
      - 中国银行
      - 中国工商银行
      - 中国农业银行
      - 交通银行
      - 国家专业投资公司
      - 中国建设银行
      - 信托投资公司
    - 国外
      - 世界银行
      - 亚洲开发银行
      - 日本协力基金
  - 按借款用途划分
    - 生产经营贷
      - 储备资金贷款
      - 生产资金贷款
      - 结算资金贷款
    - 基本建设贷款
    - 技术改造贷款
  - 按贷款币种划分
    - 人民币贷款
    - 美元贷款
    - 日元贷款
  - 按借款时间划分：一年贷款、二年贷款、三年贷款、四年贷款、五年贷款、五年以上贷款

（二）应付债券

1. 债券的发行

债券是债券发行单位为筹集资金而对外发行的一种长期借款性质

的书面凭证,是企业负债集资的一种方式,是除投资人投入资本以外,向债权人筹集,供债务人长期使用的资金,是长期负债的一种。

债券发行单位发行的债券一般具有期限较长、债券到期无条件归还本息的特点。

债券发行单位在债券上一般载明它将在某一特定日期偿还债券的本金,并按照约定的时期和规定的利率,支付债券利息等内容。

企业发行债券,应将有关债券发行的重要事项,诸如发行债券的方式,发行债券所提供的担保品,发行债券的总额,提前还本的条件,以及其他保障债权人利益的条款等,在债券信托合同中予以明确规定。债券信托公司一般委托一个第三方作为信贷信托人(如一家银行或一家信托公司),信托人的任务是负责保管信托合同,并代表债券持有人的利益,监督信托合同的执行。

债券的发行,一般通过银行、投资公司或其他金融机构办理。由其承包或者包销全部债券,然后分别售给投资人或投资单位。承担债券发行的银行、投资公司或金融机构,称为公司债券的承包人或包销人。

债券发行单位要根据市场供求关系、银行储蓄利率等综合因素确定发行价格,发行的债券以低于票面价值的价格出售,为债券折价发行; 以高于票面价值的价格出售,为债券溢价发行;以债券票面价值的价格出售,为按债券面值发行。

债券的溢价是债券价格大于票面价值的差额,即债券发行单位对投资人多付利息的事先收回,也就是说,债券溢价是债券发行单位现在向债券投资者多收的款项,将由以后多付的利息归还冲减。

债券的折价是在债券整个期间内,对投资人少付利息的一种事先补偿。也就是说,债券折价是债券发行单位向债券投资者少收款项,将由以后少付的利息扣回。

2. 债券的分类

由于债券分类标准不同,债券种类也有所不同,一般公司债券可按债券有无担保品、偿还方式、发行形式和发行价值等分类。

- 债券
  - 按有无担保品分类
    - 有担保品的债券
      - 不动产抵押债券
      - 动产抵押债券
      - 抵押信托债券（以其他债券或股票作为抵押品）
    - 信用债券（单凭发行债券单位的信用，而没有特定的抵押财产作为担保品的债券）
  - 按偿还方式分类
    - 一次还本债券
    - 分期还本债券
  - 按发行方式分类
    - 记名公司债券
      - 本金记名债券
      - 本息记名债券
    - 无记名债券
    - 可调换债券（可调换股票的债券）
    - 息票债券（债券上附有息票、持券人凭息票取得债券利息的债券）
  - 按发行价值分类
    - 折价发行债券
    - 溢价发行债券
    - 面值发行债券（也称单价发行债券）

3. 债券发行中的有关规定

我国国内企业发行债券的经济业务还在开始阶段。国务院在1987年发布了《企业债券管理暂行条例》，规定国内全民所有制企业发行债券的程序、债券票面应载明的内容、债券的管理以及法律责任等内容。

申请发行债券的企业，应当向中国人民银行或者其分支机构报送下列正式文件：

① 发行企业债券的申请书；

② 营业执照；

③ 企业主管部门同意发行债券的证明文件；

④ 计划部门准予进行固定资产投资的批准文件；

⑤ 发行企业债券的章程或者办法；

⑥ 企业上两个年度和上一个季度经主管部门或会计师事务所签证的财务会计报表；

⑦ 中国人民银行要求提供的其他材料。

企业发行债券应当出台章程或者办法。章程或者办法应当包括的内容有：企业经济管理简况、企业资产净值、发行债券的目的、效益预测、债券总面额、还本付息方式及风险责任等。

债券的票面应当载明下列内容：

① 企业的名称、住所；② 债券的票面利率；③ 债券的票面利率；④ 还本期限和方式；⑤ 利息的支付方式；⑥ 债券发行日期和编号；⑦ 发行企业的印记和企业法定代表的签章；⑧ 审批机关批准发行的文号、日期。

债券票面格式应当经中国人民银行认可。

债券的票面利率不得高于银行相同期限居民储蓄定期存款利率的百分之四十。

企业可以自己发售债券，也可以委托银行或者其他金融机构代理发售债券。

代理发售企业债券的机构，按代理发售债券的总面额收取一定比例的手续费。

债券持有人按期取得利息、收回本金，但无权参与企业的经营管理。

债券持有人对企业的经营状况不承担责任。

债券可以转让、抵押和继承。

单位和个人所得的企业债券利息收入，按国家规定纳税。

（三）长期应付款

企业的长期应付款也是负债集资的一种方式，这种筹集资金形式主要有用补偿贸易方式引进的设备款、融资租入固定资产的租赁费等。

1. 应付补偿贸易方式引进的设备款

它是指企业根据同外商签订的加工装配、来料加工等补偿贸易合同引进国外设备，而应付给外商的设备款项。在采用补偿贸易方式下，应付外商的引进设备款在偿还时有两种形式：一是以产品偿还，二是以货币偿还。企业在引进设备时,应按设备的外币金额折合成人民币入账,在设备安装竣工交付使用时,根据外汇牌价,再次将外币折合成人民币,并与原折合人民币入账金额比较,计算外币折合差额,调整在建工程成本和本科目反映的债务。设备交付使用后发生的外币折合差额,作为财务费用处理。为简化手续,外币折合无须每月都进行,只在债务偿还的当月或年末计算外币折合差额。因为汇率是不断变动的,在不发生偿还债务的业务时,计算的外币折合差额仅是一笔估价负债,至于年末,为了全面反映企业的财务状况,则必须计算外币折合差额。

2. 融资租入固定资产的租赁费

融资租赁是近年来国际上通行的租赁方式,是由租赁公司按承租单位要求出资购买设备,在较长的契约或周期内提供给承租单位使用的信用业务。

它是企业筹集资金的一种新方式:租赁公司购买所需租赁设备;承租单位按租赁条件取得设备使用权,支付租赁费;承租单位承认并保障租赁公司的设备所有权;租赁期满以后,做出处理,退还设备、继续租赁或作价买下。

财政部 1985 年 6 月 30 日发布了《关于国营工业企业租赁费用财务处理的规定》,其中就融资租赁的财务管理做了规定:

① 企业通过融资租赁方式租入设备应向经国家批准的租赁公司办理,租赁期限应接近于设备的寿命期间,至少不低于其寿命期间的一半。

② 租赁设备的租金总额,包括构成固定资产价值的设备价款、运输费、余中保险费、安装调试费以及租赁手续费、利息。

③ 企业融资租入的固定资产,应同企业自有固定资产一样计提折旧,其折旧费在成本中列支;而租赁设备应付的租赁费,原则上应用企业的自有资金支付,新会计制度下的租赁费可进入财务费用。

④ 在租赁期内,对租入的设备,应视同国家固定资产进行管理。租赁期满,按合同规定设备所有权转归承租单位后,转为国家投资的固定资产。

企业用融资租入固定资产的集资方式进行长期负债的好处是:首

先，集资手续简便。融资租入方式集资，企业只需找到合适的出租方，共同签订承租合同，企业即可获得资产的使用权，无须履行借款和发行债券的手续和程序。其次，集资时间短。除手续简便节省时间外，企业还节省了购建固定资产的时间。再次，集资成本可提前收回。使用融资租赁财产方式可提前收回集资成本，而借款和发行债券的集资成本只有等固定资产交付使用后才能收回。

原载《财务管理与分析》，贵州人民出版社 1994 年 1 月出版。文中一些政策、观点和方法都是多年以前发表的资料，用现在的眼光看已不完全适合。为反映当年实际情况，对原有资料不做大的调整和修改，以真实反映二十多年前的财务管理水平。

出版财务管理

谈谈图书出版的本量利分析

内容摘要：本量利是成本、销售量和利润的简称。本量利分析又称盈亏临界点分析或保本点分析，它是在成本习性分析的基础上，研究企业生产经营成本、销售量和利润之间的依存关系及其变化规律，从而为企业的经营管理提供市场反馈信息的一种技术分析方法。本文对图书出版的本量利分析进行了具体的阐述。

一、本量利分析方法

对出版业而言，通过本量利分析可以提供本企业的保本销售量和销售额，找出成本、销售量和利润之间的内在联系，为出版的各个环节提供有力的分析数据，使这三者处于一种较为合理的配置状态，以较少的投入而获得较大的产出。

下面通过具体资料，分析比较一下图书的销售收入、成本和利润之间的关系，为出版经营管理者进行市场经营决策提供一些有力的数据分析资料。根据某科技出版社历年的经营资料，农村科普读物这类图书平均为 17 印张，印数上万时的单位印张价格为 0.43 元/印张，经过整理，其销售量与其销售收入以及成本之间存在如表 12 数据关系。

表 12　农村科普图书销售量与收入成本表

销售量/册	销售收入/元	销售总成本/元
1 000	9 420	16 850
2 000	18 680	23 800
3 000	28 500	30 850
4 000	36 720	38 000

续表 12

销售量/册	销售收入/元	销售总成本/元
5 000	45 500	45 250
6 000	54 120	52 600
7 000	62 580	60 050
8 000	70 880	67 600
9 000	79 020	75 250
10 000	87 000	83 000
11 000	94 820	90 850
12 000	102 480	98 800
13 000	109 980	106 850
14 000	117 320	115 000
15 000	124 500	123 250
16 000	131 520	131 600

设销售量为 x，销售单价为 p，变动成本斜率为 b，固定成本为 a，建立销售收入函数为 $TR=px$，以及成本函数 $TC=a+bx$，通过计算求出此类图书的盈亏临界点。

首先找出销售收入对于销售量的函数，根据以上资料，当销售数量为1 000册时，销售收入为 9 420 元，此时单价为 9.42 元；当销售数量为 16 000 册时，销售收入为 131 520 元，此时单价为 8.22 元。为了分析问题的方便，假设销售收入是销售量的线性函数，其平均价格为 8.82 元[(9.42 + 8.22)/2]，则收入函数 $TR=8.82x$。其次找出成本对于销售量的函数，同样为了分析问题的简便，假设成本也是销售量的线性函数，根据以上资料，利用数学高低点法计算出 a 和 b。$b=\frac{Y_H-Y_L}{X_H-X_L}=\frac{131\ 600+16\ 850}{16\ 000-1\ 000}=\frac{114\ 750}{15\ 000}=7.65$，$a=YM-bXH=131\ 600-7.65\times16\ 000=9\ 200$（元），则成本函数 $TC=9\ 200+7.65x$，计算盈亏临界点，令 $TR=TC$，则 $8.82x=9\ 200+7.65x$，计算求出 x 大约等于7 863册。

通过以上计算得知该类农村科普读物的保本销售量为 7 863 册，此即盈亏临界点，当销售量超过 7 863 册时，这类图书就会产生盈利；否则，当销售量不足 7 863 册时，这类图书就会产生亏损（见图 3）。

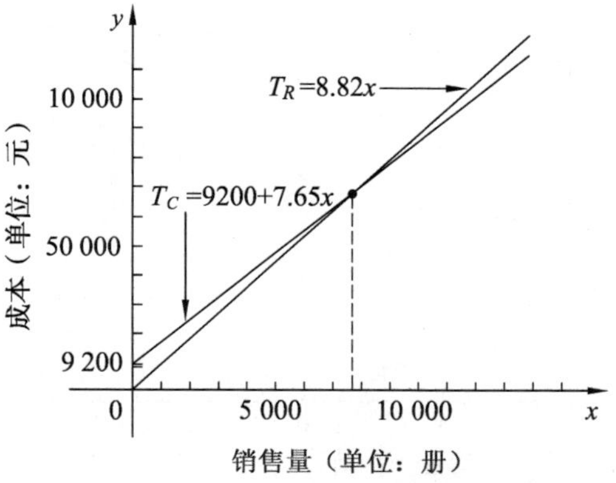

图 3　收入、成本与销售量直线关系图

上述资料的分析以及盈亏临界点的计算，都是在销售收入和成本与销售量之间完全呈线性关系的假设前提下进行的。然而，实际情况要复杂得多，其影响因素也是多元的，销售收入和成本与销售量之间往往不是一种简单的线性关系。比如上述资料中，当销售量为 1 000 册时，其平均价格为 9.42 元；而当销售量为 16 000 册时，其平均价格仅为 8.22 元。这是因为出版发行部门在推销图书的发行过程中，会给予客户一定的销售折扣，并随着其发行数量的增加而有所加大。

二、非线性本量利分析方法

由此看来，上述某科技出版社农村科普读物的销售收入与其销售量之间不是一种简单的线性关系；其成本与销售量之间也不是一种简单的线性关系。事实上，农村科普读物是该出版社的微利产品，列于计划亏损产品之列，甚至随着此类读物销售量的扩大，其亏损也会加大。显然，这与上述所采用的线性本量利分析法所分析计算的结果不一致。要想正确反映该出版社农村科普读物销售量与收入、成本之间的关系，就需要对线性本量利分析法加以修正，引入非线性条件下的本量利分析。通过对上述农村科普读物销售量与收入、成本资料所提供的数据进行绘图（见图 4），可以清楚地看到收入、成本与销售量之间呈现着二次曲线关系。二次曲线的标准方程为 $y = a + bx + cx^2$。

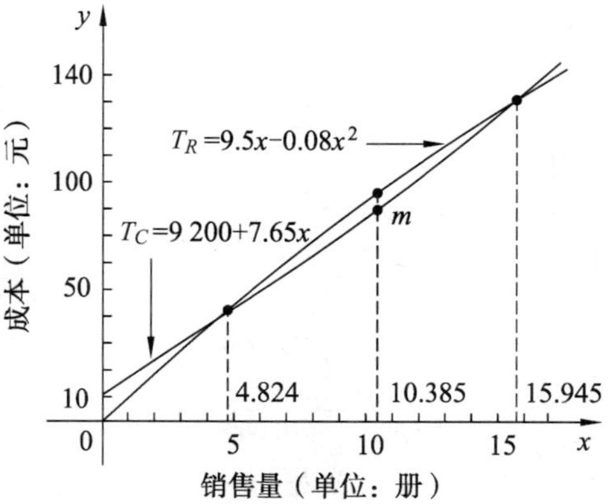

图 4　收入、成本与销售量二次曲线关系图

现根据上述科技出版社农村科普图书销量与收入成本表的资料，建立起收入曲线：$TR = a + bx + cx^2$，利用列表法，计算出该收入曲线的系数 a、b 和 c，见表 13。

表 13　收入、成本二次曲线计算表　　（单位：千元）

y	x	xy	x^2	x^2y	x^3	x^4
9.42	1	9.42	1	9.42	1	1
18.68	2	37.36	4	74.72	8	16
28.50	3	85.50	9	256.50	27	81
36.72	4	146.88	16	587.52	64	256
45.50	5	227.50	25	1 137.50	125	625
54.12	6	324.72	36	1 948.32	216	1 296
62.58	7	438.06	49	3 066.42	343	2 401
70.88	8	567.04	64	4 536.32	512	4 096
79.02	9	711.18	81	6 400.62	729	6 561
87.00	10	870.00	100	8 700.00	1 000	10 000
94.82	11	1 043.02	121	11 473.22	1 331	14 641
102.48	12	1 229.76	144	14 757.12	1 728	20 736
109.98	13	1 429.74	169	18 586.62	2 197	28 561
117.32	14	1 642.48	196	22 994.72	2 744	38 416
124.50	15	1 867.50	225	28 012.50	3 375	50 625
131.52	16	2 104.32	256	33 669.12	4 096	65 536
$\sum y =$ 1 173.04	$\sum x$ = 136	$\sum xy =$ 12 734.48	$\sum x^2 =$ 1 496	$\sum x^2y =$ 156 210.64	$\sum x^3 =$ 18 496	$\sum x^4 =$ 243 848

建立方程组 A：

$$A\begin{cases} y = na + bx + cx^2 \\ xy = ax + bx^2 + cx^3 \\ x^2y = ax^2 + bx^3 + cx^4 \end{cases}$$

将表 13 计算出的数据代入方程组 A 得到方程组 B：

$$B\begin{cases} 1\ 173.04 = 16a + 136b + 1\ 496c \\ 12\ 734.48 = 136a + 1\ 496b + 18\ 496c \\ 156\ 210.64 = 1\ 496a + 18\ 496b + 243\ 848c \end{cases}$$

通过解联列方程组 B，计算出 $a=0$，$b=9.5$，以及 $c=-0.08$（计算过程略），将系数 a、b 和 c 代入收入曲线 TR，则收入曲线 $TR=9.5x-0.08x^2$。

用同样的方法，根据上述科技出版社农村科普图书销量与收入、成本表的资料，建立成本曲线：$TC=a+bx+cx^2$，计算出该成本曲线的系数 a、b 和 c，利用列表法求出 $\sum y = 1\ 159.6$、$\sum x = 136$、$\sum xy = 12\ 457.61$、$\sum x^2 = 1\ 496$、$\sum x^2y = 152\ 925.20$、$\sum x^3 = 18\ 496$ 和 $\sum x^4 = 243\ 848$（图表略，似表 13）。

建立方程组 C：

$$C\begin{cases} y = na + bx + cx^2 \\ xy = ax + bx^2 + cx^3 \\ x^2y = ax^2 + bx^3 + cx^4 \end{cases}$$

将上述计算出的数据代入方程组 C 得到方程组 D：

$$D\begin{cases} 1\ 159.6 = 16a + 136b + 1\ 496c \\ 12\ 457.61 = 16a + 1\ 496b + 18\ 496c \\ 152\ 925.2 = 1\ 496a + 18\ 496b + 243\ 848c \end{cases}$$

通过解联列方程组 D，计算出 $a=10$，$b=6.8$，以及 $c=0.05$（计算过程略），将系数 a、b 和 c 代入成本曲线 TC，则成本曲线 $TC=10+6.8x+0.05x^2$。

根据收入曲线 TR 和成本曲线 TC，计算该类图书的非线性本量利盈亏临界点。

令 $TR=TC$，则 $9.5x-0.08x^2=10+6.8x+0.05x^2$，通过整理得 $0.13x^2-2.7x+10=0$，利用求根公式 $x_{1,2}=\frac{-b\pm\sqrt{b^2-4ac}}{2a}$ 求出 x，$x_1=\frac{2.7+\sqrt{7.29-5.2}}{0.26}\approx15.945$（千册），$x_2=\frac{2.7-\sqrt{7.29-5.2}}{0.26}\approx4.824$（千册）。

通过上述计算得知，该科技出版社农村科普图书类的盈亏临界点为 x_1 等于 15 945 册，x_2 等于 4 824 册，即该类图书的销售量应控制在 4 824册至 15 945 册之间，销售量在这个范围内会产生盈利，超过这个范围，该类图书就会发生亏损。但是在 4 824 册到15 945册之间到底应该销售该类图书多少数量，才会获得最大效益，下面可以利用极值方法来解决问题。

设利润为 m，则 $m=TR-TC$，$m=(9.5x-0.08x^2)-(10+6.8x+0.05x^2)$，$m=2.7x-0.13x^2-10$。极大值的条件是 $\frac{dm}{dx}=0$，$\frac{d^2m}{dx^2}<0$，同时 $x>0$。$m=2.7x-0.13x^2-10$，$\frac{dm}{dx}=2.7-0.26x$，$\frac{d^2m}{dx^2}=-0.26<0$，且 $x>0$，满足条件，有极大值而且是最大值。$\frac{dm}{dx}=2.7-0.26x=0$，$x=10.385$（千册），当销售量为 10 385 册时，能获得最大利润。将 $x=10.385$ 代入 $m=TR-TC$ 中进行计算，得 $m=2.7\times10.385-0.13\times(10.385)^2-10\approx4.019$（千元）。

经过计算，得出当科技出版社农村科普图书的销售量为 10 385 册时，能获得最大利润为 4 091 元。

通过对该科技出版社农村科普类图书本量利的非线性分析计算可以看出，对于某些微利产品或计划亏损产品的合理销售，不但能减少亏损，甚至还能扭亏为盈，获得最大利润。上述这些分析和计算在实际工作中具有一定的现实意义。当然，这些分析和计算与收集资料的取值范围具有一定的关系，其影响因素和条件也是多种多样的，当取值超过一定范围时，则需重新建立数学模型，然后再进行分析和计算。

原载《出版经济》1999 年第 5 期。

图书成本定价核算的财务处理

内容摘要：图书成本定价核算法就是图书计划成本核算法。各出版社对于图书成本核算都有其自身的特点和方法。由于图书成本项目资料归集的滞后性，一些使用实际成本核算法的出版社只能通过对图书成本项目的预计和估算来进行成本核算，这在某种意义上也是利用了计划成本核算法的思路。所以，出版社图书计划成本核算法有其广泛的应用领域和市场。本文就出版社图书计划成本核算法的设计思想、基本原理和操作方法做了详细的论述。

一、出版业图书成本归集滞后

出版业图书成本的实际发生额往往滞后于其实物的形成过程。图书已经销售，实际成本无法按时结转，这是一个通病。主要原因是绝大多数出版社没有自己的印刷厂，将图书印制业务委托给印刷厂进行加工，图书印制质量的好坏、价格的高低，以及时间和银根的松紧、地理和环境的变化，这些都直接影响到图书成本费用的按时归集。

近年来出版社加大了深化改革的力度，管理层次和经营模式趋向多元化和多样化，出现了编辑策划小组和选题工作室，选题主创人员直接参与图书的市场策划和印制质量的跟踪，各种新的经营理念层出不穷，客观上加大了对图书成本管理的难度。由于种种原因，使得在实际工作中许多图书已经销售告罄，而其图书的实际成本尚未归集完毕，影响了图书成本和损益的及时结转。由此给出版社财务提出了要求，利用图书成本定价核算法和计划成本来弥补这个缺陷，配合出版行业的深化改革，为出版社图书成本的规范化管理打下坚实基础。

图书成本定价核算法即对产成品入库、出库和结存的日常管理按照图书码洋进行核算,并根据历史资料测算出一个适当的计划成本对产成品码洋的入库、出库和结存进行备抵,一定时期终了,将图书的实际成本和计划成本之间的差额计入成本差异科目,通过一定的方法对这部分差异进行分摊结转。通过成本定价法核算能真实反映图书成本的实际情况,使产成品时时处于一种动态的成本管理状况之中,这不仅能及时反映产成品码洋的入库、出库和结存的准确数据,也能及时反映产成品的实际成本发生情况。

二、设立图书计划成本

当期计划成本率可以根据以前年度的历史资料预测,利用加权平均法、移动平均法和回归方程法等手段来进行测算。在选择当期计划成本率时要适当考虑到会计的谨慎性原则,计划成本率要以比用技术手段预测得来的数据略高一点为好。

产成品科目下设三个二级明细科目,即库存码洋、进销差价和转入成本差异。进销差价和转入成本差异属于备抵性科目。产成品二级科目进销差价对产成品二级科目库存码洋进行备抵时,反映了产成品完工图书产品的当期计划成本;产成品二级科目进销差价和转入成本差异若同时对产成品二级科目库存码洋进行备抵时,则反映了产成品完工图书产品的当期实际成本。

书刊生产费用一般设置二级明细科目如下:纸张、印刷费、排版费、装订费、出版损失、编录经费和成本差异等,各出版社也可根据自己的实际情况设置一些明细科目。

书刊生产费用一般以账页或卡片设置成一书一账的形式,以便对每一本图书的成本项目进行明细归类核算。一定时期终了,每本图书的成本项目(包括作为间接成本的编录经费)归集完毕后,用实际成本的发生额与当初该图书入库时所计提的计划成本进行对比。图书实际成本发生额比当时计提的计划成本低时,说明实际成本节约了,这种差异是有利差异,用红字表示,将这笔差异从书刊生产费用的二级科目成本差异的贷方用红字转至产成品的二级科目并转入成本差异的借方；如果图书实际成本发生额比当时计提的计划成本高，说明实际成本超支了，这种差异是不利差异，用蓝字表示，将这笔差异从书刊生产费用的二级科目成本差异的贷方用蓝字转至产成品二级科目并转入成本差异的借方。

一定时期终了，将书刊生产费用科目中的成本差异按照一定的方法转至产成品科目中，使产成品的图书以实际成本形式得到反映。

书刊生产费用科目中的成本差异可以用两种方法进行结转：

一种方法是按成本管理部门提供的明细资料进行结转，即对书刊生产费用中已经归集完毕的图书成本项目资料进行整理，以每本图书的实际发生成本与预计的计划成本进行比较，计算出每本图书的成本差异，将每本图书的成本差异汇总起来转至产成品二级科目并转入成本差异。这种方法仅仅将书刊生产费用科目中已完工图书的成本差异转至产成品的科目之中，而未完工图书的半成品成本差异仍然滞留在书刊生产费用科目之中。

另一种方法是直接按照书刊生产费用科目的发生额进行结转，由于管理层次和核算要求的不同，可以先对当期书刊生产费用所产生的成本差异全部进行结转，当然这个差异包括了图书生产成本和半成品的全部差异，然后再根据图书产成品入库总码洋和期末库存总码洋的比例来分配当期所产生的成本差异。

两种差异的结转办法各有利弊。第一种是按成本管理部门提供明细资料进行结转的方法，能及时提供单书成本的明细资料，便于对每本图书的盈亏情况进行及时分析比较，但对于业务量较大的出版社来说其核算的工作量太大，会影响成本结算的及时性，这种办法仅适应于中小型规模的出版社；第二种是按照书刊生产费用科目发生额的成本差异直接进行分配结转的方法，能及时根据管理需要计算出某一类图书的当期成本差异，但图书成本差异计算的准确性相对差一些，要求图书印刷费计入成本和该图书入库情况基本保持一致，这种办法适用于较大规模的出版社或联合出版集团公司。

用第一种结转方法结转成本差异，由成本管理部门从书刊生产费用明细账页或卡片中抽出单书明细成本账页进行计算并汇总，将其已经完工的图书成本差异转至产成品二级科目并转入成本差异，每本图书的差异不尽相同，利用此资料可以在成本管理中计算出单书成本的经营毛利。但产成品二级科目转入成本差异不是按书名进行明细分类的，它仅是一个总差异额，包括入库图书的全部差异。只要在一定时期内，其书刊成本费用的发生额和销售的实现相对比较均衡，这个成本差异就可以根据销售图书码洋和库存图书码洋的比例来进行分摊。而期末书刊生产费用科目中尚未结转的图书半成品成本差异则需用预提费用形式进行预提进入当期费用，在下期初，再用红字形式予以冲回。

用第二种结转方法结转成本差异，将书刊生产费用当期实际发生的图书成本和当期图书入库时计入书刊生产费用的计划成本之间的差额，即将书刊生产费用科目借方和贷方之间的差额（不考虑图书半成品成本差异的因素）全部转至产成品二级科目并转入成本差异，然后再根据销售图书码洋和库存图书码洋的比例来分摊这块差异。

当销售现实时，需要按照销售码洋结转成本，这块成本主要由两部分组成：一部分是按当期计划成本率计入的成本；另一部分则是期末计入的成本差异。平时（通常指一年内）可以根据当期的图书销售资料，仅仅按照计划成本结转产品销售成本，而在关键时期（通常指季末或年末）则还需要计入已经销售图书的成本差异，使调整后的产品销售成本能真实地反映出其实际成本。

三、实例数据资料

下面以某出版社在一段时期内的经营状况为例，说明如何利用图书成本定价核算法和计划成本具体进行财务处理。

资料：某出版社1999年度计划成本率为图书码洋的32%，1999年下半年该出版社部分科目的期初余额、本期发生额和期末余额如表14，试用两种成本差异结转法对图书成本差异进行分摊和结转，根据发生的经济业务编制会计分录并计算出当期损益。

说明：表14中部分科目之间没有内在的钩稽关系，仅供说明问题而已。其中本年利润科目借方包括当期的期间费用和其他损益类科目的发生额为 1 430 000 元，产品销售成本科目借方包括计划成本为 2 400 000 元(蓝字)，包括转入应承担的成本差异为 -179 665.24 元(第一种结转方法)，或转入应承担的成本差异为 -162 998.58 元(第二种结转方法)；图书产品的实际销售成本为 2 220 334.76 元(第一种结转方法)，或图书产品的实际销售成本为 2 237 001.42 元(第二种结转方法)；产成品二级科目转入成本差异本期借方发生额为 -200 598.29元，产成品二级科目转出成本差异本期贷方发生额为 -179 665.24 元(第一种结转方法)；或产成品二级科目转入成本差异本期借方发生额为 -180 598.29 元，产成品二级科目转出成本差异本期贷方发生额为 -162 998.58(第二种结转方法)。

根据图书成本管理部门提供的书刊生产费用科目期初余额和期末余额见附表。用第一种结转方法书刊生产费用科目的期末余额为 28 000 元，将这部分尚未结转的费用以预提费用形式计入当期费用，下期红字冲回；用第二种结转方法书刊生产费用科目的期末余额为零。

表 14 1999 年下半年某出版社部分科目的期初余额、本期发生额和期末余额表 （单位：元）

科目	期初余额		本期发生额		期末余额	
	借方金额	贷方金额	借方金额	贷方金额	借方金额	贷方金额
银行存款	2 500 000.00		4 800 000.00	2 200 000.00	5 100 000.00	
产成品(第一种结转方法)	305 000.00		2 359 401.71	2 220 334.76	444 066.95	
产成品——库存码洋(第一种结转方法)	1 000 000.00		8 000 000.00	7 500 000.00	1 500 000.00	
产成品——进销差价(第一种结转方法)	-680 000.00		-5 440 000.00	-5 100 000.00	-1 020 000.00	
产成品——转入成本差异(第一种结转方法)	-15 000.00		-200 598.29	-179 665.24	-35 933.05	
产成品(第二种结转方法)	305 000.00		2 379 401.71	2 237 001.42	447 400.29	
产成品——库存码洋(第二种结转方法)	1 000 000.00		8 000 000.00	7 500 000.00	1 500 000.00	
产成品——进销差价(第二种结转方法)	-680 000.00		-5 440 000.00	-5 100 000.00	-1 020 000.00	
产成品——转入成本差异(第二种结转方法)	-15 000.00		-180 598.29	-162 998.58	-32 599.71	
书刊生产费用	20 000.00	20 000.00	2 359 401.71	2 560 000.00	28 000.00	28 000.00
书刊生产费用——纸张			769 230.77			
书刊生产费用——印刷费			654 700.85			
书刊生产费用——排版费			213 675.22			

续表 14

科目	期初余额		本期发生额		期末余额	
	借方金额	贷方金额	借方金额	贷方金额	借方金额	贷方金额
书刊生产费用——装订费			71 794.87			
书刊生产费用——稿费	15 000.00		200 000.00		23 000.00	
书刊生产费用——编录经费			450 000.00			
书刊生产费用——出版损失	5 000.00				5 000.00	
书刊生产费用——成本差异		20 000.00		2 560 000.00		28 000.00
编录经费	450 000.00			450 000.00		
预提费用	20 000.00				28 000.00	
应交税金				261 614.10		
应交税金——进项税额			290 598.29			
应交税金——销项税额				552 212.39		
应交税金——已交税额			261 614.10			
产品销售收入	1 000 000.00		8 000 000.00	7 500 000.00	1 500 000.00	
产品销售折扣	360 000.00		2 880 000.00	2 700 000.00	540 000.00	
产品销售成本(第一种结转方法)			2 220 334.76			
产品销售成本(第二种结转方法)			2 237 001.42			
期间费用和其他损益类科目			1 430 000.00			
本年利润(第一种结转方法)			597 452.85	597 452.85		
本年利润(第二种结转方法)			580 786.19	580 786.19		

四、会计分录和结转程序

根据该出版社 1999 年下半年度发生的经济业务，编制会计分录如下：

1. 1999 年下半年度支付各种生产成本 2 200 000 元，其中稿费 200 000 元，2 000 000 元印刷费已取得了增值税专用发票，其中纸张为 900 000 元，印刷费为 766 000 元，排版费为 250 000 元，装订费 84 000 元，增值税税率为 17%。

借：书刊生产费用——纸张	769 230.77	
书刊生产费用——印刷费	654 700.85	
书刊生产费用——排版费	213 675.22	
书刊生产费用——装订费	71 794.87	
书刊生产费用——稿费	200 000.00	
应交税金——增值税——进项税额	290 598.29	
贷：银行存款		2 200 000

2. 1999 年下半年度入库图书若干批次，总计码洋为 8 000 000 元。

借：产成品——库存码洋	8 000 000	
产成品——进销差价	-5 440 000	
贷：书刊生产费用——成本差异		2 560 000

3. 1999 年下半年度销售图书若干批次，合计总码洋为 7 500 000 元，平均折扣率为 36%，银行收入 4 800 000 元。宣传文化单位的增值税实行优惠税率为 13%。由于业务繁多，平时一般不对每一笔图书的销售业务进行价税分离，而在期末对本期内所有发生的全部销售业务统一进行增值税的价税分离，这样在不影响管理需要的情况下可以减少许多财务工作量。

借：银行存款	4 800 000	
产品销售折扣	2 700 000	
贷：产品销售码洋		7 500 000

4. 期末结转当期的销售折扣，同时进行销售业务的价税分离。

借：产品销售码洋　　　　　　　　　　2 700 000
　贷：产品销售折扣　　　　　　　　　　2 700 000
借：产品销售码洋　　　　　　　　　　552 212.39
　贷：应交税金——增值税——销项税额　　552 212.39

5. 分摊1999年9月份发生的编录经费450 000元。通过书刊生产费用成本费用卡片的管理，期末对各项成本项目已经完工的图书进行划线封账。在当期书刊生产费用中按已完工的产成品的总印张数进行分摊编录经费。

借：书刊生产费用——编录经费　　　　450 000
贷：编录经费　　　　　　　　　　　　　450 000

6. 结转当期已经销售图书的计划成本。一般一年分成若干个损益期间，每个期间都要结转这笔经济业务。

借：产品销售成本　　　　　　　　　　2 400 000
　贷：产成品——库存码洋　　　　　　　7 500 000
　　　产成品——进销差价　　　　　　　-5 100 000

7. 结转当期成本差异（第一种结转方法）。

① 首先在期初用红字从预提费用中冲回上期末的预提费用。

借：预提费用　　　　　　　　　　　　-20 000
　贷：书刊生产费用——成本差异　　　　-20 000

② 根据成本管理部门提供的资料，本期应转入的成本差异为-200 598.29元。

借：产成品——转入成本差异　　　　-200 598.29
　贷：书刊生产费用——成本差异　　　-200 598.29

③ 根据图书销售码洋与库存图书码洋的比例来结转已销售图书的成本差异，期初库存码洋为1 000 000元，本期入库码洋为8 000 000元，销售码洋为7 500 000元，期末库存码洋余额为1 500 000元码洋。

本期应结转的成本差异＝

$$(\text{期初成本差异}+\text{本期转入成本差异})\times\frac{\text{已销售图书码洋}}{\text{期初库存码洋}+\text{本期入库码洋}}=$$

$$(-15\,000-200\,598.29)\times\frac{7\,500\,000}{1\,000\,000+8\,000\,000}=-179\,665.24(\text{元})$$

借：产品销售成本　　　　　　　　　　　　　　－179 665.24

　贷：产成品——转入成本差异　　　　　　　　　　　－179 665.24

④ 书刊生产费用科目中期末尚未结转未完工图书成本为28 000元，期末用预提费用计入当期费用。

借：预提费用　　　　　　　　　　　　　　　　　28 000

　贷：书刊生产费用——成本差异　　　　　　　　　　　28 000

8. 结转当期成本差异（第二种结转方法）。

① 将书刊生产费用科目借方和贷方发生的实际成本和计划成本之差全部转至产成品二级科目并转入成品差异。

借：产成品——转入成本差异　　　　　　　　　－180 598.29

　贷：书刊生产费用——成本差异　　　　　　　　　－180 598.29

② 根据图书销售码洋与库存图书码洋的比例来结转已销售图书的成本差异，期初库存码洋为1 000 000元，本期入库码洋为8 000 000元，销售码洋为7 500 000元，期末库存码洋余额为1 500 000元码洋。

本期应结转的成本差异＝

$$(\text{期初成本差异}+\text{本期转入成本差异})\times\frac{\text{已销售图书码洋}}{\text{期初库码洋}+\text{本期入库码洋}}=$$

$$(-15\,000-180\,598.29)\times\frac{7\,500\,000}{1\,000\,000+8\,000\,000}=-162\,998.58(\text{元})$$

借：产品销售成本　　　　　　　　　　　　　　－162 998.58

　贷：产成品——转入成本差异　　　　　　　　　　　－162 998.58

9. 结转本期图书销售的实际成本，用第一种结算方法计算差异的图书销售实际成本为2 220 334.76元，用第二种结算方法计算差异的图书销售实际成本为2 237 001.42元。

借：本年利润　　　　　　　　2 220 334.76或2 237 001.42

　贷：产品销售成本　　　　　　　　2 220 334.76或2 237 001.42

10. 结转本期销售额。

借：产品销售收入　　　　　　　　　　　　　　4 247 787.61

　贷：本年利润　　　　　　　　　　　　　　　　　4 247 787.61

11. 结转期间费用和其他损益类费用1 430 000元。

借：本年利润　　　　　　　　　　　　　　1 430 000

　贷：期间费用等　　　　　　　　　　　　　1 430 000

12. 结转当期已实现的利润。

借：本年利润　　　　　　　597 452.85 或 580 786.19

　贷：利润分配　　　　　　　597 452.85 或 580 786.19

通过以上对出版社图书成本的财务处理和结算过程,可以粗略地看到出版社成本核算的一些特殊性。由于受篇幅的限制,以上关于图书成本的财务处理方法仅仅涉及了一些基本内容,许多与图书相关的出库入库核算、在途商品的核算、图书报损的核算、间接成本的分摊结转以及计提库存图书准备金等业务的核算均未涉及,加之笔者水平、能力和经验有限,在计算、叙述和财务分析处理过程之中难免存在错误的地方,恳请广大读者和同行批评指正。

原载《出版经济》2000 年第 6 期,文中部分数据有修改和调整。结合实际工作,笔者设计了一套计划成本定价核算的方法。通过使用该种方法能解决出版行业图书成本核算不能及时结转的问题,为出版行业的图书成本规范化管理提供了科学的财务结算办法。这一方法受到了广大出版业界的好评,很多出版社同人前来取经学习,纷纷采纳了这套方法。

出版社对新编辑的财务培训

——简述出版财务管理的基本知识和图书成本的构成控制

内容摘要：编辑岗位培训是每个有志进入出版领域的编辑都必须经历的一个过程，其中财务基本知识的培训和提高是非常重要的。本文从出版财务管理的基本知识和操作方法出发，介绍了出版财务管理的基本内容和相关图书成本的构成以及控制办法，以便提高新编辑在多元化市场经济中按照经济规律和市场运作模式的要求独立开展编辑工作的能力与水平。

苏州大学出版社按照中央等各级机关关于推进文化体制改革的精神，于 2009 年 10 月经工商注册完成了文化企业转企改制工作，更名为苏州大学出版社有限公司，按照现代企业制度要求，建立了公司法人治理机构，成立了董事会和监事会，制定了符合现代企业制度的管理体制等，使出版社迎来了前所未有的发展空间和机遇。仅 2010 年上半年出版社就招收了 13 名研究生来充实编辑队伍。对新编辑进行岗位培训是出版社的一项经常性工作，非常重要，其中对新编辑的财务管理知识的培训也是一项重要内容。

财务培训的主要内容包括出版财务的基础知识和出版图书的成本构成、核算和控制等问题，这些内容在日常工作中经常遇到。

一、基本概念

码洋是指图书出版发行部门用于全部图书定价的总金额，通俗讲就是图书封底的定价。

实洋是图书销售过程中去掉折扣以后的收入,财务上销售收入的概念等同于实洋的概念。

折扣是图书在销售过程中给予购书者的折让。

销售额是不含税的销售收入(用于计算利润)。

直接成本是指可以直接计入图书产品成本项目中的各项支出或耗费。

间接成本是指需要通过一定分摊办法才能将发生的支出或耗费转移到图书产品的具体成本中去。

费用(期间费用)是指管理部门共同发生的管理费用,管理部门的人员工资、办公费用以及其他各项支出等不能直接进入图书产品的成本,而是通过当期的收益从中直接扣除的,期间费用主要由管理费用、经营费用和财务费用所组成。

毛利是指企业取得收入扣除成本和税金以后尚未承担费用时的叫法。

利润(利润总额)是指企业取得收入后扣除成本、税金和期间费用后所得的盈余。

净利润是指在利润总额中按规定缴纳了所得税后公司的利润留成,一般也称为税后利润或净收入。

二、税　金

出版社作为一个独立企业对其所发生的经济业务事项必须照章纳税。税金是国家财政收入的主要来源,税收具有无偿性、强制性和及时性。我国对于税收的征收管理又分为国税和地税两个部门。一般来讲增值税由国税来征收,企业所得税和一些小税种由地税来征收。对出版社来说税金主要有三类:流转税、所得税和其他各项税金。流转税是针对流通领域征收的税收,主要是营业税和增值税。营业税主要是金融业和服务等行业缴纳的税金;增值税主要是商业和制造业所缴纳的税金。出版社属于制造业,缴纳增值税。

增值税是流转税,是价外税。出版社在计算利润的时候,要从销售收入中撇开增值税以后进行计算，不能像费用一样直接构成扣除内容。增值税税率有0%、13%和17%三档税率，出版业执行的是增值税的优惠税率13%。

所得税包含企业所得税和个人工薪所得税，出版社经营所产生的利润总额要按照25%的税率缴纳企业所得税，当然每个职工的个人收入也要按照税法缴纳个人所得税，个人收入总额扣除五金和公积金以后超过2 000元以上的部分按档次进行缴税（此为2010年纳税起征点）。

其他税金主要有城市建设维护税、印花税、房产税、土地使用税等。

销售额等于销售收入除以1.13，销项税额等于销售额乘以0.13。进项税额是出版社在经营过程中通过印刷和购入纸张所取得的17%的增值税抵扣。出版社每月在向国税局申报缴纳增值税时，可以直接用进项税额冲减销项税额，出版社当期应缴纳的增值税等于当期产生的销项税额减当期产生的进项税额。

例：某出版社一定时期内销售一批图书100本，单价10元，总的销售码洋为1 000元，销售折扣为30%，则图书的销售实洋为700元[1 000×(1－30%)]，印刷成本为300元（取得印刷成本的进项税额为17%），稿费编校费用为100元，期间费用为150元，试计算应缴纳的增值税、增值税负担率以及以不同口径为基础的利润率。

销售码洋：1 000（元）

销售收入：700（元）

销售额：619.47（销售收入$\frac{700}{1.13}$）（元）

销项税额：80.53（销售收入$\frac{700}{1.13}\times 0.13$）（元）

印刷成本：300元

不含税的印刷成本：256.41（印刷成本$\frac{300}{1.17}$）（元）

进项税额：43.59（印刷成本$\frac{300}{1.17}\times 0.17$）（元）

稿费编校费：100（元）

期间费用：150（元）

应缴增值税：36.94（销项税额 80.53 - 进项税额 43.59）（元）

净利润：113.06（销售额 619.47 - 不含税的印刷成本 256.41 - 稿费编校费用 100 - 期间费用 150）（元）

码洋利润率：11.31%（$\frac{\text{净利润}}{\text{销售码洋}} \times 100\% = \frac{113.06}{1\,000} \times 100\%$）

销售收入利润率：16.15%（$\frac{\text{净利润}}{\text{销售收入}} \times 100\% = \frac{113.06}{700} \times 100\%$）

销售额利润率：18.25%（$\frac{\text{净利润}}{\text{销售额}} \times 100\% = \frac{113.06}{619.47} \times 100\%$）

增值税负担率：5.28%（$\frac{\text{增值税}}{\text{销售收入}} \times 100\% = \frac{36.94}{700} \times 100\%$）

通过计算得知销售额利润率为 18.25%，实洋利润率（销售收入利润率）为 16.15%，码洋利润率为 11.31%。这些利润率指标可以为上级管理部门的不同口径统计所用。税务部门常用销售额利润率，工商部门常用销售收入利润率，在实际工作中出版社编辑经常使用的是码洋利润率和销售收入利润率（实洋利润率）。上例计算的增值税负担率为 5.28%，实际工作中编辑常用的是码洋增值税负担率，用应缴增值税 36.94 除以码洋 1 000，等于 3.7%。

编辑在组稿活动中，不仅要考虑到图书的社会效益和经济效益问题，还要充分考虑到影响图书核算效益的进项税额抵扣问题。所以，不能用出版业 13% 的增值税税率来代替增值税负担率这个概念。成本项目中的印刷和纸张是可以有抵扣的，而成本项目中的稿费、编校费以及其他成本项目是没有进项抵扣的。所以，编辑在实际组稿中对于某些项目中增值税的预测要依据具体发生的经济事项而定，原则上可以在增值税负担率基础上加成 10% 而定，上例对于该项经济业务增值税的预测大致可以考虑采用 5% ~6% 这样的数值。

三、政府性基金和行政事业性收费

政府性基金和行政事业性收费是地方政府部门为完成某项特定的公共事业项目而专门向企业征收的相应费用。由于不是税法硬性所规定的项目,从其性质上来讲并不具有强制性。为了能更好地完成政府性基金和行政事业性收费的征收工作和任务,地方政府通过税务部门来代为征收其相应的政府性基金和行政事业性收费。比如征收的教育费附加、工会经费、残疾人基金、两项基金、防洪保安基金、人防基金和人民教育基金等。政府行政部门通过税务代征以后,其强制性、无偿性和及时性都得到了相应保证。但就其性质来说,毕竟不同于税收,企业对于各种行政性收费也有很多想法,颇有微词。近年来,国家也在不断清理和完善这些收费项目,以减少乱收费的情形,确确实实来减轻或减少企业较为繁重的负担。比如2010年以来税务部门已经开始停止了两项基金、防洪保安基金等项目的征收工作。

四、发票管理

(一)发票与收据的形式、区别和使用

发票具有税务监制章,行政事业收据或者结算凭证具有财政监制章。出版社属于企业,在税前列支一般只能使用发票,除非一些行政事业部门核准的收费项目可以使用收据,比如工商注册的工本费用等,其他一律不能进入企业的成本费用,行政事业收据只能用于特定用途的支出。

(二)增值税发票的管理

出版社一般都具有一般纳税人资格,可以开具增值税专用发票和增值税普通发票,即增值税发票和普通发票。

增值税专用发票自开票日起可以在180天内进行认证抵扣。当月开具的增值税专用发票,如果发现发票信息和金额有误可以立即作废,进行更改;如果次月发现发票信息和金额有误,只需要对方购货单位出具拒收说明书,凭对方单位加盖公章后的拒收说明书到本开票单位的税务部门申请开具红字发票通知单,然后开具红字发票才能予以更正;如果在第二个月内发现发票信息或金额有误,则需要对方购货单位到其所属的税务部门申请开具红字发票通知单,凭对方税务部门的红字发票通知单到开票单位所属的税务部门才能予以更正;如果增值税发票自开票日起已经超过了180天,则不管什么原因和理由,增值税专用

发票的各项信息和金额均不能更改,也不能进行认证抵扣,只能当作增值税普通发票来使用。增值税普通发票虽然形式上类同于增值税专用发票,表面上看也有销售额和进项金额,但实际上是不能进项抵扣的,属于一般的普通发票。普通发票类型中还有一种叫做卷式发票,一般是没有抬头和开票内容限制的小金额发票,经常用于商业门市部门的零售业务。

对于一般纳税人的出版企业来说,不管其开具的发票是增值税专用发票、增值税普通发票或是卷式发票,均要按照统一的13%的税率来缴纳增值税。

五、成本构成

(一)直接成本和间接成本

图书成本的构成有直接成本和间接成本之分,图书的直接成本是指出版社用于支出的消费和劳务可以直接落实到具体的某一本图书成本对象上的内容。比如稿费、编校费、租型费、印刷费(原材料及辅助材料、制版费用、印装费用)、其他直接费用(策划、组织、开发、设计和差旅费等)和出版损失等。

印制成本一般包括纸张、制版、印刷和装订等。稿费有一次性稿费、印数稿费和版税等。稿费要缴纳个人所得税,国家对稿费的优惠税率为14%,4 000元以下的稿费个人可以扣除800元费用以后按照14%缴纳,4 000元以上的稿费可以按照20%的费用扣除,然后按照14%缴纳。计算方法原则上按图书上的人次,如果一人一次同时有两本书,则费用按照1 600(2×800)元扣除,人数依照图书版权页上的数据为准。校对费原则上按照稿费的计算方法缴纳个人所得税,以月为单位进行计算。

图书的间接成本是指出版社用于支出的消费和劳务不能直接落实到具体的某一本图书对象上的内容,只能按照一定的标准(如印张、印数和码洋等)通过分摊来计入具体的某一本图书的成本项目中去。出版社的间接成本就是编录经费(也就是编辑部日常所发生的各种支出)。通俗一点来说,就是让具体的各种图书来共同承担无法分割的成本,财务是通过编录经费这个科目来具体核算间接成本的。

计算图书利润的时候,除了要承担图书的成本以外,还要承担相应的费用。费用是企业管理部门的各种管理支出,费用不计入成本,只计入当期的损益,作为收入的一种抵减项目。出版社支出的费用财务上称为期间费用,根据管理部门性质的不同期间费用又可以分为销售费用、管理费用和财务费用。

(二)成本和费用

图书的成本和费用既有联系又有区别。联系是它们都是一个企业资金流的支出内容,构成一个企业的物质递减和消耗;区别是它们各自对于资金和物质消耗的记录形式是不同的,图书成本是直接计入图书的对象,即直接计入具体的某一种图书之中,费用则是计入当期的损益之中。当一个企业的库存没有变化时,成本和费用对于当期的利润就没有影响。实际工作中编辑对于成本和费用这两者在具体形式上的判断或操作上的差异,都会直接或间接影响到企业当期利润的高低。

六、成本控制的本量利

本量利是成本、销售量和利润的简称。本量利分析又称盈亏临界点分析或保本点分析,是在成本习性分析的基础上,研究企业生产经营成本、销售量和利润之间的依存关系及变化规律,从而为企业的经营管理提供市场反馈信息的一种技术分析方法。

对出版社而言,通过本量利分析可以提供本企业的保本销售量和销售额,找出成本、销售量和利润之间的内在联系,为出版的各个环节提供有力的分析数据,使这三者处于一种较为合理的配置状态,以较少的投入获得较大的产出。

下面通过实例,分析比较一下图书的销售收入、成本和利润之间的关系,为出版经营管理者的经营决策提供一些数据分析资料。根据某科技出版社历年的经营资料,农村科普读物类图书平均为 17 印张,印数上万时的单位印张价格为 0.43 元/印张。经过整理,其销售量与其销售收入以及成本之间存在如下数据关系:当销售量为 1 000册时,销售收入为 9 420 元，总销售成本为 16 850 元；当销售量为 16 000 册时，销售收入为 131 520 元，总销售成本为 131 600 元。

设销售量为 x，销售单价为 p，变动成本斜率为 b，固定成本为 a，建立销售收入函数为 $TR = px$，以及成本函数 $TC = a + bx$，通过计算求出此类图书的盈亏临界点。

首先找出销售收入对于销售量的函数。根据以上资料，当销售数量为 1 000 册时，销售收入为 9 420 元，此时单价为 9.42 元；当销售数量为 16 000 册时，销售收入为 131 520 元，此时单价为 8.22 元。为了分析问题的方便，假设销售收入是销售量的线性函数，其平均价格为 8.82 元（$\frac{9.42+8.22}{2}$），则收入函数 $TR = 8.82x$。其次找出成本对于销售量的函数，同样为了考虑分析问题的简便，假设成本也是销售量的线性函数，根据以上资料，利用数学高低点法计算出 a 和 b。

$$b = \frac{Y_H - Y_L}{X_H - X_L} = \frac{131\,600 + 16\,850}{16\,000 - 1\,000} = \frac{114\,750}{15\,000} = 7.65,\ a = YM - bXH =$$

$131\,600 - 7.65 \times 16\,000 = 9\,200$ 元，则成本函数 $TC = 9\,200 + 7.65x$。计算盈亏临界点，令 $TR = TC$，则 $8.82x = 9\,200 + 7.65x$，计算求出 x 大约等于 7 863 册。

从以上计算可知，该类农村科普读物的保本销售量为 7 863 册，即为盈亏临界点，当销售量超过 7 863 册时，这类图书就会产生盈利；否则，当销售量不足 7 863 册时，这类图书就会出现亏损。

总之，出版财务管理是一门实践性很强的学科，作为出版社的一名新编辑要在实际工作中不断学习和总结。随着经济的快速发展，税收管理方面政策法规的更新变化也非常之快，需要新编辑及时掌握和了解这些与出版财务管理相关的政策法规的最新动态和信息，努力做一个既懂专业又懂经济的出版人。

原载《苏州大学学报》（工科版）2010 年第 5 期。由于发展需要，2010 年苏大社招收了 13 位研究生新编辑，应总编辑邀请由笔者对新编辑进行财务专业知识培训，后将讲稿整理后发表。

文化产业上市公司融资结构与投资行为关系研究

内容摘要：我国文化产业发展前景广阔，但发展水平不高，相关企业要想发展，需要良好的融资环境，通过融资进行投资，以获得健康、快速成长。本文通过对文化产业上市公司融资结构与投资行为关系的研究，明确我国文化产业融资与投资存在的问题，分析问题的成因并提出相应的政策建议，以促进我国文化产业的健康、持续和稳定发展。

世界各国重视以物质力量为基本导向的传统发展模式，同时也重视通过文化产业的发展满足人们的精神需求，将精神文化产业的建设放在重要的地位，文化产业成为一个国家财富的主要组成部分之一。世界各国的文化产业发展极为迅速。随着经济发展速度的不断提高，人们在物质需求得到满足之后，对精神消费产生了越来越多的需求，我国文化产业开始兴起，但是相比发达国家，我国文化产业的发展水平不高、规模小、数量少、竞争力弱。我国文化产业相关企业要想健康成长，需要良好的财务模式，通过适当、健康的融资行为，不断投资，获得成长。本文通过对文化产业上市公司融资结构与投资行为关系的研究，明确我国文化产业融资与投资存在的问题，分析问题并提出相应的政策建议，从而促进我国文化产业健康、持续和稳定的发展。

一、研究文化产业上市公司融资结构与投资行为关系的必要性

我国文化产业开放经营比较晚，尚未形成良好的产业氛围。以前

文化企业是国家的舆论工具,受到严格控制,文化企业并非是严格意义上的自主经营。进入21世纪以来,在物质财富较为丰富的条件下,面对着人们对于精神财富越来越强烈的需求,国家对文化产业开始进行重点的政策扶持,文化产业得到了一定发展,文化企业纷纷由事业单位性质转向股份制公司企业,文化类企业逐渐成为自主经营、自负盈亏的现代企业,将盈利作为文化企业经营的一个重要目标。

我国文化企业经营机制的改变,脱离了以国家拨款为主的事业财务模式,当务之急便是解决文化企业融资问题,这样才能自主生存和发展。在良好的融资渠道支持下,才能进行适当的投资,不断发展,提升文化企业的竞争能力。我国目前正处在转型阶段,在特殊市场环境下,对文化产业这一新兴行业的融资结构对其投资行为的影响研究极为重要。

二、我国文化产业上市公司的主要资金渠道

(一)国家财政拨款

文化产业在第三产业中所占比重越来越大,地位越来越重要,国家越来越关注和支持文化产业的发展,以期通过对文化事业的投入,带动和促进其他产业的成长。我国政府对于文化产业每年的投资增长幅度都在15%以上。政府财政拨款对文化产业的发展起的作用非常大,主要针对公益性较强的投资方面,如投入大、风险高、回收期长、收益低的文化基础设施投资等。

(二)资本市场直接融资

文化产业上市公司,可通过内源融资获得资金。虽然文化产业风险较大,但良好的发展前景可以吸引一些有远见、敢冒险的投资者。

(三)民营资本与外商投资

鉴于文化企业不是完全意义上的自由经营,所以民营资本及外商投资于文化产业时,会受到一些限制,投资规模一般较小。政府虽然鼓励民营资本及外商投资于文化产业,但同时也明确了对民营资本及外商投资于文化产业的规范监管,相信随着政策和制度的逐渐规范与完善,这些门槛会越来越低。

（四）银行融资

文化产业投资具有一定的风险性，而银行贷款具有谨慎性，在文化项目风险评估与融资担保方面都会遇到一些问题，所以文化产业上市公司申请商业银行贷款存在很大的困难。尽管如此，银行融资目前仍是文化产业上市公司融资的主要形式之一。由于金融行业竞争越来越激烈，商业银行对文化投资贷款力度越来越大，推出了文化创意产业贷款等新产品。

（五）风险投资

文化产业投资的收益高，投资回报时间长，但风险大，投资失败率甚至超过50%，所以完善的风险投资运作可以实现文化产业高风险和高收益的统一。

三、文化产业上市公司投资的特点

文化产业上市公司以前大多是国家的重要舆论工具，现在仍然受到一定的管控，另外我国文化产业上市公司理应是自主经营的以盈利为目的的企业，所以文化企业在我国有较为独特的投资特征，具体有如下表现。

（一）文化产业上市公司具有高投资、长周期、高风险的特点

例如大型出版集团的选题立项、开发和投入，会面临较大的市场风险；还有影视制作，拍摄工作需要大量的资金投入进行拍摄、取景、剪辑等，后期的完善、推广、发行也需要巨大的投资。文化产业上市公司存在投资回收期较长的问题，投资时先期投入的资金难以获得即时的回报，而且往往投资效应的产生依赖于市场运作，风险较大。所以我国文化产业上市公司投资十分谨慎。

（二）投资可以在较长的产业链条上长期分享收益

文化具备明显的延展性和发散性，除了制作者形成的合作链条，另外可以通过延展的产品获益。比如出版一本漫画作品，除漫画图书的本身销售收益外，还可以延伸到影视制作、儿童游乐、卡通品牌形象等，获得更为广泛而长远的收益。

（三）文化产业与其他产业融合发展

当今文化产业的数字出版和 IT 行业结合紧密，渗透通信行业，以工业生产为载体，并为其他行业提供文化塑造、信息宣传等服务。这样就大大扩展了文化产业的领域，从而使得文化产业成为现代服务产业的主要组成部分之一，促进了其他产业的发展。文化产业内部合作趋势加强，报业、图书业、期刊等出版与印刷行业，相互之间的合作尝试和广度都在不断拓展。因此我国文化产业上市公司可以进行相关的组合投资。

（四）进入壁垒低，投资过热

文化产业在我国发展时间不长，但投资者已经感受到消费者巨大的文化需求，于是大量投资者进入文化产业，可是目前文化产业呈现投资过热的现象。文化产业进入壁垒较低，文化产品良莠不齐，多为跟风从众型投资，整体水平不高。

四、文化产业上市公司融资结构与投资行为的关联

文化产业上市公司投资与其他产业不同，其融资结构及投资行为具有一些独到的特点，同时两者之间存在紧密的联系。

（一）通过高股利支付率吸引投资者

与文化产业投资风险相对应，文化产业上市公司在内源融资方面采取较高的股利支付率，从而提高投资的回报率。文化投资看起来进入壁垒较低，但具有较多的不确定性，所以不易引进风险回避者的兴趣。为增加投资者对文化投资的热情，文化产业上市公司改变利润留存政策，提高股利支付率。

（二）文化产业上市公司更倾向于股权融资方式

由于文化产业上市公司的投资风险较大，而银行贷款通常是风险回避的，对于公司的风险十分敏感，贷款风险审核也比较严格，这导致文化产业上市公司债务融资的困难较大。所以在融资渠道的选择上，文化产业上市公司倾向于股权融资，其负债水平较低，因此文化产业上市公司负债对投资的作用有限。

（三）文化产业上市公司获得的短期投资多

文化产业的投资风险相对较大，投资者对于文化产业公司长期发展信心不足，倾向于短期的贷款，回避长期投资带来的高风险。这样文化产业上市公司获得的融资多为短期债务。为了与债务相匹配，文化企业投资出现了回收期短的项目较多的现象。所以，当前文化产业市场上优质可持续项目比较少。

五、我国文化产业上市公司融资的主要问题

（一）政府对文化产业的支持力度有待于加强

政府虽然对文化产业财政拨款不断增长，但与我国文化产业的巨大需求相比，总额仍然偏小，相比发达国家存在较大差距。国家财政对我国文化产业的支持力度有待加强。公益性文化事业需要政府提供必要的基础投资，以促进文化产业的长远可持续发展。另外，文化产业在我国发展时间不长，缺乏政府配套政策支持。政府对于这一发展中的产业持谨慎态度，难以制定出长期配套政策促进文化产业的发展，政府需要结合我国国情对文化产业进行深入调研，引导社会资本进入文化产业，深化文化体制改革，帮助文化产业进行融资。

（二）文化产业上市公司融资存在诸多问题

我国文化产业上市公司规模偏小。文化产业上市公司具有高风险、高收益的特征，而我国股市缺乏对于此类投资领域的研究及创新金融产品，文化企业利用资本市场融资时缺乏成熟的资本市场。文化产业上市公司应该成为市场主体，独立进行经营决策，但我国文化产业上市公司仍然在一定程度上受到国家监管，甚至一些国有文化上市企业兼有政府职能，文化产业上市公司难以控制市场风险，难以成为文化市场的投融资主体。

（三）难以通过抵押方式获得银行贷款

文化产业固定资产普遍较少，可供抵押的固定资产少，难以找到合适的担保物。银行对于无形资产的评估存在一定困难，且无形资产很难用来进行抵押，这导致文化企业难以得到银行贷款。

（四）文化产业难以获得风险投资

风险投资重视可持续高回报的项目，而文化产业的回报难以进行预期。文化企业经营的内容一般受政府管制，存在政策限制，风险难以控制。国有文化企业即便上市经营，产权仍然存在不明晰的地方，这样就难以进行风险投资。

（五）文化产业相关法律法规不完善

我国缺少针对文化产业的担保法规，当前文化产业法规体系与国外难以接轨，文化产业一些即时的政策与过时的法律法规形成冲突，文化产品的盗版屡禁不止，公众版权意识不强，文化产品知识产权保护不力。

六、缓解我国文化上市公司融资问题及促进投资的建议

（一）政府财政通过加大投入力度完善各项配套措施

政府应加强对文化产业发展的论证、规划和调控，高瞻远瞩，加大对文化基础设施的财政投入，加强文化产业基础建设。政府应对处于幼稚期的我国文化产业实行减免税等优惠政策的扶持，促进其快速发展，放宽准入标准，鼓励社会资本进入文化产业，实现多元化文化产业融资，拓宽文化企业融资渠道。完善市场机制，促进文化产业的公平市场竞争。

（二）鼓励我国文化企业进行上市融资

继续深化文化体制改革，厘清国有文化企业与政府的关系，倡导市场主体的自我激励机制。积极推进有条件的文化企业上市融资，充分利用资本市场的投融资平台吸引风险投资者的关注。

（三）鼓励金融机构推出适合文化产业的融资新产品

在金融业竞争激烈的今天，鼓励金融机构进行金融创新，加强信用制度建设，建立无形资产质押模式，围绕专利权、著作权、销售合同及相应的现金流，探讨适合文化产业的融资模式，引导银行贷款资金支持文化产业。

（四）鼓励社会资本进入文化产业

通过改革，放宽民间资本进入文化产业的限制，吸引和鼓励民间资

本以直接投资、间接投资、项目融资和兼并收购等形式进入竞争性文化行业，积极培育多元的文化产业市场主体。对于原创性、创新性和实验性项目，政府应给予政策支持。

（五）加强文化产业的监管

完善文化产业监管体系，切实保护知识产权及相关权益，保障投资者获得应有的收益，降低文化产业融资的风险，从而吸引社会资本进入文化产业。

人们对于物质产品和精神产品都存在着强烈的需求，物质产业发展到一定程度之后，文化产业便会快速崛起，并在社会经济生活中起到重要作用，成为第三产业的核心内容之一。我国文化产业刚刚起步，所以文化公司通过融资获得快速增长是必要的，对文化产业上市公司融资结构对其投资行为的影响进行研究，有助于我国文化产业上市公司寻找更适合的融资渠道，为我国政府扶持文化产业发展提供有价值的参考，从而促进我国文化产业可以在良好的融资环境下加大投资，获得健康、持续和稳定的发展。

参考文献：

[1] 林丽. 我国文化产业发展中的投融资问题及对策[J]. 经济纵横，2012(4).

[2] 李华成. 欧美文化产业投融资制度及其对我国的启示[J]. 科技进步与对策，2012(7).

[3] 齐勇锋. 创新和完善文化产业投融资体系[J]. 中国金融，2011(22).

[4] 严超，高戈. 我国文化产业上市公司绩效与融资结构的实证研究[J]. 东方企业文化，2011(8).

[5] 厉无畏. 文化创意产业的投融资与风险控制[J]. 毛泽东邓小平理论研究，2011(2).

[6] 侯燕. 文化产业投资的特点及融资问题研究[J]. 特区经济，2010(9).

原载《会计之友》2013 年第 11 期上。

现金流动制会计
公允价值的探讨和应用

内容摘要：随着市场经济的不断发展，国内市场竞争以及经营活动中的风险性和不确定性因素越来越多，企业对于会计信息质量的要求也越来越高，在这种形势下现金流动制得到更为广泛的应用，公允价值已逐步成为金融资产、房地产投资等行业的主要计量工具。会计计量从收付实现制、权责发生制到现金流动制，对公允价值有了更高的要求。本文浅析了公允价值计量的优势及应用中所存在的问题，探讨了如何更好地应用现金流动制的公允价值所需要采取的相关对策和办法。

在经济高速发展的时代，会计计量的公允价值能够得到广泛应用，离不开现金流动制这一基础环境，即与公允价值理论内在相统一的会计确认基础是现金流动制。现金流动制采用公允价值计量可以真实考虑企业期初和期末净资产的现金流入量，更好地把握企业的发展和成长机会。因而在这一会计基础前提之下，企业要不断为公允价值的应用做出适当判断和选择，在应用中不断发现问题，为公允价值能更好地服务于企业而寻找相应的对策依据。

一、现金流动制的基本特征

现金流动制从盘存思想出发，通过对企业期初和期末净资产流入量价值的确认来确定企业的收益情况。与收付实现制相比较，最大的区别是现金流动制不仅要确认企业已经实际发生的现金收支情况,而且还要考虑企业未来可能发生的现金流进、流出所带来的影响,当然也要考虑未来的货币时间价值。

与权责发生制比较,现金流动制具有如下特征:

(1)现金流动制运用盘存思想,以事项观为基础,不再需要在各项会计期间将现金支付进行分配,不再受事项和交易的约束,真实有效地计算利润,这样可以减少会计确认、识别与分配等环节,比较全面地反映未来的现金超额流动能力和企业将要面临的一些风险问题,能客观及时地反映企业损益信息。

(2)在货币时间价值理论支撑下,现金流动制将现行的市价与未来现金流量现值作为计量的基础,在充分考虑到物价变动的情况下核算企业的损益,使信息更加科学有效。

(3)现金流量信息是企业经营决策者借以做出正确判断的基础,尤其客观地反映了企业未来现金流量的有关信息,它将企业过去和未来的现金流动状况及时反映出来,使信息使用者依据股价和现金流量的相关性做出股票购入、抛售或持有的准确判断和决策。

(4)通过现金流动制,企业的经济损益等全面收益情况都能客观表现出来,及时反映企业净资产的增减变化情况,使企业经营决策者能全面掌握企业的财务状况和业绩,科学实现对企业经营的宏观决策和把控,提高决策的正确性和准确性。

二、现金流动制的公允价值应用优势

(一)有利于适应金融体系发展的需要

随着新经济业务活动和创新内容的不断涌现与发展,历史成本计量方法已经不能满足对正在发生或未来将要发生的经济业务进行计量的要求。而公允价值则可以对企业即将发生的损益进行计量,这样既可以满足现行企业经济活动的会计计量要求,又可以帮助投资者关注经济收益和风险之间的内在关系,为获得更多收益做出正确的投资判断和经营决策,也为我国银行业不断创新和发展金融体系推出更多的金融衍生产品。

（二）有利于获取更多的经营效益

企业采用公允价值计量方法可以弥补以往历史成本计量体系中的缺点,依照现行市价和未来现金流量的现值对生产过程中所消耗的生产能力进行可靠计量。公允价值优于历史成本之处就在于它强调了企业资产的真实价值,客观反映出资产的预期经济利益,帮助企业更加及时地回购和补充与物价上涨幅度规模相应的生产能力和设备,使企业资产减少贬值风险,获得更多收益。

（三）有利于准确地反映财务状况

由于历史成本对新业务未来产生的损益无法进行有效计量,会造成资金的浪费和流失,从而使财务状况不能得到准确和合理的反映。而公允价值则利用现金流的评估方法,能够比较准确地提供企业的经营成果、财务情况以及现金流量等信息,从而保证企业对财务资金的有效管理,为企业发挥各项职能提供更好的资金保障作用。

（四）有利于提高财务信息的有用性

在经济不断发展的过程中,价格和货币购买力的不断波动会影响到财务信息的实际使用。企业经营决策者只有对现金流量的实际情况及时准确地进行把控,才能更好地了解企业的经营状况,才能不断提高企业抵御市场风险的能力和偿还债务的能力,才能保证企业重大经营决策没有失误。所以,现金流动制的公允价值可以准确反映企业现金流量情况,使财务反映的信息更加真实可靠。

（五）有利于真实全面地反映会计收益

在现代经济学中,收益不仅包括传统交易活动中发生的收益,还包括非货币性交易活动以及还未发生的损益,会计的内容更加全面多样。而现金流动制的公允价值计量方法正符合了现代经济学对会计收益内容的规定,除了将资产和负债公允价值进行计量外,还可以计量因公允价值变动所引起的损益,使得企业的收益状况更加全面、更加真实,有利于全面有效地评价企业的经营业绩和效益。

三、现金流动制的公允价值应用中存在的问题

(一) 市场环境不够成熟

公允价值计量的前提条件是要有一个完全竞争、相关资产活跃的市场环境,交易双方在自愿的前提下充分了解市场,并在考虑了风险存在的同时确定交易价格。虽然我国市场经济体制已逐步完善,但证券、产权交易等市场环境还不够成熟,市场价格还不能够全面客观地反映其价值,许多资产的公允价值信息不能被如实披露和获得。虽然企业可以运用现值技术来估计资产的公允价值,但由于未来现金流量等方面的诸多信息存在不确定性、不稳定性等因素,还会导致公允价值实际运用的困难和失效。交易市场条件不成熟仍是公允价值有效应用的最大阻碍。

(二) 盈余可操作难度大

由于企业资产分类繁多且企业所处的市场环境不尽相同,市场信息很可能不够真实,再加上未来现金流量以及折算率等的不确定性,很多地方运用的是估算方法,导致公允价值比较难确认,容易成为操纵企业利润的手段,扭曲财务信息。而现阶段,企业会计核算等规定比较复杂,会计人员在掌握价值评估方法下需要做出准确的判断,同时在现值计量方面也比较复杂,这也增加了公允价值计量方法在实际操作中的难度。

(三) 财务实用性差

在不够成熟的市场环境下,企业运用公允价值而需要收集的有用资料、真实信息等不容易获得,而且在传统会计计量方面也存在一定的主观色彩,增加了企业财务工作实用性操作的难度。

(四) 增加了企业的管理成本

企业在应用公允价值计量方法过程中,会计人员通过对各因素的分析来认定相关资产与负债的公允价值,同时还要调整纳税事项,进而将各种资产负债纳入表中核算。这些业务在增加会计人员工作量的同时势必要增加企业的管理成本。唯有如此,才能保证公允价值计量的

准确性，出于成本费用的考虑，这也会影响到小规模企业应用公允价值计量的积极性。

（五）缺乏专业强、素质高的会计人才

从公允价值实际操作的难度可以看出，企业需要会计专业强、职业判断力高的工作人员。而就目前来看，会计从业人员的专业化水平普遍还不是很高，很多会计从业人员不能全面掌握会计制度深层次的含义，在知识结构与业务水平等方面还有欠缺。另外，一些会计人员的职业道德素养不高，为了自身利益而更改报表、运用公允价值手段有意操纵利润、轻视会计制度规范等情况时有发生，使得公允价值无法正常合理使用。

四、现金流动制的公允价值应用对策

（一）完善公允价值的市场环境

公允价值的有效运行主要依托于完整、开放、活跃、充分竞争的市场环境。首先，企业要加强内部制度控制与管理，严格规范会计人员自身行为和素质，制定明确的惩罚措施，使交易活动和各项信息保持透明化；其次，建立企业监督管理机制，帮助投资者分析和判断交易过程中的会计信息；再次，各企业应建立公共市场信息数据库，这样在资产定价方面操作人员可以选取更合适的参数为公允价值运用打好基础。

（二）提高公允价值计量方法的可操作性

为提高公允价值计量的可操作性，企业应从操作技能技术方面改进。操作人员具有娴熟的技能以及准确的职业判断能力是企业开展公允价值工作的前提，企业应定期对会计人员进行专业培训，不仅要提高其专业化技能，还要对其职业道德素养方面进行培养，为公允价值的应用提供专业素质保障。同时，随着电子信息化的发展，企业要加大对信息计算技术的投资力度，提高公允价值的操作水平。通过在技能和技术方面的保障，提高公允价值应用的可操作性。

（三）提高公允价值信息透明度

由于市场环境的不稳定性，公允价值计量信息的不透明和不对称

对资本市场信誉及发展有着较大影响，同样也会影响到公允价值计量工作。为改变这一现状，企业要做好以下几方面的工作：第一，对会计人员制定强有力的管理措施，强制约束会计人员对公允价值计量的操作行为；第二，给予会计报告使用者一定的披露权利，随时对公允价值的确定方法、风险判断依据、公允价值计量的过程及结果等进行规范且有序的披露和指正；第三，加强会计人员对高质量、真实性信息的收集力度，有效减少对利润的随意操作行为，为信息使用者提供真实可靠的信息，保证决策的正确性。

（四）加大对公允价值计量的监督力度

为了更好地开展公允价值计量工作，一是要完善会计法、刑法等与公允价值相关的法律法规，加强对资产投资、非货币性交易、债务重组等活动的监督；二是要建立规范的公允价值应用体系，帮助企业更好地明确公允价值的适用范围，强化会计信息的可验证性；三是要完善监督部门检查制度，加强审计部门、证监部门等的执行力度，实现企业内部监督工作的全面性、严谨性。

（五）提高会计人员的综合素质

在进行公允价值计量时，会计人员不仅要做好报表的编制工作，还要对资产价值进行有效的评估和分析。同时，从利润可操纵空间来看，企业更需要职业道德素养高的会计人员。会计人员的综合素质是影响会计工作质量的一个重大因素，尤其是公允价值计量工作更需要严谨、高素质的专业化人才。

对此，企业要完善人力资源管理机制，建立完善的用人制度和岗位分配激励机制，对上岗员工要定期培训和培养，提高相关人员的综合素养和业务能力；在会计理论相对统一的现金流动制会计确认基础下，公允价值计量可以为企业经营决策者提供有用的会计管理目标和方向，客观反映公允价值的真实内容和现金流动信息，是企业预测未来盈利的有效工具。

但现实企业的会计实务中尚存有许多问题，很多方面往往还达不到公允价值应用的具体要求，这就需要企业针对这些问题提出相应的具体策略和手段，对现金流动制的公允价值应用进行深入分析和探讨，提出改善公允价值应用的建议和措施，为我国宏观经济运行提供一个公正、可靠的市场环境。

参考文献：

[1] 姚云. 新会计准则中公允价值应用问题研究[J]. 金融经济,2012(4).
[2] 孙桂芬. 公允价值应用研究[J]. 商场现代化,2011(8).

原载《商业会计》2013 年第 10 期。

现代企业无形资产的评估与价值量化研究

内容摘要：随着改革开放的深入发展，以及由此引起的知识经济的兴起，无形资产在现代企业价值实现中发挥的作用越来越大。世界上大部分的专利权、著作权、商标权等无形资产要素掌握在发达国家手中，为其经济增长做出了重大贡献。而我国大部分企业的无形资产意识偏低，对无形资产缺乏准确的评估和价值量化，给国家和企业造成了巨大的经济损失。本文首先对无形资产评估的内容及其影响因素进行阐述，然后论述无形资产价值量化的过程，最后提出我国无形资产价值如何实现的建议。

无形资产是指企业为生产商品、提供劳务等目的而长期持有，可控制、可辨认的没有实物形态的非货币性资产，是企业的一种特殊资产，为企业所拥有，能为其提供权利、特权或优势，能给企业带来经济利益的长效资源。无形资产大多具有真实的、可衡量的价值，其中较为明显的例子为专利、商标、版权和软件等。有些无形资产或知识产权不太明显但同样具有价值，包括“Michelin Man”“Joe Camel”等标语或词汇，其包装设计和图案具有一定的价值。还有一些更为隐蔽的无形资产，如产品的外形、非竞争条款、专有技术和公式以及工业设计和图纸等。如何准确地对无形资产进行评估，如何对无形资产的价值进行量化，即确定并计算该无形资产的报酬和收益，对于企业竞争力的提升具有重大影响和现实意义。

一、无形资产的评估

（一）无形资产评估的内容

资产鉴定：评估人员可以通过研究企业资产的性质来确定无形资产的种类和价值。目前国内外将无形资产分为三大类：商标或品牌以及与此相关的一揽子市场性无形资产；专利或特许权以及与此相关的一揽子工业类无形资产；以知识或技能为基础的一揽子无形资产。

预计年限：无形资产的使用年限可以根据惯例、国家规定、合同约定、统计分析和市场分析研究等方法来确定。

估价方法：无形资产评估方法直接关系到评估结果，我国现行无形资产计算方法主要有现行市价法、收益现值法和重置成本法三种。企业内部财务人员又可以运用相对价值法和绝对价值法对无形资产进行会计估计。

科技进步、经济形势和市场变化导致无形资产的平均有效寿命比其法定寿命短，因此，评估无形资产时尚需考虑以下几个因素：一是取得无形资产的成本，主要指可确指的无形资产，分为外购和自制无形资产两种形式；二是无形资产的未来收益能力；三是该项或同类无形资产在国内外的发展情况和计价标准；四是无形资产的市场供求情况；五是按照国外情况，企业无形资产价值总额一般不超过企业有形资产评估总值的20%。

（二）影响无形资产评估价值的主要因素

无形资产的获利能力。无形资产的价值可以用无形资产在未来使用寿命期限内产生的净现金流量现值表示，包括在使用寿命期间转让无形资产使用权或所有权产生的价值以及无形资产自身积累的价值等。正常情况下，无形资产的价值与其获利能力成正比。但是，如果一项无形资产不存在市场需求，那么即使其创造成本很低，获利能力很高，该无形资产的价值也不高。另外，无形资产的价值是由其未来现金流量折现而得到的，因此无形资产的价值也受时间因素的制约。

无形资产的使用期限。新会计准则将企业资产分为有形资产和无形资产。与有形资产相类似，无形资产在使用过程中也会产生损耗。

但与有形资产不同的是，无形资产的损耗是隐性的，不易被人察觉。每一项无形资产都有其使用寿命，随着使用寿命的缩短，无形资产损耗逐步增大。但是无形资产的先进性、单一性以及独创性等因素会延长无形资产使用寿命，间接减少无形资产损耗，也可以为企业创造更大的利润。无形资产使用寿命越长，其评估价值就越高，反之则越低。

无形资产的科学价值和发展前景。任何事物的发展都会经历“诞生—成熟—衰退”的过程，无形资产也不例外。无形资产包含的科学价值越高，垄断性越强，其获利能力也就越强，其评估价值也就越高。同时，无形资产所处的阶段也是影响其评估价值的一项重要因素，无形资产所具有的科技成果越成熟，人们运用它的风险就越低，其评估值就越高。无形资产所具有的技术水平越高，其损耗和贬值速度相应越小，这样也会增加无形资产评估值。另外，无形资产的损耗也与外界环境有关，如果一项无形资产的发展前景良好，未来仍有很大的市场需求，那么相应的无形资产损耗就越低，其评估值就越高。

无形资产的成本。《企业会计准则》规定无形资产以其历史成本计量，但是企业的大多数无形资产历史成本无法计量。一般来说，成本越低，则资产所能提供的利润空间就越大，其评估值就越高。鉴于我国目前缺乏合理规范的无形资产计量依据，无形资产的成本会影响评估值，其与评估值的关系还有待进一步研究。企业受赠及外购的无形资产比较容易计量其成本，而企业自创的无形资产，因其研究费用与开发费用难以区分，且在无形资产研发过程中所耗费的劳动不具有横向比较性，成本无法合理计量，无形中又加大了无形资产价值评估工作的难度。

市场供需状况。价格是由市场供求状况决定的，无形资产的价值同样如此。市场需求越大，无形资产的评估值就越大。无形资产的需求状况由其所具有的科技成果决定，无形资产所具有的科技成果越先进，垄断性越强，其需求就越大，其评估值就越大。需求是指人们有购买的欲望和购买能力，因此无形资产的评估值还与无形资产是否能满足人们的某种需求有关。无形资产的适用范围越广，适用程度越高，需求者越多，需求量越大，评估值就越高。

费用支付方式。无形资产费用支付常常贯穿转让的全过程，各种不同支付方式对评估价值的确定有直接的影响。无形资产在转让时,如果价格转让方式是一次性支付,则实施过程中的风险和投资后的收益风险,一般由买方承担,此时的评估值就应该定得略低一些;如果价格支付方式是多次支付,由于支付期限较长,其评估值就应该定得略高一些;采用技术入门费加上收益提成的支付方式,其评估值居中;完全依据经营收益进行提成的,其评估值最高。

二、无形资产价值量化分析

无形资产可以通过两种方式实现其价值。一种是无形资产与有形资产分离,通过交换无形资产实现其价值。例如专利权的转让、新型技术的出让等。另一种是无形资产与有形资产相结合,其价值是通过含有该无形资产的有形资产的交换得到体现。例如使用新的科学技术的企业,科学技术这种无形资产的价值就体现在企业产值的增加中。

要衡量无形资产的价值,首先在于将无形资产创造的经济利益从企业利润中分离出来。这就需要将企业利润按照资产分类来进行分配。在分配过程中要注意两个重要因素:一是企业各类资产的相对比例;二是各类资产相应的资产回报率。要计算无形资产对企业利润的贡献,首先要确定企业总资产的必要报酬。企业总资产包括自有资金和债务资金,企业投入资本到其生产经营过程之中,相应地存在投资成本。企业做出投资决策的依据是投资收益大于投资成本,因此企业总资产的必要报酬必须高于总资产的投资成本。其次,确定企业各类资产的必要报酬。其主要思路是,根据企业各类资产的价值计算企业的加权平均资本成本,然后计算出各类资产应得的报酬,最后分析计算由无形资产创造的价值。

具体分析计算步骤如下:(1)统计企业各类资产的价值及其占企业总资产价值的比例。(2)计算各类资产的加权平均资本成本。(3)计算各类资产的报酬率。如:货币资金的报酬率可以根据一个与营运资本相关的比率来估计(国债利息率、短期银行存款利率等);固定资产的报酬率可参照商业银行抵押贷款的利息率来确定,但特殊用途的固定资产所要求的报酬率要相对高些。报酬率的确定有“三分法”和“四分法”两种，按照国际惯例，发展中国家的无形资产报酬率在14% ~25%之间。(4) 计算资产的超额利润占销售额的比例。

三、我国无形资产价值实现的分析

我国加入WTO之后，伴随着市场经济秩序的逐步建立，我国企业对自身品牌的建设越来越重视。但是，我国企业在无形资产价值实现量化方面做得并不理想。企业只有在转让、上市、并购等情况下才对企业无形资产进行评估，这种情况产生的一个原因是很少有企业重视无形资产的评估，将其作为企业运营的一部分而经常进行的企业更是少之又少；另一个原因则是当前我国缺乏对无形资产价值实现量化分析的手段。针对这种情况，我国企业应当逐步加强无形资产价值实现的工作。

首先，借鉴国内外研究成果，同时结合我国具体发展状况，找出适合我国当前实际情况的无形资产价值实现理论。我国会计制度还无法与国际接轨，因此在会计核算、会计估计以及计价等方面与发达国家还存在差异。但是我们可以先采用一些简单的价值量化计算方法，以评估企业价值。企业资产指对企业一项资产或某几项资产的简单价值的评估，是企业局部和静态的评估。企业价值评估并不是对企业各项资产简单地叠加，而是对企业各项综合资产进行整体动态的价值评估。企业价值用公式表示为：

企业价值 = 企业所有单项资产的公允评估价值之和 - 企业确认负债现值 + 商誉价值

企业价值也可表示为：

企业价值 = 目前净资产的市场价值 + 以后可能经营年限之内每年所有可能回报的现值之和

其次，加大对企业管理者的培训，使其认识到无形资产对企业价值的重要性，从而将无形资产价值实现上升到企业管理的高度。我国不少企业具有良好的技术创新团队以及先进的企业文化，这些都为无形资产的创造和培育提供了基础。在知识经济时代,无形资产正越来越成为企业价值实现的主要驱动因素。但是,目前很多企业经营管理者对无形资产价值的认识依然不足,常常因为无形资产评估费用较高而放弃,采用自行决定其价值的方法,这样就会给企业造成巨大的损失,而且会导致企业会计数据及报告的虚假,影响投资者的决策。

最后,国家要为无形资产价值的实现提供良好的社会环境和法律环境。加大对专利权、著作权、商标权和特许权这类无形资产的宣传和保护力度,使人们普遍认识到这些无形资产的价值。同时,加大对侵权事件的处罚力度。随着我国公民维权意识的普遍提高,会有越来越多的人利用法律手段来有效保护企业无形资产。同时,企业自身也要加强对无形资产的危机管理,搞好无形资产的营运管理,积极学习国外先进理论观念与技术手段,以充分发挥无形资产在企业价值创造中的作用。

未来世界经济发展中,无形资产的重要性将进一步显现,各界人士也将从投机者态度和不重视态度逐步转向对企业重要资产特别是无形资产有序管理方面的战略思考。有效评估和价值量化企业的无形资产可以激励投资者信心,提高经营决策管理效率,提高企业知名度和声誉等。通过不断提高自我学习能力,不断更新知识结构,创造企业核心竞争力,现代企业才能获得更多的无形资产价值,才能在竞争激烈的市场经济大浪中站稳脚跟,立于不败之地。

参考文献:

[1] 李建芳,刘欢欢. 浅析我国资产评估中的品牌[J]. 中国乡镇企业会计,2012(1).

[2] 刘德运. 浅谈无形资产评估中存在的问题及解决对策[J]. 财务与会计,2012(9).

[3] 欧阳文晋. 收益法在无形资产评估中的作用[J]. 行政事业资产与财务,2012(6).

原载《唯实》2013 年第 10 期。

数字出版盈利模式探讨

内容摘要：信息高速公路的迅猛发展加速了数字出版业改革的进程，数字出版凭借其准确、及时和便捷的优势正在逐步替代传统的出版产业，成为主流出版业。分析数字出版企业盈利模式的构成要素，指明数字出版盈利模式的途径，有助于促进数字出版企业获得更多更强的竞争优势。本文就相关内容发表了自己的看法。

一、数字出版企业发展现状

数字出版是在传统出版行业基础上发展起来的新型出版产业，数字出版颠覆了文化传承的方式，也改变了文化消费的习惯。数字出版建立在发达的信息高速公路基础上，将所有的文字、图像和视频等信息整合为一致的二进制代码形式储存于光盘、磁盘等媒介中进行数字化、流程化的运作，通过信息网络系统实现传播，途径主要包括有线互联网、无线通信网和卫星网络等，最终使得客户的阅读习惯和学习方式逐渐演变为数字化的方式。数字出版的优势显而易见，存储量大、搜索快捷、更新及时、传输速度快、支持共享、成本低、互动性高等，已逐渐成为出版行业的战略性新兴产业。当前数字出版的主要形态包括网络图书、网络期刊、按需印刷、网络培训、网络游戏和互动教育出版等。

根据中国统计年鉴数据显示，自 2010 年国家提出大力推动文化产业发展的政策以来，我国的数字出版业在生产总值方面以每年近 27% 的速度在增长。其中，2010 年我国数字出版行业生产总值是 1 051 亿元人民币，2011 年为 1 377.9 亿元人民币，2012 年为 1 935.5 亿元人民币，2013 年为 2 540.3 亿元人民币，2014 年为 3 387.7 亿元人民币。数据显示,仅五年的时间,数字出版行业的生产总值翻了三倍还多。我国的数字出版业相比较西方国家虽然起步晚,但是发展的趋势和速度都是始料未及的。数字出版企业盈利的条件很多,但总体可以归纳为三点:一是整合作者资源和版权资源;二是做好内容的资源库;三是通过多个平台进行内容资源的推广,拓展产业链。科学的数字出版盈利模式应该是结合自身的产品或服务的特点,围绕价值实现分析问题并解决问题,包括客户定位、能够给客户提供的价值、采用提供价值的渠道以及如何获得竞争优势。虽然我国的数字出版发展迅速,但数字出版企业之间的发展差距越来越呈现出两极分化的趋势,所以研究数字出版的盈利模式具有较强的现实指导意义。

二、数字出版企业盈利模式的构成要素分析

企业需要选择一个适合自己的盈利模式。那么,怎样才算成功的盈利模式呢?由于各行业宏观和微观经济环境处于不断变化的状态中,没有一个特定的盈利模式能够保证在各种条件下都能产生优异的财务结果。美国埃森哲咨询公司对 70 家企业的盈利模式所做的研究分析中,没有发现一个始终正确的盈利模式,却发现成功的盈利模式至少具有三个共同的特点:第一,成功的商业模式要能提供独特价值。这个独特的价值可能是新的思想、新的灵感和新的点子,更多时候可能是产品和服务独特性的组合。这种组合要么可以向客户提供额外的价值;要么使得客户能用更低的价格获得同样的利益,或者用同样的价格获得更多的利益。第二,胜人一筹的盈利模式是难以模仿的。企业通过确立自己的与众不同,如对客户的悉心照顾、无与伦比的实施能力等,来建立利润屏障,提高行业的进入门槛,从而保证利润来源不受侵犯。第三,成功的盈利模式来自脚踏实地的作风。脚踏实地就是实事求是,就是把盈利模式建立在对客户行为的准确理解和管理上。比如说,企业要做到量入为出、收支平衡,这看似不言而喻的道理,要想年复一年、日复一日地做到,却并不容易。

然而数字出版企业的盈利模式又是什么呢?数字出版盈利模式的

影响要素有：卖什么内容、卖给哪些客户、谁来将内容卖给客户、怎样将内容卖给客户以及怎样让别的竞争者卖不了相同的内容。这“5W”要素解释了数字出版企业盈利模式的构成要素。

（一）卖什么内容是数字出版企业的利润点（数字出版内容）

利润点反映的是数字出版企业为了满足特定客户的需求与欲望而提供的特定数字产品和增值服务以实现盈利。利润点是数字出版企业存在的根本理由，数字出版企业只有提供有价值的产品或服务给客户才能获得经济利润。利润点需要考虑的要素包括哪些有价值的内容可以提供给客户，或者可以向客户提供哪些新型的产品和增值服务。

数字出版内容为数字出版产业提供了广阔的发展空间和施展舞台，数字出版内容通过与技术、服务的结合，与时俱进，不断创新，从而成为数字出版产业可持续发展的决定性因素。随着数字出版物版权保护的日益完善，传统出版商、通信运营商、网络运营商、阅读器终端制造商等数字出版业市场主体围绕数字内容资源的竞争日趋白热化，谁掌握更多具有合法知识产权的内容资源，谁就拥有竞争的主动权和相对优势。好的内容资源永远是数字出版的首要条件，也是传统出版业向数字化转型的关键所在。无论是传统出版还是数字出版，都应该充分集中优质内容，在内容建设上下苦功夫，进行深入的挖掘、搜索和利用。

（二）卖给哪些客户是数字出版企业的利润来源（客户的需求）

利润来源即数字出版企业获得经营收入和经济利润的来源渠道，一般数字出版企业的利润源是接受数字出版产品或服务的客户对象，利润来源需要分析数字出版企业的客户关系、客户需求并及时掌握客户信息。

随着互联网的发展，客户的需求也在不断发生着变化，只有不断洞悉市场的信息反馈，不断了解客户的需求才能提供适应市场的数字产品和服务。其中客户个性化定制型数字出版模式与个性化交互型数字出版模式是今后数字出版企业必须重点予以关注和考虑的。

（三）谁来将内容卖给客户是利润组织（组织结构）

组织结构是数字出版企业一般经营活动和管理活动的实体组织形式。利润组织与组织结构、组织特点、组织文化和组织能力有着密切联系，利润组织需要考虑提供有价值的产品或者服务，而组织机构通常具备管理特点和组织能力，通过运作保证及时向客户提供适合的产品和服务。

现阶段各个数字出版企业的大小规模、组织结构、资本营运方式以及经营管理理念均不完全相同，每个数字出版企业都要根据自身的环境和特点，有效地来配置这些资本、人才和信息的资源要素，积极推动网络社群的兴起，充分利用数字出版企业的自媒体向电商拓展业务。“电商”和“社群”将会成为网络营销的重要手段。通过网络社群营销，数字出版企业能够更加清晰地了解读者的实际需求与选择，为出版企业的选题策划、图书设计、产品形态开发、营销方案制定提供重要的参考。

（四）怎样将内容卖给客户就是利润杠杆（动力机制）

数字出版企业的根本目的是为了获取经济利润，通过向客户提供价值最大化的产品或服务满足客户需求来实现这一根本目的。数字出版企业的动力机制通常包括市场营销、推广渠道以及信息技术等方面。数字出版企业通过不断完善和拓展动力机制来完成相应的利润点就是利润杠杆作用，不断增加新型活动内容，拓展创新思维，使数字出版企业提供的产品为社会大众所接受，从而获得一定的经济效益和社会价值。除此之外，数字出版企业还需要时刻注意政策、技术和资源等动力机制方面的变化和趋势，特别要注意国家宏观政策方面的变化，充分利用好国家政策导向和税法优惠方式来扶持发展企业，壮大企业。

（五）怎样让别的竞争者卖不了相同的内容就是利润屏障（行业进入壁垒）

数字出版企业在激烈的互联网竞争环境中要能立于不败之地，能形成自己的竞争优势，保持持续的盈利状态，就必须提高行业进入的门槛，利用利润屏障来限制竞争者。利润屏障是数字出版企业为防止竞争者进入市场争夺利润而采取的防范手段，是保护“奶酪”不为他人所动的有效措施。数字出版企业通过加强版权、品牌、规模和价值等方面的竞争力来间接增强自身的竞争优势。利润屏障也能通过“数字权力管理”（DRM）来保护知识产权以达到限制竞争者的目的，其意义在于限制客户无限权力、授权使用、测定用量和防止盗版等。

三、数字出版企业的盈利模式分析

（一）数字出版企业要主动“＋”互联网

从数字出版的角度出发看互联网的功能，互联网以其自身的优势推动着传统产业包括传统出版业不断进行创新和改革。信息技术的应用成为数字出版业的催化剂，不仅在信息资源采集、传播和营销推广方面发挥着巨大作用，在信息资源的开发维护和整合方面，也逐渐呈现低成本、高效率的趋势。

抓住“＋”互联网的机遇。首先，必须保证提供有价值的产品和服务，在做好供应商市场定位和细分的基础上，充分利用新的互联网技术和媒介，扩大数字出版的领域，增加数字出版的内容形式，满足客户的需求实现盈利目的。其次，数字出版企业要充分利用大数据的优势对市场进行调研和论证，并且主动学习新的管理系统和思维，对传统的管理流程进行监督和控制，利用大数据思维对出版产品的库存量、印刷量和销售量进行实时预测与监控。再者，从互联网信息时代看，要求数字出版从关注内容为核心的传统产品型出版企业变为关注信息为核心的现代服务型出版企业，要围绕客户的需求，建设大容量、种类全、专业广的知识平台数字资源库。苏州大学出版社为顺应数字化发展趋势，这几年分别建立了“中国丝绸文化知识平台”“吴文化知识平台”两项数字系统资源库，初步尝到了甜头，为今后数字出版的大力发展打下了一定基础。最后，数字出版企业要充分利用互联网进行市场信息调研，组织知识平台数字资源库的生产和管理，不断突破传统生产组织模式，尤其是现代教育的数字出版，更需要把握新型数字化教学的趋势，不断追求教学传播手段的创新，将教学产品形式进行数字化，实现教育出版经营增长方式发生根本性改变。

（二）延伸产业链，形成规模经济效益

在所有的数字出版企业中，中国移动手机游戏和互联网期刊的盈利模式不容忽视。中国移动手机游戏的产业链不仅仅包含游戏客户这

一组成部分，还包括了手机运营商、游戏开发服务商和手机设备生产商。其中，营运商包括中国移动、中国联通和中国电信，这三家营运商在整条产业链中处于核心地位，因为它们决定着手机用户的数量、开发游戏的方向、游戏的收费规则以及推广渠道等。游戏开发商负责游戏的开发与运行，手机设备生产商搭建了手机游戏的平台。手机游戏的盈利模式分为话费收费和点数收费。话费收费就是手机用户在下载游戏时的费用直接从话费中扣除，点数收费是根据客户使用游戏的程度分别付费，客户需要先充值再进行下载。中国移动采取了合作的形式与游戏开发商共享收益，实现了产业链的延伸，通过客户在游戏方面的消费获取其中15%的利润。互联网期刊的四大文献数据库涵盖了中国期刊出版市场至少95%的份额，以中国知网为例，知网的盈利模式包含了三大部分：中国知网、资源供应商和客户。其中，中国知网的盈利模式包括包库、镜像网站和流量收费；资源供应商通过知网先进的信息技术，扩大价值范围，提高资源附加值，凭借良好的互联网环境形成一条完善的产业链，即学术研究、信息采集、及时印刷、网上服务和产权保护等一系列服务。中国知网和资源供应商共享版税分成，中国知网按照税后销售总额的11%分给编辑部。完善的产业链模式使得中国移动手机游戏和互联网期刊获得了巨大的规模经济效益。

（三）加强基础资源建设，提供个性化服务

教育出版对资源建设有更高的要求，教材方面不能再局限于传统的纸质教材，还应开发立体化的教材，包括网上课程、多媒体课件和电子教案等，不同的数字出版企业要根据实际情况开发一个具备教学网站，音频、视频、图文都齐全的电子网站，供客户进行资源的共享与交流。一些教育出版企业还要根据教学的需要，在不同的数据库进行资源的搜集与整合，附加丰富的教学经验整合出最佳的教学方案以满足不同客户的需求。利用互联网技术进行信息的重组和优化，从而降低成本，提高生产效率。借助不同的平台为不同需求的客户提供个性化服务，比如手机发布，将信息通过短信形式发放给客户，满足客户碎片学习的需要；资源数据库凭借系统化的资源整理，构建了数字出版单位坚实的信息资源基础，既可以满足客户的素材需要，也可以对客户需要的内容进行营销推广；信息资源服务平台，借助互联网技术，数字出版企业可以构建自己的信息资源服务平台，提供在线信息服务，搭建不同客户之间信息交流的桥梁，满足客户信息共享的需要；游戏动漫等娱乐形式，客户可以在娱乐的过程中获取信息资源，满足客户娱乐和求知的双重需要，寓教于乐。所以数字出版企业要在向数字化转型的过程中不断开发新的出版形式。

（四）开放获取，交叉补贴

开放获取就是客户可以直接获取部分免费的数字出版刊物，实现期刊网上发行与共享，具有公益性质，但是数字出版企业是以营利为目的的，所以开放获取信息的同时要采用交叉补贴的付费模式，即并不是所有的数字出版物都可以直接免费获取，有些数字出版物需要支付一定的费用，这样就保证了数字出版刊物的产业性，实现数字出版企业的经济效益。作为营利性质的数字出版企业在采用开放方式获取信息模式时，同时也采用交叉补贴付费的模式，比如客户希望获得免费的数字出版期刊，那么客户就需要购买其他相关在线数字出版期刊。数字出版企业要在交叉补贴的数字出版物上做好部署，这样才能发挥交叉补贴的作用。

参考文献：

[1] 肖洋，谢红焰. 数字出版盈利模式的三重导向[J]. 科技与出版，2012(10).

[2] 王秋艳. 我国期刊数字出版盈利模式研究[J]. 中国出版，2010(18).

[3] 刘一鸣. 基于利润点的数字出版盈利模式创新研究[J]. 科技与出版，2015(8).

原载《唯实》2016 年第 12 期，本文内容有修改调整。

图书出版的社会效益评价体系探析

内容摘要：图书出版业在引领文化发展方面具有重要的作用。坚持把图书出版社会效益放在首位，是我国的出版方针。从图书的社会效益入手，就当前我国图书的社会效益评价体系进行分析研究，有利于提高图书质量，提高出版社竞争力，提高政府对出版业的管理水平。本文对此论述了自己的观点。

在过去很长一段时间里，我国图书出版业处于计划经济体制的管理模式下，这种管理模式具有单一性和封闭性的特点，随着我国改革开放不断深入，图书出版业不断努力探索适合我国经济社会发展的经营管理模式。

社会评价图书的两个基本标准是图书的社会效益和经济效益。早在1980年，中共中央宣传部就曾指出：出版社出书时必须注意质量，要密切地注意社会效果；1986年，国家出版局明确强调图书出版中要坚持社会效益第一的原则。

党的十七届六中全会指出，发展文化产业必须坚持把社会效益放在首位、社会效益和经济效益相统一，推动文化产业跨越式发展。这次会议提出了文化强国的目标，我国图书出版业也因此面临新的发展机遇。

李欣人认为，当前各图书出版社正面临着由以往的事业单位转变为企业单位，自主经营，自负盈亏，因此各出版社为了企业的生存发展以及获取最大利润，工作重心向经济效益倾斜。这与我国的出版方针不相符合，长此以往，也不利于我国的文化建设，因此，要摆正社会效益与经济效益的关系。我国对经济效益已有较为完善的评价体系，但如何对图书出版的社会效益进行客观评价和合理分析仍是一件难事，尚未形成研究分析社会效益的具体指标体系。

一、图书出版的社会效益

关于图书出版的社会效益,目前既没有具体定义,也没有清晰的评价标准,只有一些笼统的界定。社会效益本身十分复杂,难以进行量化。

关于社会效益的定义,《现代汉语词典》给出的解释是:“各种经济活动及科学技术、教育、文学、艺术等在社会上产生的非经济性效果和利益。”这里讲的非经济性效果和利益,是指对社会、国家和广大人民有益。而社会效益、社会影响的问题是一个价值问题,看一项工作是否有价值,要看其实际效益、效果、影响。要了解图书的社会效益,必须清楚图书的出版在社会生活中的角色,具有怎样的功能。图书是知识、信息传播的媒介,出版社发行图书,是信息与知识的传播者,图书出版是传播思想智慧成果、推广科学文化技术的基石,承载着传承文明、传播文化、传授知识、传递信息的重要文化使命与历史责任,同时也是国家民族文化软实力的重要组成部分。图书的社会效益是指图书出版发行后良好的社会影响,有益于社会主义物质文明和精神文明建设。

图书的社会效益体现在社会生活的方方面面。其一,图书出版最大的社会效益就是促进我国教育事业的发展,提高民众的素质,图书引导人们将自己的思想学识与实践相结合,引导民众更好地适应和奉献社会,其产生的社会效益将是难以估量的。其二,保护优秀的文化遗产,从古至今很多优秀的文化都是靠图书来进行传承和保护的。其三,丰富人民精神世界,陶冶情操,远离不良嗜好。其四,有利于科技创新和社会进步,许多研究成果、顶尖发明都通过图书出版得以有效传播,在进行普及的同时可以促进新技术的孕育与产生。

二、图书出版的社会效益评价体系和分析

图书的性质与作用和其他商品不同,因而出版社不能单纯追求经

济效益,必须把图书的社会效益放在第一位。但是,在当前情况下,社会效益的概念很抽象,尚无清晰的定义,难以用具体的标准量化,因此可以使用以下这些标准衡量图书的社会效益。

(一)图书质量

对图书的质量不能掉以轻心。不论是现在还是以后,不论是纸质媒介还是电子媒介,图书的核心都是优秀的内容。出版社的社会责任是服务于物质文明、精神文明和政治文明,其目标是促进社会进步和人的全面发展,优质的图书内容才会得到人民的热爱与追捧。以下几个指标可以作为判断图书质量好坏的标准。

图书的内容质量。在通常情况下,《图书质量管理规定(2015 修订版)》可以用来判断一本书是否合格,但合格的图书并不意味着图书的内容质量就高,也不意味着市场与读者的认可度就高。一本好的图书,一方面要满足政治和道德层面上的要求,即符合国家的政策方针,在文化、科学、艺术等方面也要有一定的价值;另一方面,通常来说,较为读者喜欢的图书其社会反响也好,读者的认可度及社会影响是判断一本图书内容质量的准则。

图书的编辑与校对质量。随着科技的发展及电子产品的普及,大多数作者现已经不再使用手写稿,取而代之的是电子稿。因此,相应的校对工作也由原来的“校异同”(找出与原稿的不同之处)转变为的“校是非”(找出原稿中的错误),这就要求校对人员有较高的专业素养。要使用差错率(差错总数/版面字数)作为审稿质量的重要指标之一,当差错率超过万分之一时,该图书即为不合格产品。

图书所获奖项的级别与次数。图书所获奖项的级别与次数,往往也能客观地反映一本图书的质量,体现社会效益。

图书印刷与装帧的合格程度。在具有优质内容的前提下,良好的装帧和精致的印制是图书的一个加分项,会大大提高图书的吸引力,产生良好的阅读效果,从而有力推动优秀作品与思想的传播,产生良好的社会效益。

(二)图书的品牌力和影响力

图书的品牌力和影响力是指出版社通过长久以来发行优质的、具有特色的图书,使公众对其图书产品和服务认可度较高,从而使得出版社在社会中享有较高的声誉并形成自己的品牌。一本书的读者越多,意味着其观点和主张能被大众所认同与接受,应用于社会实践中也能产生较好的社会效益。

图书的发行量。图书的发行是图书的流通过程,它表示图书由生产到消费的过程。一般来说,图书的发行量与其受欢迎程度成正比,图书的发行量越多,说明图书受众越多,其主张被较多的人所接受并得到传播。在此过程中,图书的价值与使用价值得以体现,并有利于出版社的生产和扩大再生产,形成良性循环,产生良好的社会效益。

图书的种类。出版社出版的图书种类越多,受众的范围也就越广。例如,出版社根据各个年龄层次、各种职业领域分别发行具有针对性的图书,说明该出版社具有在各个层面发行社会效益良好的图书的能力。因此,出版社出版的图书种类数也是衡量图书社会效益的重要指标之一。

图书重印率与再版率。图书的重印是指利用图书的初版为模板,照原样或者仅做少量的修改之后进行印制,这样可减少生产成本并且有利于加快图书的出版速度。不同于重印,图书的再版是指对原书进行较大修改之后重新排版印制,其成本并不低于初版书。再版图书一般是有较高学术价值或实用价值、社会价值、历史价值的图书,这些图书能产生巨大的社会效益和经济效益,能够长销不衰,形成一种品牌。图书的重印率和再版率高,说明图书的质量较高,对社会具有积极的影响。

版权输出率与引进率。版权的输出率、引进率,表示本国出版企业的国际化程度之高。版权的输出是将我国的版权向外输出,承担着文化传承的重任。版权输出越多,意味着出版社与国际接轨程度越高,也意味着我国的文化受到了外国读者的喜爱,图书的社会效益延伸到了国外。同时,我国读者也需要国外优秀的图书,引进版权可以拓宽读者的视野,丰富读者的精神生活,这是衡量图书社会效益的重要指标之一。

（三）出版社的竞争力

出版企业的竞争力是指在具有竞争性的市场中，一个出版企业具有的可以比其他出版社更有效地向市场提供图书产品与服务，并获得盈利、促进自身发展的能力。出版企业的竞争力越强，意味着其在市场控制力、国家资金扶持力等方面具有较大优势，从而产生良好的社会效益和经济效益。

1. 图书的市场控制力

出版社的市场控制力是指出版社在市场中的适应能力和发展能力，它可以反映在市场中，是出版社在提供产品、服务方面的优势。一个出版社如果在技术、资金、人力资源等方面具有较强的优势，那么，在提供廉价图书、优质服务上也就会抢占更多先机。出版社的市场控制力可以用市场占有率和市场覆盖率两个指标来衡量。

市场占有率是指出版社图书的销售量或者销售额在市场同类图书产品中所占的比重；市场覆盖率是指图书产品在一定市场范围内占有区域的多少。这两个指标分别从深度和广度两个方面标示了出版社图书占有市场的情况。在具体分析时可以将两个指标结合起来，在市场对某种图书需求量一定的情况下，出版社市场的占有率和覆盖率越高，该出版社图书销售量也就越大。出版社图书占有的市场不仅能给出版社带来丰厚的利润，还能提高出版社的社会形象，获得更高的社会认可度。出版社的市场控制力在一定程度上可以反映读者群规模和受众面的大小。

2. 国家对出版社的资金扶持

国家出版基金资助的项目具有如下特点：一是国家出版基金是以国家文化建设为指导方向，其资助的项目必须体现国家意志，代表国家水平，彰显中国特色并具有国际影响力；二是资助的项目必须是精品著作，文化精品代表一个国家和民族的文化创新能力与创造水平，能够产生较好的社会效益。因此，国家出版基金的资助力度可以反映出版社图书的内容、水平以及对社会产生的影响力。

（四）图书的社会贡献力度

图书的社会贡献度是指图书出版给社会及人民带来的积极影响，

例如,是否有助于分担社会责任、能否提供就业岗位等。

参加公益活动的次数。一个出版企业参加公益活动越多,它对社会问题就越关心,就会承担更多的社会责任,为社会做出更多的贡献。

提供的就业岗位。出版社如果具有较大的生产规模和销售规模,就需要更多的人投入图书出版的过程中,从而提供较多的就业岗位,为社会分担就业压力,这也是图书出版业对社会的贡献。

三、图书出版的社会效益评价体系的意义

(一)有利于提高图书质量

随着社会的进步与科学技术的发展,尤其近年来电子科技的突飞猛进,琳琅满目的图书产品充斥人们的眼球,造成了很多图书质量下降,譬如盗版图书代替正版、错字频出、断章断句以及知识性和常识性错误等问题不断影响着下一代。出版发行业的集团规模性发展也加剧了图书质量的下滑,一些出版社为了追求经济效益而忽略了社会效益,因此,有必要对出版社的社会效益进行评价与分析。

(二)有利于出版社提高自身的竞争能力

社会效益指标体系涉及出版社制度、企业文化、生产力、创新能力等方方面面,出版社可以用社会效益指标体系来进行自我诊断与自我完善,充分挖掘自身潜力,生产出更优质的图书,进一步树立良好的社会形象,产生更好的社会影响,形成良性循环。

(三)有利于政府对出版业进行科学管理和合理指导

由于出版业转企改制还处于初级阶段,政府要对其进行科学的管理和合理的指导,需要出版企业建立合理的社会效益和经济效益指标体系。由于当前出版社对于诸多市场规则和现代企业制度运行的认识与了解还不够全面深入,整个出版过程存在薄弱环节,因此,政府指导有助于帮助企业渡过难关,把握前进方向。

参考文献：

[1] 张沛泓. 图书的社会效益及其评价初探[C]. 中国编辑学会年会论文选, 2001.

[2] 薄丽丽. 河北省图书出版业社会效益研究[D]. 石家庄:河北大学硕士学位论文,2013.

[3] 李欣人. 图书出版:在社会效益与经济效益的天平上[J]. 中国出版,2005(10).

[4] 金明善. 论图书出版必须把社会效益放在第一位的质的规定性[J]. 编辑之友, 1987(2).

[5] 王国伟. 出版产业向何处去[N]. 文汇报,2012-12-24(1).

[6] 齐宏亮. 浅析图书内容质量的判断标准[J]. 编辑之友,2010(7).

原载《唯实》2017 年第 5 期。

加强内部控制，防范出版社财务风险

内容摘要：传统出版行业受到来自新兴媒体的影响和冲击，其外部面临着竞争激烈的市场环境，内部经营管理模式也发生着巨大变革。高度不确定的内外部经营环境，使得出版社的财务风险愈加突出。因此，出版社必须改变传统的粗放式经营管理方式，以财务风险管理为基础，向精细化财务管理转变。内部控制作为强化公司治理和经营管理的核心制度，对于强化出版社财务风险管控、促进出版社转型升级发展具有重要作用。本文围绕这些方面做了详细的分析。

一、出版社财务风险概况

出版社的财务风险是指在出版社整个财务活动过程中，由于无法预计、不可控制的外部经营环境变化以及不确定的内部经营条件，导致出版社财务活动实际收益与预期收益会发生偏离。伴随着社会经济的发展、信息网络技术的更新、新兴媒体的不断涌现，人们的阅读等文化消费习惯与消费结构正发生着深刻的变化，出版社面临更加复杂多变的外部经营环境。同时，随着微利时代的来临及经济利润的压缩、资金供应的缩紧、商业信用关系的错综复杂，要求出版社必须转变财务管理理念，强化财务风险的管控和调节。

出版社作为开展图书等版权物品出版活动的组织单位，其面临的财务风险主要有：一是资金链风险。出版社的经济活动是对已有作品进行深层次开发，对原作品进行编辑加工，对加工好的作品进行大量复制并将出版物公布于众,涉及利益主体众多,经营环节繁杂,资金占用周期较长。现金流是保障出版社经营活动正常进行的前提条件,而复杂的资金链则会导致财务风险的增加。二是合同风险。出版社在经营活动过程中与不同主体均具有业务关系,合同作为明确各方权利与义务的法律文书,对于保护出版社合法经济权益、防范履约风险等具有重要意义。然而,现实中很多出版社在合同签订过程中,常常出现合同条款不清晰、合同签订程序不合规、合同签订主体不合格、权责表述不明确、违约责任不清楚等现象,导致出版社面临较大的合同管理风险。三是图书等出版物库存风险。快速发展的经济社会、日新月异的信息技术、瞬息万变的消费需求,给出版社库存管理带来不确定性。倘若出版社不能顺应大众精神文化消费需求的变化,及时把握商机将出版物投向市场,极有可能出现出版物大量积压的被动局面。四是应收账款管理风险。出版社应收账款主要是对外销售图书等所形成的应向购买方索取货款的权利。应收账款是出版社向其购买方提供的一种商业信用,对出版社的资金形成了一种无偿占用的机会。应收账款虽然加快了出版社去库存的周转效率,但同时也伴随着较大的信用风险,所以对出版社应收账款的有效管理就显得极为重要。

二、内部控制在出版社财务风险管理上的应用价值分析

内部控制是指为推动经营战略的贯彻落实,促进经营目标的实现,保障资产的安全完整,确保会计信息的真实可靠而采取的一系列控制活动。财政部等五部委出台的《企业内部控制规范》,充分借鉴了全面风险管理框架,内部控制目标及内部控制要素与全面风险管理大致相同,关注的主要内容有战略、财务、市场、运营及法律,并渗透到经营管理层面和业务层面。因此,内部控制与财务风险管理相互交叉,两者的具体关系可概括为以下几点:一是内部控制是财务风险管理的制度保障。通过内部控制,内部规章制度、各项管理及控制措施得以执行,从而确保各项经济业务能够按照规划开展。二是内部控制通过控制经济

业务流程实现对财务风险的管控。有效的内部控制能够确保企业经济业务合规开展,财务管理活动规范进行。良好的业务流程控制渗透至企业的日常业务层面,能够使财务风险防范细化。三是内部控制从根源上降低了企业财务风险。内部控制五要素包括内部环境、风险评估、控制活动、信息与沟通和内部监督,完备的内部控制能够从根源上切断财务风险的形成、传导与影响机理。四是内部控制与财务风险管理两者相互促进、相互强化。内部控制有助于财务风险的防范与化解,而财务风险管理又是完善内部控制的重要基础和措施。

内部控制在提高企业财务信息质量、保障企业生产管理资源安全、防范企业财务风险等方面具有重要作用。然而,内部控制在财务风险防范与控制的应用方面仍存在以下几点不足:一是风险意识不强,内部控制体系较薄弱。当前出版社经营面临着复杂多变的宏观经济环境、日新月异的新媒体形式以及日益激烈的市场竞争,管理决策层的风险意识不强,盲目决策、过度投资的现象仍有发生。二是内部控制与财务风险管理脱节。在出版社内部控制管理过程中,如果缺乏对财务风险管理理念、管理技术与方法的了解和应用,就会导致财务风险管理、企业经营管理和企业内部控制脱节,无法通过内部控制在出版社各个关键节点采取有效的控制措施,从而防范并控制财务风险的产生。三是财务部门未能充分发挥监督和服务职能。财务部门在出版社战略规划、资源配置、业务发展等活动中应发挥服务作用,而现实中财务部门通常仅仅只是一个职能管理部门。财务部门的监督职能主要通过会计核算来实现,仅能发挥事后的监督作用,难以实现对出版社经营管理活动的全过程进行事前规划评估、事中监督控制和事后总结调整。

三、防范出版社财务风险的内部控制措施

(一)强化风险意识

出版社应提高财务风险防范意识,探索多元化经营模式,培育并树立企业的财务风险管理文化。复杂多变的内外部经营环境要求出版社财务人员在日常财务管理工作中高度重视财务风险并提高风险防范意

识。一是将风险管理理念与风险意识渗透到各项财务管理工作中。要坚持风险与收益平衡的原则，在对财务风险进行充分识别、分析与评估的基础上，合理配置资金。在出版社筹资过程中，要权衡各种融资方式的利弊，选择财务风险与资金成本相匹配的融资方式。二是通过内部控制机制来规范出版社的财务活动，强化财务管理人员对财务规章制度的执行力度。通过内部控制将财务风险管控内化到企业的日常管理活动中，从而实现对财务风险的动态化、常态化管控。三是倡导多元化经营。随着信息化时代的来临，出版产业规模的不断扩大，盈利能力的稳步提升，产业结构的不断调整，实施多元化经营是出版产业发展的内在要求，同时也是分散经营风险的必要手段。因此，传统出版社应顺应时代的要求，积极探索向数字化转型、向文化和服务业转型、向其他行业反哺转型。坚持“多条腿走路”也能够有效加强出版社整体抵御风险的能力，是防范财务风险的重要保障。四是培育并牢固树立财务风险管理文化。风险管理文化是确保出版社长期、有序、稳健经营的重要前提，出版社应按照《企业内部控制基本规范》及《企业内部控制配套指引》的要求，建立一套能够覆盖出版社经营活动各个环节的财务风险内部控制体系，编制年度财务风险管理报告，并结合出版社的实际情况探索一套行之有效的财务风险管理机制。

（二）规范出版社公司治理结构

优化内部控制环境，规范出版社公司治理结构。内部控制环境是对出版社内部控制总体情况的综合反映，控制环境确立了出版社内部控制的总基调，影响着出版社所有人员的内部控制意识，对内部控制框架设计、控制活动、风险评估、信息沟通和信息监督都有着深远影响。规范的公司治理结构是内部控制制度行之有效的前提条件，因此应以完善公司治理结构作为优化内部环境的重要抓手。机构臃肿、管理层次冗杂、信息沟通不畅等不合理的公司治理结构形成了财务风险的源头，防范并控制财务风险就要从改善出版社公司治理结构着手。一是明晰出版社产权关系，建立出版社所有权与经营权相分离的现代公司制度，明确利益主体的权利和义务，确保出版社的经营活动合规、合理。二是建立董事会监督制度。董事会监督制度是解决出版社所有者与经营者信息不对称引起的委托代理风险与道德风险的最直接、最有效的方法和手段,是保护出版社国有股东权益的有效途径。通过设定出版社经营目标,对企业经营决策实施动态监督,实现对出版社经营管理层的有效约束与监督,通过建立科学合理的考核激励制度,激发出版社经营管理人员创造利润的积极性。

(三)转变财务管理理念,向管理会计转型

出版社财务人员应由传统的核算会计向管理会计转型。出版社要在日益激烈的市场竞争中脱颖而出,需要依靠更加科学的经营管理模式,这离不开财务的支撑。复杂多变的内外部经营环境,要求财务人员必须具备良好的分析、评估、规划、控制、预测和筹划等管理能力。这就要求出版社财务人员转变财务管理的传统理念,通过不断学习、接受培训,及时拓宽和更新自身的知识面,更好地掌握财务管理的新知识、新方法,努力掌握财务学、管理学、信息技术等多门学科知识和技能,充分运用自身的知识特点和业务能主动适应图书出版的每一个环节与流程;对选题策划、发行销售、成本控制等出版业务环节能提出自己的想法和建议,为出版社经营管理者提供有用的决策依据,参与到对出版社经营规划、决策控制和经营成果进行筹划、监督、评价与考核等的管理活动之中。

(四)科学设置内部控制关键点

加强出版社资金管理。出版社资金管理应坚持“量入为出”“现金为王”的原则,高度重视出版社的投融资、应收账款回收等资金管理活动,通过内部控制严格规范出版社的资金活动,对融资活动的科学性、成本收益的可能性进行分析,对资金的投放效益进行科学评估,对资金管理活动进行密切跟踪和监督。强化应收账款管理,建立客户信用评估与授信额度审批制度,从源头上确保授信客户的质量与信誉。定期对应收账款进行账龄分析,密切关注授信客户的信用变化,构建客户信用预警机制,对信誉不好的及时建立黑名单,对于触发预警信号的客户,要及时对应收账款进行清算与催收。同时将应收账款管理纳入销售部门、财务部门及相关责任人的绩效考核中,坚决杜绝单纯以应收账款盲目扩大销售额的不负责任的行为,把应收账款管理落实到具体责

任人。

实施全面预算管理控制，选择适宜的财务风险管理工具，强化出版社的现金流量管理、成本控制、预算编制与预算执行、绩效考核等核心环节的管理与监督。通过将内部控制渗透到出版社现金流量、成本控制等关键环节，实现对财务风险易发点的源头控制与过程控制，及时发现在出版社经营管理环节中存在的漏洞，从而做到防患于未然。同时对于出版社融资环节面临的利率风险、投资环节面临的市场风险、销售环节面临的信用风险，可适当引入利率互换、汇率互换、期货、期权、保险等风险缓释、风险转移等工具，有效化解业务活动面临的各类不确定风险因素。

（五）构建科学的风险预警体制

一是组建财务风险管理委员会。财务风险贯穿在出版社的整个业务流程及财务管理活动中，因此需要对出版社的整个业务流程及财务管理环节进行控制和监督，由财务部门、各职能部门及业务部门的领导组成财务风险管理委员会，专门负责财务风险管理制度设计、流程控制、风险预警体系及风险防御机制的构建。二是构建全面、科学、可行的财务风险预警指标体系。出版社的财务风险预警指标体系至少应包括偿债能力指标、盈利能力指标、经营成长性指标、资产质量指标等，确保预警指标体系能够从不同层面、静态与动态全方位地反映出版社的财务状况和业务经营状况等，并能够及时敏锐地捕捉风险信息，为出版社做好风险防范与处置争取更多时间。三是健全出版社风险防御机制。通过推动多元化经营、科学设计投融资计划、建立战略合作关系、强化应收账款管理、引入风险缓释与转移金融工具等构建全面的风险防御机制。

（六）强化财务部门的监督和服务职能

将内部控制融入出版社的具体业务层面。出版社财务人员要基于税法规定、内部财务管理制度及自身的财务管理学知识等，向业务部门提出合理化建议，对出版社业务进行事前规划与分析。运用财务风险管理工具，对出版社业务的运作进行动态控制。在业务结束后，做好业务数据的整理与总结，利用好业务数据，为出版社下一步的经营活动及财务管理活动提供第一手参考资料,从而使财务人员通过自身努力真正成为出版社管理型的财务专家。

参考文献:

[1] 谢易颖,方宇.从行业特殊性角度谈出版社内部控制问题及对策[J].会计师,2012(16).

[2] 耿晓鹏.出版社内部控制制度存在的问题及对策建议[J].时代金融,2012(18).

[3] 何安.出版社内部控制的重要性、现状与优化建议[J].会计师,2017(7).

[4] 莫德志.关于出版社财务风险管控体系完善的若干思考[J].纳税,2017(26).

[5] 朱玉凡.浅谈出版社财务风险控制[J].财经界(学术版),2012(3).

原载《唯实》2018 年第 4 期。

文化产业与金融创新

文化产业的概念、分类和特点

从历史角度看,文化产品的交换和买卖活动随着人类社会商品经济的出现就已发端,但是真正意义上的文化产业是在社会发展到一定程度后,由市场经济和科学技术共同推动产生的。作为“产业”的文化到 20 世纪才开始全面形成,在“产业”出现后,文化活动的融资来源就开始遵循产业经济的基本规律,即按风险收益匹配的原则,寻求内部和外部融资。文化产业的出现是人类社会经济发展到一定历史阶段的必然产物。

一、文化产业的概念

虽然“文化产业”在世界上引起普遍关注已逾半个多世纪,各国专家学者对这一概念进行了深入研究,但由于人们研究的立场、角度、方法不同,文化产业的概念仍未得到十分严格、统一的界定,甚至没有形成统一的称谓。根据所涵盖的内容比较,“文化产业”在美国称版权产业(copyright industry),在英国、澳大利亚叫作创意产业(creative industry),在西班牙叫作文化消闲产业(cultural entertain mental industry),在中国、德国、荷兰、韩国等国家叫作文化产业,在中国台湾地区被称为创意文化产业(creative cultural industry),还有的国家或学者将文化产业叫作文化工业(cultural industry)、内容产业(content industry)等。

(一)国外对文化产业的定义

学术界一般认为,最早提出文化产业概念的是法兰克福学派的马克斯·霍克海默和阿多诺。他们认为,文化生产一旦与科技结合在一起,形成工业化体系,就会产生巨大的能量。当时,该学派将这一体系称为“文化工业”。自从文化产业概念诞生以来,不同的专家学者从不同角度对文化概念进行阐释,提出了自己的定义。

英国曼彻斯特大学贾斯廷·奥康纳(Justin O'colmor)认为,文化产业是指以经营符号性商品为主的那些活动,这些商品的基本经济价值源自它们的文化价值,它首先包括了我们所说的“传统的”文化产业和“传统艺术”。

英国伦敦经济和政治学院学者安迪·C.普拉特(Andy C. Pratt)认为,文化产业与以文化形式出现的材料生产中所涉及的各种活动有联系,在全球化时代构成一个巨大的产业链,包括内容的创意、生产输入、再生产交易这些环节,相互交融构成庞大的文化产业生产体系。

英国学者尼古拉斯·加纳姆认为,文化产业是指那些使用类似于生产和组织模式如工业化的社会机构而生产与传播的文化产品和文化服务。

英国学者大卫·赫斯德哈尔什认为文化产业的本质在于创造、生产和流通文本,文化产业分为核心的文化产业和边缘的文化产业。美国学者斯科特认为文化产业是指基于娱乐、教育和信息等目的的服务产出,和基于消费者特殊嗜好、自我肯定和社会展示等目的的人造产品的集合。美国的大卫·赫斯蒙德夫认为文化产业通常指的是与社会意义的生产最直接相关的机构。

澳大利亚的大卫·索斯比认为,文化产业就是“在生产中包含创造性,凝结一定程度的知识产权并传递象征性意义的文化产品和服务”,并用一个同心圆来界定文化产业的行业范畴。处于同心圆核心并向外辐射的是音乐、舞蹈、戏剧、文学、视觉艺术、工艺等创造性艺术;围绕这一核心的是那些具有上述文化产业特征同时也生产其他非文化性商品与服务的行业,如电影、广播、报刊和书籍等;处于这一同心圆最外围的则是那些有时候具有文化内容的行业,如建筑、广告、观光等行业。

澳大利亚学者斯图亚特·坎宁安则认为艺术、文化正在日益广泛地与教育和学习、出版、设计、信息设备及电子商务等内容繁多的服务业相联系,因此文化产业的内涵正在不断扩大,对文化产业的界定也应该更具包容性,他更愿意使用“创意产业”一词。

芬兰学者芮佳莉娜·罗马则以金字塔式模型来展现文化产业的概念与发展史,该模型总结了文化产业概念的各个方面和所涉及的范围,并在此基础上提出了她本人对文化产业的界定:不管从何种角度来界定文化产业都要以艺术+经济+技术为支点,文化产业的大厦正是建立在这三者的基础上,其中的任何一个都在文化产业中或多或少地发挥着缺一不可的作用。

各国学者从不同的角度和背景对文化产业的概念与内涵进行了界定,学者们对文化产业的定义虽然众说纷纭,但都表达了文化产业的一些核心内涵,如文化产业的内容要素、文化产业的商业价值、文化产业的产业属性等,这给予我们对文化产业的一个基本认识:西方文化产业的概念主要是指为社会提供文化产品和服务的活动的集合,强调了创意、知识产权等因素的作用。

(二)我国对文化产业的定义

国内对于文化产业概念和内涵的探讨一方面结合国外文化产业的概念,同时也根据本国的一些具体情况进行研究,虽然各种说法不尽相同,但这种一直不断持续的概念探讨,对于我们了解文化产业的功能、明晰文化产业的范围起到了重要作用,但直到21世纪初,我国学界对于“文化产业”的内涵与外延仍然没有形成共识。

2003年7月,由中宣部牵头,成立了由国家统计局、文化部、广电总局、新闻出版总署、国家文物局等单位参加的“文化产业统计研究课题组”,对文化产业的概念进行科学界定,并建立中国的文化产业指标体系。2004年3月29日,国家统计局正式出台了《文化及相关产业分类》,首次从统计学意义上对文化产业的概念和范围进行了权威界定。

在《文化及相关产业分类》中将文化产业界定为:为社会公众提供文化、娱乐产品和服务的活动,以及与这些活动有关联的活动的集合。根据上述界定,中国政府将文化及相关产业的范围限定为:提供文化产品(如图书、音像制品等)、文化传播服务(如广播电视、文艺表演、博物馆等)和文化休闲娱乐(如游览景区服务、室内娱乐活动、休闲健身娱乐活动等)的活动,它构成文化产业的主体;同时,还包括与文化产品、文化传播服务、文化休闲娱乐活动有直接关联的用品、设备的生产与销售活动以及相关文化产品(如工艺品等)的生产和销售活动,它构成文化产业的补充。

二、文化产业的分类

最早建立文化产业分类标准的是联合国教科文组织。1986 年,联合国教科文组织为了收集各国的文化统计数据,率先制定了文化产业统计框架,并于 1993 年做了进一步修正,成为规范各国文化产业统计以及各国建立自己的文化产业体系的参考标准。联合国教科文组织将文化产业分为十大类别,具体包括文化遗产、出版印刷业和著作文献、音乐、表演艺术、视觉艺术、音频媒体、视听媒体、社会文化活动、体育和游戏、环境和自然。联合国教科文组织的分类在国际范围内形成了一个较为统一的认知标准,为各国文化产业数据统计和框架建立奠定了基础。尽管如此,由于国情的不同,各国文化产业在解释和统计范围划分上仍旧保持着本国的独特性。

(一)国外对文化产业的分类

1. 美国对文化产业的分类

1990 年美国国际知识产权联盟(简称 IIPA)开始用“版权产业”概念来计算创意产业对美国整体经济的贡献。为了与国际标准相一致,IIPA 采用世界知识产权组织界定的四种版权产业分类法:核心版权业,交叉产业,部分版权产业,边缘支撑产业。所谓版权产业,是指与知识密切相关的行业,具体主要包括出版、商业软件、音像录制、电影及电影发行等方面。按此方法,创意产业几乎全部列入美国版权产业,所以在美国,版权产业就是创意产业、文化产业。

版权产业又可分为四类:①“核心版权产业”,主要指广播影视业、录音录像业、图书、报刊出版业、戏剧创作业、广告业、计算机软件和数据处理业等,其基本特征是研制、生产和传播享有版权的作品或受版权保护的产品。②“部分产权产业”,产业内的部分物品享有版权保护,较典型的如编织、玩具制造和建筑业等。③“发行类版权产业”,主要是以批发和零售方式向消费者传输和发行有版权的作品，如书店、音像制品连锁店、图书馆、电影院线和相关的运输服务业等。④“版权关联产业”，其所生产和发行的产品完全或主要与版权物品配合使用，如计算机、收音机、电视机、录像机、游戏机和音响设备等产业。

2. 英国对文化产业的分类

英国20世纪80年代曾使用文化产业的概念，但在1997年后，英国政府又提出发展创意产业而取代文化产业的概念。英国文体部和创意产业特别工作组定义创意产业为：源于个体创意、技巧及才干，通过知识产权的生成和利用，而有潜力创造财富和就业机会的产业。范围包括广告、建筑、艺术及古董市场、工艺、设计、流行设计与时尚、电影与录像带、休闲软件游戏、音乐、表演艺术、出版、软件与计算机服务业、电视与广播13个行业。

3. 加拿大对文化产业的分类

加拿大统计局把文化部门定义为以艺术创造表达形式、遗产古迹为基础引起的各种活动和产出。以此为标准，加拿大文化产业统计框架包括：(1) 传统艺术和文化行业：① 创作和出版；② 电影；③ 广播；④ 声音录制和音乐出版；⑤ 表演艺术；⑥ 视觉艺术和手工艺术；⑦ 节日。(2) 现代艺术活动：① 建筑；② 设计；③ 摄影；④ 广告。(3) 遗产古迹：① 博物馆和画廊；② 图书馆和档案馆；③ 自然保护区(公园、植物园、动物园、历史名胜、天文台等)。(4) 支持设施：① 艺术和文化教育；② 政府活动；③ 相应设备；④ 专业协会；⑤ 代理机构、发起人等(如票房代现等)。并包括上述各个部分的创作、生产、保存、组织支持和服务、制造、销售、消费等整个经济活动链的供需情况。

4. 日本对文化产业的分类

日本官方文化产业概念主要包括音乐、戏剧、电影、展览等文化艺术业，电视、网络等信息传播业，体育、博彩和观光旅游等，统计口径较宽。

5. 韩国对文化产业的分类

韩国统计厅的文化产业统计指标包括：出版印刷、音像、游戏、电影、广播、演出及其他文化产业（建筑、摄影、创意性设计、广告、新闻、图书馆、博物馆、工艺品及民族服装、艺术文化教育等）。

6. 澳大利亚对文化产业的分类

澳大利亚统计局下属的全国文化与休闲统计中心制定和颁布了《澳大利亚文化和娱乐分类》，这一分类包括行业分类（4 种）、产品分类（26 种）和职业分类（9 种）三大块，在行业分类里，澳大利亚的文化和娱乐产业被划分为遗产类、艺术类、体育与健身娱乐类、其他文化娱乐类四大类。

（二）我国对文化产业的分类

2003 年 7 月，由中央宣传部牵头，成立了由国家统计局、文化部、广电总局、新闻出版总署、国家文物局等部门组成的“文化产业统计研究课题组”。2004 年 3 月 29 日，课题组在现有《国民经济行业分类》的基础上经过攻关研究，首次制定了《文化及相关产业分类》标准，由国家统计局发出《关于印发〈文化及相关产业分类〉的通知》，首次从政府统计的角度对文化及相关产业进行了全面界定。

《文化及相关产业分类》将文化产业分成三个大类 80 个小类。

1. 核心层

核心层包括新闻、出版、广电和文化艺术等，主要是新闻出版总署、广电总局、文化部管理范围，其文化产品的社会效益极为重要，与意识形态领域高度相关，肩负着推进中国精神文明建设和文化现代化（甚至全面现代化）的使命，体现国家和民族的精神品位、文明程度与总体文化（特别是文学艺术和人文学术研究）水准的高低。这决定了它们不应该也不能够被卷入商品化的漩涡，否则，将导致文艺创作的庸俗化和人文社会科学研究的消弭。

2. 外围层

外围层包括网络、娱乐、旅游、广告、会展等新兴文化产业，产品的商品价值与市场价格基本相一致，以娱乐大众和创造利润为宗旨，可以而且应当产业化。这类文化产品（如畅销书、音像制品等）或服务（如演出），大多是直接为广大群众所消费的精神消费品，在文化市场完全可以实现自我生存和盈利，也就有条件实现产业化和市场化。

3. 相关服务层

相关服务层包括早已市场化了的文化用品、文化设备生产和销售业务的行业，主要指可以负载文化内容的硬件产品制作业和服务业。

三、文化产业的特征

（一）文化产业首先要具有文化特征

文化产业、文化事业与思想道德（意识形态）建设同是文化的重要组成部分。文化产业是文化要素的产业化，它的生产要素是抽象的文化，文化要素是文化产业的基础和内容，虽然抽象的文化离不开具体的物质载体，但其中抽象的文化要素的重要性所占比重远远大于具体的物质载体。它的发展既要遵循市场经济的一般规律，又必须遵循文化自身的发展规律，社会效益最大化是其必然追求。所谓社会效益，是指活动的结果对社会全面进步所发生的影响。文化产品的社会效益主要表现为：指向功能，引导功能，服务功能，净化功能。文化产品必须能够提高人们的科学文化水平与思想道德水平。

（二）作为产业，文化产业要具有经济特征

文化生产力是社会生产力的重要组成部分，文化产业的文化生产力性质决定了文化产业具有经济基础性质。文化产业把文化要素作为经营对象，以社会需求为导向，以产权为纽带，以现代企业制度为产业运营的基本模式，形成科学的内部管理机制与合理的产业运营机制，以市场为基础合理配置文化资源，按现代产业专门化生产的要求组织文化生产要素，把生产、再生产、传播、消费诸环节整合为一个完善的产业系统，使文化产业在国民经济运行机制中建立起与国民经济发展需要相适应的产业结构，实现文化产业的集约经营、联合经营、规模经营、效益经营，使文化产品的生产和服务经营社会化、市场化、综合化和法治化，走本业为主、多种经营、综合发展之路，促进国民经济和社会的全面发展。文化产业是一个由核心产业、相关产业和延伸产业构成的完整的产业群。文化产业企业则主要面向市场，依法经营，自我积累，自我发展，文化产业企业必须追求经济效益。所谓经济效益，是从市场经济

观点出发提出的衡量标准,追求利润最大化。

(三)文化产业的内涵和外延具有发展特征

经营性文化产业一般是与公益性文化事业和社会意识形态相对应的概念,基本上来说它介于文化与第三产业服务业之间,是经济文化与文化经济化、文化与经济融合发展的结果。同时随着经济社会的不断发展,文化被广泛地应用到各项经济活动中去,这就促使一些相关产业不断加入文化产业中来,文化产业的内涵和外延将随着文化产业实践的不断发展而发展,从而使文化产业的外延不断扩大,文化产业相应地具有了发展特征。从这个意义上讲,"文化产业"概念也是一个正在发展变化中的概念。文化产业的行业界定和产业分类既不能割断历史,又要从现实情况出发,同时还要具有预见性。也就是说,一要考虑本国的国情与历史文化背景,各国政府对文化产业存在不同的行业界定和分类标准。这些差异既是各国经济、文化、政治等国情差异的反映,也是各国对文化产业的性质、功能等方面认识上的差异的反映。二要反映经济社会的发展、科技的进步和产业结构的变化,其范围随着时间的推移、随着国家管理体制的改革和经济社会的发展而不断变化。三要保持开放性,其标准的制定一定要随着文化产业发展而发展,可以随着各方面情况的变化而及时增加新兴的行业内容,删减过时的行业类型。四要研究和制定文化产业的行业界定与产业分类,还要尽可能与国际保持一致,在总体结构框架方面与联合国的分类标准接轨,以便于进行比较研究。

文化产业的历史演进

一、文化产业的历史

如果没有广阔的市场体系以及文化产品生产技术的支持，而是仅靠传统的生产方式和低级市场，现代文化产业就不会取得如此举世瞩目的成就。从某个层面上来说，技术对文化产业的产生和发展起到了至关重要的作用，文化产业从萌芽到兴盛无不与生产技术的不断进步息息相关。

例如，作为文化产业的一部分——出版业的兴起与发展是建立在纸张的发明和印刷技术创新基础之上的。在印刷术发明之前的中世纪欧洲，书籍大部分是纸草纸或羊皮纸制作的手抄本，书籍还是采用手工生产方式，不仅数量稀少而且价格昂贵，只能是一种在社会上层使用的奢侈品。书籍等印刷品的这种超高价格让普通民众望而却步，使得其很难被广泛推广和流行。从 14 世纪开始，随着人造纸张、雕版印刷、金属活版印刷的相继出现，给欧洲出版业带来了历史性的革命。造纸术、印刷术的应用和传播使欧洲图书出版发生了翻天覆地的变化，书籍和其他印刷品以此前无法比拟的速度传播开来，这使得以大量复制为基础的文化产品逐步诞生。与此同时，意大利出现了近代意义上的第一批出版商人，一些大城市如罗马、威尼斯、佛罗伦萨等都出现了规模不等的专门的书籍销售市场。纸张与印刷技术的进步，不仅使得出版业内开始了大规模的重复生产和流水线作业，让更大批量、更低成本的复制成为可能，也对文化产业所要求的产品规模化、同质化与类型化起到了示范作用，文化产业开始萌芽。

进入 19 世纪以后，伴随着工业革命在英法等国的完成，西方发达国家首先结束了第二次社会转型,进入工业化社会。以产业为标志的工业革命一方面使得生产组织和经济结构发生了显著变化,另一方面使人们的思维模式、文化观念以及消费观念产生了巨大转变。根据恩格尔系数所揭示的规律,需求结构变化表现为物质产品效用的下降和文化产品效用的提高。消费者的消费需求成为产业结构升级的力量,进而成为拉动文化产业发展的内在动力。从这个层面上讲,技术进步给文化消费者提供了消费的可能,而人们的消费需求不断扩张又要求技术不断升级,以满足文化产品生产的技术支持。

进入20世纪后,科技革命和信息革命极大地改变了人类社会的生产及生活方式,电话、电报、广播、电影、电视与网络等相继产生,人们的视听范围得到了突破性拓宽,对文化产品的需求欲望不断提升。而技术的发展和飞跃使原先个体性、一次性的文化生产与传播成为标准化、模式化的生产,并可以通过复制批量生产和传播。文化产品中渗透的经济、商品要素日益增强,我们可以清楚地看到,技术正以前所未有的速度和规模入侵文化领域,产生出新的文化方式,催生了以工业生产方式制造文化产品的行业,作为技术进步的必然成就之一的文化产业开始兴起。

二、文化产业与社会经济发展

（一）文化活动的资金来源演变

作为“产业”的文化是到20世纪才开始全面形成的,在“产业”出现后,文化活动的融资来源就开始遵循产业经济的基本规律,即按风险—收益匹配的原则,寻求内部和外部融资。考察形成“产业”之前文化活动的资金来源演变,能够为文化产业的融资渠道提供一些启示。

1. 贵族自有资金、自主运营

无论我国还是西方,在近代以前的相当长时间内,文化活动都是社会中较高阶层(如西方的贵族、我国的士大夫阶层,在不至于影响理解的情况下,概称之为“贵族”)精神享受的一部分。这种文化活动所需的资金来自贵族的自有财产。譬如我国国画中的“文人画”,我国戏曲中的昆曲，就是文人自娱自乐，在画中、戏中抒发文人思想情感的作品。这样的文化活动不用担心资金来源，其规模通常较小，且规模大小与否完全取决于该阶层的兴趣所在，往往也不以迎合观众、获得经济回报为目的。

2. 贵族支持和赞助

除了自发从事文化活动外，贵族获得文化精神享受的更主要途径是向专门文化从业者提供资金赞助，激励他们生产文化产品。譬如我国古代的“院体画”，就是由专设的画院、翰林院等机构中的专业画家创作的作品。又譬如意大利佛罗伦萨的美第奇家族，曾赞助过文艺复兴时期最著名的“文艺复兴三杰”达·芬奇、米开朗琪罗和拉斐尔。这些文化活动既要服从艺术自身的规律，又在一定程度上迎合资助者的要求。譬如“院体画”为迎合帝王宫廷需要，多以花鸟、山水、宫廷生活及宗教内容为题材，要求用笔设色工整细致、富丽堂皇、构图严谨、色彩灿烂；而文艺复兴时期艺术家所绘的基督面容，反映的是作为神职人员的赞助者对基督形象的看法。

在西方进入资本主义社会后，艺术赞助人制度得到了保留，并且仍然是目前西方正统艺术活动资金的主要来源，只是现在的赞助者由过去的贵族演变成了依靠自我奋斗获得财富的资本家及其后代家族设立的基金会，而在这种赞助—被赞助关系中“资金供给—利益表达”关系也变得更加隐蔽和含蓄。

3. 文化生产者自负盈亏

在资本主义生产方式发展和商品社会形成的过程中，普通民众逐渐成了文化产品最主要的消费者。面向大众的文化活动有利可图，可以不依赖外部资金的输入而自行生存和扩张，以文化养文化。早期面向大众的文化活动，其资金来源大部分是文化产品生产者的自我积累，譬如我国封建社会后期出现的民间画，就是专以绘画为生存手段的街头艺人的作品，而19世纪形成的京剧，也是由“戏班子”这样的商业性演出组织（包括“老板”“伙计”这样按商业地位不同而区别的成员）向市民提供的文化产品。为了销售文化产品，获得资金，直接面向大众的文化活动必须迎合大众的口味，譬如民间画就较为艳丽热烈，而京剧在剧本、曲调上相对于昆曲也更加有“俗”的特征。

从资金来源角度看,文化活动经历了从贵族到大众,从非商业到商业的演变,而文化活动的形式和内容也要反映资金提供者的利益与偏好,这一规律在当今已成为产业的文化活动中仍然有效,即为文化产业提供金融支持的商业主体,能够在文化产业提供的产品中,获得除经济利益以外的非物质利益。

（二）文化产业与“知识经济”的发展

在人类进入21世纪的今天,知识增进速度之快、规模之大、作用之广、影响之深远,达到了令人难以置信的地步。而探索和积累知识,本身就凸现为一种社会文化因素。

知识经济与以往经济形态的最大不同是,其繁荣并不直接取决于物质资源、物质资本以及硬件技术的数量、规模和增量,而是依赖于知识或有效信息的积累和利用。而且正如美国经济学家罗默在其提出的“新增长理论”的论证中指出:知识的投入不再遵循效益递减规律而是效益递增,这样,知识不仅是经济效益的巨大来源,同时也是重要的驱动器。“文化产业”是关于文化的经济产业,其中必包括知识生产的产业化,这体现了文化产业中的知识生产之特点。这样,在现代社会背景下,知识经济地位的提升,成为文化产业兴起的最有影响的经济文化背景。

总之,知识经济的发展,成了世界文化产业兴起的必要条件。文化产业正是伴随知识经济的来临及蓬勃发展而兴起的。

（三）文化产业与“信息经济”的发展

当代世界经济由科技创新的推动形成了大规模的“产业信息化”与“信息产业化”过程。这是生产力发展的又一次革命。从20世纪下半叶以来,出现了以IT为基础的、计算机技术和网络技术相融合的新技术革命。这共同构成了信息革命的物质基础。

在信息经济的发展中,计算机由初级到大型、超大型,之后又走向小型化、家庭化,向更广泛的网络化发展。这形成了进入各个领域及至千家万户的信息网,尤其是随着Internet走向商业化,网络更是突破了各种组织、民族及国家的限制,成为一种广域的文化载体。

在信息化时代，文化产业的范围不但包括传统的、物质化的手工制品，还包括各种媒介上所传播的印刷品内容（报纸、书籍、杂志等）、音像传播内容（电视、录像、广播和影院）、电子出版物内容（联机数据库、音像制品服务、电子游戏等）、用以文化消费的各种软件等等。这些内容合在一起，可以概括为一次现代传媒的信息革命。

现代传媒信息革命对人类当代文化的发展和艺术文化生态格局正产生着巨大影响：科技的发展引起社会主导传媒形式的变化，而主导传媒形式的变化则引起了文化生态格局的全面改变。不仅传统的文化形态“升级换代”或全面更新，而且大量崭新的文化形式被创造出来：游戏、动画、影音、数字出版等以往与文化关系不大的领域，现在都被纳入“文化”产业中，而网络这种新型技术方式也塑造了适应网络文化的一代新人、一代新的消费者和一种新的消费方式。

（四）文化产业与“创意经济”的发展

在国际社会的变化过程中，如果说前些年人们十分关注“知识经济”“信息经济”的研究，那么现在则更加重视“创意经济”的问题。如果单独讲“创意”，应当说它不只体现于文化创作中，而是体现于任何一种创造之中。而由经济来谈“创意”，其涉及的领域也是很宽泛的，并不一定特指“文化创意”。

在历史上，著名德国经济史及经济思想家熊彼特，可以说是最早真正由“经济”来谈“创意”的学者。他很早就提出现代经济发展的根本动力不是“资本”而是“创意”的思想。后来，经济学家罗默在 1986 年曾撰文指出，新创意会催生出无数的新产品、创造广阔的新市场，提供大师获取财富的机会，所以新创意是推动经济发展的巨大原动力。

至此人们从经济角度而重视“创意”，又越来越把“文化创意”乃至“文化创意产业”独立出来而给予特别重视。霍金斯专门写的《创意经济》一书，其中一开始就特别注意结合“文化创意”来论述“创意经济”的概念，虽然当时还只是认为文化创意由专利、版权、商标和设计组成；而他又十分强调，所谓文化创意，这是指文化的原创性、创新性，是指蕴含在文化产品和文化活动中的独特内容与崭新形式。后来人们愈益集中地认为，强调文化的创意产业，准确地说，应当是“文化创意产业”。

任何一种文化创意活动,都要在一定的文化背景下进行,但创意不是对传统文化的简单复制,而是凭借人的想象力和灵感,借助现代科技对传统文化资源再提升。文化创意产业属于知识密集型新兴产业。按联合国教科文组织的概括,文化创意产业包含文化产品、文化服务与智能产权三项内容。其主要具备以下特征:首先,文化创意产业具有高知识性特征。文化创意产业与信息技术、传播技术等的广泛应用密切相关,呈现出高知识性、智能化的特征。其次,文化创意产业具有多附加值特征。文化创意产业处于技术创新和研发等产业价值链的高端环节,文化创意产品的附加值比例明显高于普通的产品和服务。最后,文化创意产业具有强融合性特征。文化创意产业作为一种新兴产业,它是经济、文化和高新技术相互融合的产物。其打破了传统产业界限,有很强的辐射力和渗透性,为发展新兴产业及其关联产业提供了良好条件;可以在关联中相互融合,带动相关产业,推动经济发展;可以辐射到社会的各个方面,渗透于提升民众创意能力和文化消费的方方面面。

文化产业的发展特征

一、文化产业的全球化

全球化是市场经济发展到一定程度的必然结果,市场激烈的竞争打破了国家和地域限制,也把世界各国经济连为一个整体,营造了无边界的统一市场。当代社会的一个突出特征就是全球化趋势日益明显,在这种大趋势的背景下,全球化的影响力和扩散力不会仅停留在经济和国际交往层面上,文化全球化正日益凸显出来。

从现代文化产业生产要素优化整合的意义上来说,只有在全球范围内对文化资源进行国际化整合和配置,才能实现其产业价值,获得高额利润。文化产业对文化资源的国际化吸收和整合的态势日渐明朗。美国派拉蒙影业公司制作的动画片《功夫熊猫》,就是一个鲜明的例子。该影片大量使用了中国文化元素(如熊猫、中国功夫以及类似于武当山的和平谷等),正是这些中国元素的加入使得该影片不再局限于美国国内电影市场,其全美首映票房为60 239 130 美元,全美累计票房为224 637 586 美元,海外累计票房为349 200 000 美元,在国内外市场都取得了丰厚利润。另外美国迪士尼公司制作的动画片《花木兰》在新加坡首映后,经过全球巡回放映,总收入达 3 亿美元,成为迪士尼公司生产的利润最高的影片之一。

文化产品国际化的合作生产也是文化产业全球化趋向的具体表现之一。近年来各国合作生产的文化产品不断增多,如美国电影公司应对日趋激烈的竞争的一条策略就是把电影的生产制作移向海外,从而降低生产成本,规避贸易壁垒。2002 年,韩国与加拿大、德国签约共同制作电视动画片,总投入 500 万加元,加拿大出资 42. 55%,德国为36.17%,韩国为21.28%。另外,影片《泰坦尼克号》实际上是由7个国家的30多家公司协作完成的,其中影片中的特技制作包给了由16家中小技术公司协助的Digital Do-main公司,音乐制作则包给了索尼公司……多方位的合作使该片获得了极大成功。

文化产品与服务的消费方式、市场流通也日益呈现出全球化趋向。以经营审美、娱乐、享受为特征的符号、图像、文字、设计、声音等文化产品具有全球流动性。一本畅销书,从《时间简史》到《哈利·波特》都可以在全世界各地以各种文字同时发行。随着文化的产业化,特别是随着文化传播技术的发展,文化产品比起其他产品能更迅速更便捷地传播到世界各地。只要允许,在任何一国的文化市场上都可以找到世界各国的文化产品,任何一国的文化产品都可以进入世界各国的市场,而且不会遇到通常货物贸易中经常遭遇到的运输上的困难。

总之,随着经济全球化进程的加速,越来越多的文化产品和服务实现了全球共享,文化产业中的文化资源不再只是某一国或某一地区的内部资源,对文化资源进行国际化整合和利用,文化产品的生产和销售体系也应是更为专业的国际化协作。

二、文化产业的高度集群化

文化产业集群的崛起是产业发展适应经济全球化和竞争日益激烈的市场的新趋势,也是文化企业为创造竞争优势,增强核心竞争力而形成的一种产业空间组织形式。

文化产业集群从关联的角度看,一般有以下两种模式:

一是由产业横向关联而形成的集群,这种集群通常以特定域界内某一主导产业为核心,通过企业间的横向联系,形成多层次的产业群落。其整个集群结构可以解构为四个层次。以影视产业为例,中心层次为影视制作中心;第二层次为辅助性产业,如光盘制造加工业等;第三层次是服务性产业,如科研机构、影视专业人才教育和培训业、产业咨询服务业等;最外一个层次则是新产业的聚集,如旅游业、金融服务、知识产权保护等。

二是由产业纵向关联而形成的产业集群，即产业链的聚合。产业链（Industrial Chain）是指某种产品从原料、加工、生产到销售等各个环节的关联，是一种或几种资源通过若干产业层次不断向下游产业转移直至到达消费者的路径，如上游的研发、设计，中游的生产制作，下游的销售及服务等。上下游各企业彼此间存在着联动性，它们相互依存、相互关联、相互协作和相互促进，形成类似"珍珠链"的产业链聚合群落。

目前世界上已形成了许多著名的文化产业集群，如美国好莱坞的影视娱乐业集群，纽约的金融服务、广告、出版以及多媒体产业集群。在韩国，首尔的"忠武路"是电影的象征，也是韩国电影产业集群的代名词。自20世纪60年代起，这里就云集着各类影剧院、电影制作公司和电影人工作室，其热闹程度不亚于洛杉矶的星光大道和纽约的百老汇。

近几年来，文化产业集群化的趋势已引起我国中央及地方政府和产业界的关注。文化产业发达的省市都纷纷建立各种文化（创意）产业园区，如北京大环文化产业园、上海创意产业园、珠海南方文化产业园等，深圳除了创建深圳文化创意产业园外，还探索利用深港之间特殊的地缘优势，建立深港文化产业园区，试图通过创建统一市场来推动文化产业的集群化，构筑文化产业生态圈。可以预见，未来的文化产业，将在不同的域界、不同的层面上形成各种产业集群，且将随着产业的发展而高度集群化。

三、文化产业的广泛融合化

融合也是未来文化产业发展的趋势之一。产业融合（Industry Amalgamation）是指不同产业或同一产业内的不同行业通过相互渗透、相互交叉，最终融为一体，逐步形成新产业的动态发展过程。融合不是产业的叠加，叠加是简单的物理行为、物理反应，而融合是化学反应，通过融合而形成新的产业，从根本上改变了产业的原始形态。

科技的发展是文化产业的第一推动力。"艺术借助科技的翅膀才能高飞"，集艺术家和科学家于一身的达·芬奇曾这样断言。20世纪70年代始，正是通信技术（光缆、无线通信、宇宙卫星）的利用和信息处理技术的革新，推动了通讯、广播、报刊等传媒间的相互融合。20世纪90年代以来，数字、通信网络、多媒体以及互联网的广泛应用与普及，又推进了出版、影视、音乐、广告等文化产业的融合浪潮，由此，“数字经济”与“数字娱乐”初露端倪。如今仍被文化产业界津津乐道的传媒史上的“天作之合”就是世界最大的互联网服务公司美国在线公司，2000年1月以1 840亿美元收购世界上最大的媒体公司时代华纳公司，成立新的美国在线时代华纳公司。这一联姻，就是传统媒体产业和网络产业的融合，同时也成为国际产业融合化发展的标志性事件。

从融合的主体上看，文化产业的融合有两种基本模式：

一是传统文化产业与非文化产业间的融合。这种融合，也就是非文化产业对文化产业的渗透，特别是信息技术的介入，使融合成为可能。当今被称为“拇指经济”的手机短信服务就是明显的例子，即内容+通信技术=短信服务。传统的漫画以纸介为载体，而它一旦与三维技术相结合，就产生了动画这一行业。在这里，传统的文化内容通过技术的介入，促成了两者的融合。这就是韩国提出“文化内容产业”（以3C技术和成果为基础的新融合）概念的理由。换言之，就是计算机和通信技术与内容的融合，也就是“数字娱乐”。

二是文化产业内部的产业融合。这种融合是为了适应社会发展需要，文化产业内部的一种重新整合的状态。1994年，拥有“主题公园之王”之称的迪士尼公司收购了ABC公司，使其经营范围涉及媒体网络、影视娱乐、主题公司、游乐场、消费品和互联网等，就是这种融合模式的代表。还有，动画漫画、游戏与教育对接和耦合，使得传统的课堂教学富于娱乐性、游戏化，寓教于学，寓教于乐，促成了教育动漫产业和教育游戏产业的产生。

四、文化产业投资主体多元化

美国联邦政府主要通过国家艺术基金会、国家人文基金会和博物馆学会给予文化产业资助，州、联邦政府某些部门在文化方面也提供资助。但美国文化艺术团体吸引的社会资助主要来自各大公司、基金会和个人捐助，其数额远远高于各级政府的资助。同时，美国形成了比较完善的融资体制，一些有实力的文化产业集团，如美国广播公司、哥伦比亚公司等，背后都有金融大财团的支持。英国通过政府财政拨款支持文化事业、文化产业的实际投资。英国为拓宽文化经营筹措资金的渠道，以法规的形式将国家彩票的部分收入投资文化设施建设。韩国政府则采取一系列措施，多渠道筹措文化产业发展资金，按照“集中与选择”的原则，有目的、有重点地实施资金支持，在经费上确保文化产业的发展。同时，韩国还设立多种专项基金，扶持相关文化产业的发展。韩国于1997年设立“文化产业基金”，提供新创文化企业贷款。

在我国，一批国有和国有控股的大型文化企业与企业集团将成为文化市场的主导力量和战略投资者，从而带动中国文化产业发展。文化企业的现代企业制度建设刻不容缓，进而关乎企业的生死成败。要通过支持和鼓励大型国有文化企业集团跨地区、跨行业兼并重组，着力培育一批实力雄厚、具备竞争力和影响力的大型骨干文化企业，以增强国有文化资本的控制力和影响力。同时，随着市场准入的放宽和政府扶持力度的加大，民间资本进入文化产业的步伐明显加快。例如，上海盛大网络发展有限公司、深圳华强文化科技集团、云南丽水金沙演艺有限公司等一批民营文化企业成长迅速，成为发展文化产业的生力军。

参考文献：

[1] 周正兵. 文化产业的金融支持[J]. 投资研究,2011(10).

[2] 花建. 中国文化产业投资战略的思考[J]. 上海社会科学学院学术季刊,2002(2).

原载《2012年度江苏省社科研究文化精品立项资助课题》（项目编号：12SWB-012），项目主持人：乔桂明；课题组成员：储安全，严世清，伍纯刚，王颖，刘沁清，郑晓玲，吴刘杰。笔者为本文第一作者。

文化产业发展与金融支持

一、金融支持文化产业发展的必要性

（一）金融支持文化发展具有深远意义

调动金融资源来支持文化产业快速发展，其必然性可以从企业和国家两个层面进行分析。

就企业层面而言，一方面，充足的资金能够为文化企业的发展壮大提供必要的支持，确保企业在人才引进以及产品创新方面更有保障；另一方面，投融资机制的有效建立与应用，可以实现产业内优胜劣汰，逐步形成引领发展的龙头企业，满足中小企业基础需求的产业基本构架。

就国家层面而言，随着生活水平不断提高，人们对文化产品和文化服务的需求越来越大，因此，运用金融手段来扶持文化产业的发展，有利于满足人们日益增长的精神文化需求，缓解文化产品供求矛盾和结构性短缺，保证人们在享受富裕物质生活的同时，享受到更加丰富的精神文化生活。对于发展中国家而言，全球化趋势必然会使本国文化产业受到发达国家强势文化的冲击，因此，加强对文化产业的金融支持也是维护国家文化安全的重要举措。

（二）文化产业的快速发展需要金融支持

1. 文化产业外部融资需求的估计方法

财务学中计算企业所需外部融资额的公式为：

外部融资需求 = 经营资产增加 - 经营负债增加 - 留存收益增加
= 新增销售额 ×（资产销售百分比 - 负债销售百分比）
- 计划销售额 × 计划销售净利率
×（1 - 股利支付率）…………………………… (1)

如果将“文化产业”整体视作企业,可以用公式(1)近似推算出“十二五”期间全国和苏州地区文化产业达到增长目标所需要的外部融资数量。

2. 文化产业发展目标估算

根据公式(1),要估算文化产业外部融资需求,首先需要设定“计划销售额”,具体到产业,设定未来文化产业的营业收入水平。营业收入可以通过增加值目标推算出来。

2011 年我国国内生产总值为 471 564 亿元,“十二五”期间,我国年均 GDP 增长目标为 7%,由此推算出到“十二五”末,即 2015 年,我国 GDP 总量目标为 618 124 亿元,文化产业增加值目标为 30 906 亿元。

苏州地区文化产业的增加值以苏州市《“十二五”规划纲要》中提出的“十二五”末占全市 GDP 的 7% 为目标。2011 年苏州全市 GDP 为 10 717 亿元,“十二五”期间,苏州市年均 GDP 增长目标为 12%,由此推算出到“十二五”末,即 2015 年,苏州市 GDP 总量目标为 16 863 亿元,文化产业增加值目标为 1 180 亿元。

为简单起见,不妨将苏州文化产业增加值、营业收入的比率,作为全国文化产业增加值、营业收入比率的代表。苏州市 2011 年文化产业增加值 533 亿元,营业收入 2 050 亿元,两者比例为 1∶3.85,由此可以推算出 2015 年,全国文化产业营业收入目标为 118 870 亿元,苏州地区文化产业营业收入目标为 4 540 亿元。若假设 2012—2015 年间文化产业增加值、营业收入的比例保持不变,则可计算出各年的文化产业营业收入目标,并作为推算各年所需外部融资的依据。详见表 15。

表 15 “十二五”期间全国和苏州文化产业营业收入发展目标

(单位:亿元)

区域	年份			
	2012 年	2013 年	2014 年	2015 年
全国	64 137	78 783	96 772	118 870
苏州	2 501	3 051	3 722	4 540

3. 文化产业外部融资需求估算

在估算出文化产业营业收入后，还需要找到计划销售净利润、负债销售百分比、资产销售百分比和股利支付率四个财务比率，然后就可以根据公式(1)，推算文化产业的外部融资需求了。

同花顺 iFinD 数据库提供了各行业上市公司的财务比率数据，其中与文化产业内涵最接近的是“文化传媒行业”，用此行业作为文化产业的代表。提取该行业 2008—2011 年的销售净利率、总资产周转率、资产负债率、流动负债占总负债比例四项指标，取平均数。“以文化传媒行业”的销售净利率平均数，作为公式(1)中的计划销售净利率，再将另外三项指标以如下方式转换成所需指标：

资产销售百分比 = 100% / 总资产周转率

负债销售百分比 = 资产销售百分比 × 资产负债率 × 流动负债占总负债比例

计算得到资产销售百分比为 138.65%，负债销售百分比为 45.13%，计划销售净利率为 9.46%。由于大多数需要文化金融资金支持的企业均为非上市企业，而上市企业的股利发放率与非上市公司不具备可比性，所以在这里直接简单假设企业不发放股利，即股利发放率为 0，这也与文化金融所支持的企业大多处于初创阶段，需要将利润全部用于扩大再生产的现实比较接近。

利用公式(1)，并根据文化产业营业收入目标(表 15)和文化产业财务比例，可以算出 2012—2015 年全国和苏州地区文化产业所需的外部融资数量。需要说明的是，对文化产业而言的“外部融资”，从经济意义上说，就是其他产业部门对文化产业的新增投资，但这种投资不但包括金融部门的资金，也包括其他产业自有资金向文化产业的转移。估算结果列举在表 16 内。

表 16 “十二五”期间全国和苏州文化产业新增金融需求

（单位：亿元）

区域	年份			
	2012 年	2013 年	2014 年	2015 年
全国	2 542	3 122	3 835	4 711
苏州	93	113	138	168

根据表 16，在 2012 年全国文化产业的新增金融需求为 2 542 亿元，约占 2011 年全国人民币新增贷款 7.47 万亿元的 3.40%，2012 年苏州文化产业新增金融需求为 93 亿元，约占 2011 年苏州新增贷款 1 737亿元的 5.35%。这些比例虽然是不同年份的实际值与估计值之比，但仍然能从侧面说明，文化产业要实现“十二五”计划的高速增长目标，单单依靠产业自身的积累是不够的，必须同时寻求金融资金的支持。

二、金融支持文化产业发展的国内案例

在我国，许多金融机构都已经开始对文化产业的投融资模式进行探索。例如，工商银行为解决文化企业有效担保物不足的问题，积极研究有关无形资产、知识产权以及影视剧制作权为质押物的质押方式；而多个省市的文化产业部门为了支持文化企业的发展，已与国家开发银行签署了合作备忘录；北京银行甚至还开发了特殊的信贷产品。

（一）齐宁宝相寺开发案例

宝相寺位于齐宁市下辖汶上县境内，是我国最早的佛教寺院之一。但多年来，宝相寺一直未能得到进一步开发，这一宝贵的宗教文化资源并没有体现其应有的价值。

2009 年，《文化产业振兴规划》的出台为金融机构支持文化产业发展带来了难得的历史机遇。在充分调研的基础上，金融机构发现宝相寺的开发同时具有公益性和商业性两部分，难点就在于如何有效区分。

经过对该项目的初步评估测算，金融机构对该项目进行了虚拟分

割，公益性部分由政府先行介入，商业性部分由金融机构以担保的形式待机介入。因此，政府首先投入专项资金 4 900 万，然后再从民间融资 1 000 万，同时其他三家银行也分别贷款 8 600 万元、10 000 万元、3 900 万元。大量资金的到位保障了宝相寺项目的顺利开发和实施。

（二）招行授信《集结号》案例

2006 年 8 月，招商银行在没有第三方担保的情况下与华谊公司签署了为期两年的 5 000 万元贷款合同，用于拍摄电影《集结号》，此举开创了国内银行业无担保贷款影片的先河。

1. 授信依据

中国文化产业的蓬勃发展是大势所趋。尤其是电影业在中国需求巨大，而金融资本与电影行业的合作在发达国家已有成熟模式和许多成功案例。从剧本内容看，2007 年恰逢建军 80 周年，而《集结号》的内容是符合主旋律的军事题材，华谊兄弟传媒股份有限公司是目前中国内地最具竞争力的影视制作公司之一，导演冯小刚拍摄的《大腕》《手机》等多部影片都获得了巨额票房收入。因此，他们合作的电影往往都有良好的市场回报。

2. 风险控制

为了避免出现由金融机构独自承担风险的情况出现，招行要求华谊兄弟传媒股份有限公司在这部总投资为 1 亿元的商业大片中，首先将 5 000 万元的自有资金落实到位，经核实之后以分批的形式进行授信。

影片拍摄的风险点主要在于拍摄许可、拍摄完工、影片销售三个环节：《集结号》以全球版权作为质押，就不能对片花做预售和公开放映。针对这一实际情况，招行突破性地采取了将版权质押权行使到拍摄完工阶段，在后期，则以全球放映的票房收益替换版权质押权。事实证明，这套贷款决策的流程符合《集结号》电影的信用水平和现金流分布，达到了预期的效果。

3.《集结号》项目贷款的效果

《集结号》于 2007 年年底上映，公映三周后票房收入即超过两亿元，不仅按时归还了贷款，也为招行带来了巨大的品牌收益，这对探索金融支持文化产业的发展做出了有益的尝试。

2008 年 1 月 3 日,时任中共中央政治局常委李长春同志批示,建议总结影片《集结号》在金融资本和影视制作结合上的成功经验,使文艺界认识资本的力量,更加自觉地推动文化体制改革。同日,中共中央宣传部部长刘云山也批示,要研究《集结号》的投资模式,推动文化产业的发展。

苏州文化金融的实践和问题

一、苏州文化金融发展概况

（一）苏州文化产业发展现状

苏州市文化产业在最近几年呈现出良好的发展态势。2012 年苏州市文化产业的营业收入达到 2 600 亿元，文化产业增加值在苏州市 GDP 中占比达 5.4%，年均增长速度为 25%，规模总量进入全国城市前 10 位。

从产品性质而言，苏州文化产业大致可以分为传统文化产业和现代文化产业两大类。传统文化产业是苏州数百年来文化延续的成果，包括书画、手工艺品、曲艺等产业，其低碳、绿色、环保的特色非常鲜明，而且具有“名片”特征，传统文化产业的发展和苏州城市形象的建设能够相互促进。目前传统文化产业大致分出了高端和低端两个方向，高端传统产业如玉雕、贵金属制品、书画作品等，多由成名匠人制作，产量较少，价值较高；低端传统产业如小型手工艺品、批量生产的丝绸刺绣制品等，目前在苏州城郊有大量作坊式的工厂生产，并有一定的产业密集度。

苏州的现代文化产业兴起于最近十几年，包括动漫、艺术设计、影视剧制作等产业，它将工业化生产与艺术创意相结合，虽然历史较短，但增长迅速，且在生产组织形式、投融资需求上，更具有现代产业的特征，2010 年苏州创意设计业、数字内容和动漫业、印刷复制业、文化旅游业、演艺娱乐业五个行业实现增加值 122.9 亿元，在核心层中占比超过 50%，在全部文化产业中也占到近三分之一，成为苏州市文化产业的主导行业。

（二）苏州文化金融发展现状

在文化产业金融支持方面，苏州市制定了《苏州金融支持文化产业若干政策意见》《苏州市文化产业发展资金管理办法》《苏州市文化产业投资引导基金管理办法》等政策。苏州市文产办还会同市金融办共同牵头建立金融支持文化产业发展的联席会议制度，定期召开政银企洽谈会，通报产业政策、产业发展和重点项目建设情况，组织全市金融机构与文化产业项目和企业进行有效对接。

十七届六中全会后，苏州市金融业对文化产业的关注热情进一步提高，文化金融专业化程度提高，竞争更趋激烈。目前，中国工商银行苏州分行与苏州市文广新局签署了《支持苏州市文化产业发展战略合作备忘录》；苏州市农业担保有限公司与中国工商银行、交通银行、浦发银行、宁波银行四家银行的苏州分支机构，共同推出了“文贷通”担保贷款产品。中国银行苏州分行也响应了总行号召，积极开展文化金融业务创新和调研，例如 2012 年 2 月新推出了首款文化产业个人经营贷款产品“玉石经营户联保贷款”，并计划设立专门的文化金融支行，争取后来居上，实现文化金融业务的跨越发展。

二、苏州文化金融典型案例

目前，苏州市已有许多银行开展了文化金融活动，这里我们以两个典型的案例来归纳苏州地区文化金融活动的实践与经验。

（一）诚品书店苏州分店：现代文化产业金融案例

1. 诚品书店苏州分店项目的授信方案

诚品书店苏州分店建设项目用地面积约 26 902.93 平方米，总规模为 131 713.12 平方米，其中地上拟建建筑面积 86 089.13 平方米，功能为商业、酒店式公寓和公寓式办公楼；地下拟建建筑面积约 45 624.99 平方米，功能为地下商业及车库。用于文化产业及相关用途的面积为 43 585平方米，占总面积的比例约为 33%。

项目总投资估算为 108 183 万人民币，项目资金来源为公司的5 亿注册资本及中国银行苏州分行的 5 亿项目贷款，资金缺口为 8 183 万元,依靠销售可售房源的回款来补充,销售回款占总投资比例约7.56%。

本次授信分两部分:① 中银香港以香港瑞品股份有限公司的股权为质押物,向香港瑞品股份有限公司提供项目等值1.4亿人民币的美元三年期项目贷款融资,作为资本金汇入境内苏州工业园区旺和发展有限公司在中国银行苏州分行开立的资本金账户,该笔资金需要在中行监管下专款专用于苏州诚品项目的工程建设;② 中行苏州分行工业园区支行向借款人苏州工业园区旺和发展有限公司提供5亿总量的项目贷款,期限为三年,担保方式为苏园宗地74 075号地块使用权和在建工程抵押,利率拟采用人民银行公布的一至三年期基准利率上浮15%。

2. 诚品书店苏州分店项目的风险控制

中行授信期间,诚品书店项目仍未开业,贷款还款来源完全依靠公寓和写字楼的销售,从这方面看,该项目风险与其他商业地产项目较为类似,控制手段也采用的是项目对应土地、房产抵押,以及对项目资金投入及销售款回笼进行全面监管等传统手段。

3. 诚品书店苏州分店项目的意义

诚品书店苏州分店以书店为核心,将产业链延伸至大型商场、美食餐厅、咖啡厅、画廊、多功能视听展演厅以及演讲、演出等多个领域,这种多元化经营模式有利于分散风险、扩大收益、改善风险缓释条件。这种综合体验平台的构建,为文化、休闲等多领域的跨界经营提供了成功的模板,实现了文化价值与经济价值的平衡,也使得提供给该项目的贷款能获得较为可靠的回报。然而,诚品书店苏州分店项目的抵押品和还款现金流,都还停留在传统商业地产的基本模式,无法为广泛的现代文化产业的金融活动提供足够的经验。

(二)玉石贷:传统文化产业金融案例

“玉石贷”是中国银行苏州分行2012年推出的“玉石经营户联保贷款”的简称,这是苏州首款面向文化产业的个人经营贷款产品。

1. 玉石贷的推出背景

苏州手工艺历史悠久,享誉国内外,是苏州地区传统文化产业的主要代表。但在市场经济的大潮中，很多当年成组织的生产机构都已解散、改制，目前高端手工艺品如玉雕、核雕等，都采取了个人经营方式，依托著名艺人的声望和口碑，逐渐精雕细琢，生产方式较为传统。

在调研中，中国银行苏州分行发现，在大多数手工艺品的价值构成中，原料成本占比都较低，主要的价值来自手工加工。对高端手工艺品而言，由于其经营者和实际生产者是同一的（即著名艺人），所以手工加工的报酬也无须提前支付。也就是说，高端手工艺品在备料、生产环节的金融需求是较少的。

然而，以玉石为原料的手工艺品具有一定的特殊性：玉石本身是较大原材料，尤其是大型玉雕，所需的玉石形态庞大，要垫付大量原料成本，且加工期限较长，即使是颇有资财的著名艺人，也可能出现暂时性周转不灵的问题。但在玉石工艺品完成后，其销售和资金回笼的风险很小。

2. 玉石贷的意义

玉石贷作为地域、行业特色明显的专门贷款，很难形成大规模需求，但它是中国银行苏州分行面向传统文化产业的一项有益金融尝试。它表明，虽然从整体看，传统文化产业对金融服务的需求较小，但细分后仍然可能发现金融产品的开发空间。中国银行苏州分行在玉石贷获得经验的基础上，已进一步针对传统工艺美术行业的特点，设计了以个人经营贷款（或中小企业授信）为主要品种的授信方案，推出了满足日常运营需求、支持门店渠道建设和支持“文化创意产业园”建设的不同类型贷款。

对传统文化产业的金融支持，其意义不应停留在经营收益本身。传统文化产业，尤其是其中的高端产业，已和苏州的城市形象融合在一起，成为苏州的一张城市名片。对于传统工艺的关注和适当授信支持，不仅可以赢得政府更多的关注和支持，还能够提升中行的社会责任和品牌形象，得到文化界人士对中行的信任和支持，并通过其关系网，扩大中行的客户基数，提高客户质量，实现中行的高端营销。

（三）苏州现有文化产业金融典型案例的述评

苏州本地的两个文化产业金融的典型案例更多是依靠其他方面的

资质来获得金融支持的：诚品书店苏州分店的项目贷款，其抵押品、还款现金流都具有商业地产贷款的性质，而玉石贷则更接近著名工艺品匠师个人申请的贷款，主要是依托在“人”，而不是在“艺术品”上。

不过更要看到，真正“文化”特征浓厚而又适合金融支持的项目，本来就只占了所有项目中的少数，且时间、地域分布并不均衡，苏州这样的二线城市并不具备大量发展此类项目的优势。而在未来可预见的较长时间内，那些与“文化”有一定关系，同时金融资质较好的项目，才会是文化金融的主要对象。

三、苏州文化金融发展中的金融错配

在苏州文化产业寻求金融支持的过程中，最常见的有两种问题：第一种是很多文化产业经营者希望获得资金，却没有足够的资质，无法通过金融机构的审核；第二种是部分文化产业经营者资质良好，或愿意付出合理代价，却无法在金融机构里找到想要的金融产品。这都导致了苏州地区较为充足的金融资源无法配置给文化产业，而出现这两种问题的关键，就是目前文化产业金融供给方的产品特征和需求方的资质存在差距，本报告在此将其归纳为“金融错配”。

（一）文化金融需求方资质不足

文化金融需求方资质，就是需求方所能支付的融资成本，以及现金流分布、抵押品、担保等融资安全性的保证。

1. 传统文化产业的资质缺陷

从还款现金流来看，苏州传统文化的经营主体多为个人或小企业，缺乏产业化领军人物，行业产业化进程缓慢，部分高端产业的经营者自我认知不足，思想上还没有从“手艺人”向“生意人”转变，产品数量和质量受经营者个人精力、状态、声望变动等因素的影响，不够稳定，而低端产业则面临周边地区小企业的竞争，并没有显著优势。这都使得传统文化产业的现金流分布不够稳定，无法确保定期还款。

从企业特征来看，苏州传统文化产业的企业多数呈“轻资产”特征，只需租赁厂房、雇佣人工、购买简单设备即可生产，无法提供足够的抵押物，也难以找到信誉好的担保（某些细分行业的经营者普遍信誉较好，可以组织联保），银行无法确保授信风险得到有效控制。

从行业特征来看，传统文化产业的产品和无形资产的专用性、专业性均较高，即便企业可以用产品和无形资产作为抵押，金融机构这样的“外行人”也无法透明了解抵押品的价值，甚至抵押品的所有权、可保存性和可交易性都存在疑问，这使得银行在对抵押物估计时不得不倾向于保守，低估抵押品价值，从而提高贷款利率、减少贷款数量。

此外，从授信技术上看，传统文化产业的企业个体规模普遍偏小，资金需求量与银行通常所面对的企业有较大差异，银行日常积累的资金需求评估技术适用性不足，专门为这些小规模企业开发评估技术，又存在经济上不合算的问题，这都使得银行在传统文化产业信贷方面，没有走出一条带有普遍性的道路。

2. 现代文化产业的资质缺陷

与传统文化产业相比，苏州地区的现代文化产业虽然在产业化程度上较高，但同样存在“轻资产”、产品和设备专业性强、现金流不稳定的问题，除此之外，现代文化产业的融资资质还有一些额外的缺陷。

现代文化产业的发展历史较短，而内容又不断更新换代，很多产业的生命周期都不长，未经过时间考验：有一部分产业的商业模式和“文化”价值可能过于超前，但在未来会彰显出来；也有一部分产业只是设法安上了“文化”的外壳，讲了一个创业的故事，就希望获得低成本的资金支持；还有一部分产业虽然已经较为成熟，但存在一些政策上的风险（如文化传媒、影视剧制作等）。

与此同时，现代文化产业的发展从一开始就具有现代产业特征，所需资金规模相比传统文化产业更高，这也是金融机构给予金融支持时的重要阻碍。

（二）文化金融供给方产品单调

理论上说，无论金融需求者的资质怎样低，都可以通过合理的定价和产品设计来获得资金，因此，文化金融需求方所谓的资质不足，也是文化金融供给方产品单调的一个反映。

目前苏州本地向文化产业提供金融支持的机构仍然较为有限，主要参与者只有银行,产品种类比较单一。除了少数带有商业地产性质的项目可以在较高利率下获得中期贷款外,大多数文化产业至多只能就其低风险经营的业务,获得一些银行的短期周转贷款,而无法在高风险、长期限业务上获得信托贷款或小额贷款,更无法发行长期债券或进行股权交易,这大大地限制了文化产业的长期发展,尤其限制了现代文化产业的发展壮大。这种产品种类单调的情况,一方面是由于银行分业经营,只能从事信贷活动造成的,另一方面也和"文化金融"这个方向的投融资活动认同度较低,金融机构参与积极性不高有关,参照科技金融活动的投融资活动经验和发展历程,在文化金融活动持续发展,取得一定阶段性成果的前提下,金融产品的丰富性是可以预期的。

四、苏州文化金融发展中的政策错配

苏州市各级政府、部门积极虽然推动文化金融的发展,但仍然出现了僧多粥少、资金利用不充分、政策设计和实施过程中"政府"与"市场"的相对关系出现了错位和越界等问题,在此归纳为"政策错配"。

(一)政府和市场的相对优势和边界

在对现有政策得当与否做出评价之前,我们首先需要理清"政府"和"市场"之间的相对优势与边界。这里所说的"政府"是广义上的概念,不但包括狭义的行政机构,还包括金融机构、市场之外可以由行政机构调动或利用的各种社会资源,譬如研究机构、智库等,这一界定与我国政府目前实际的行政力基本吻合。根据经济学的基本理论,"政府"最基本的职责是向社会提供公共品,在这方面政府有市场所不能替代的作用,而文化事业作为公共品的一部分,用公共资金对其扶持,既是政府的职责,又是政府的相对优势所在。

然而,文化产业和一般的文化事业有所不同,在商业化运作合理的情况下,文化产业的产品价格能够弥补其边际成本,其公共品特征变得不太明显,此时的"政府"决策相对于"市场"而言也就没有明显优势,"政府"也就退出了对这一部分产业的资金支持,这正是一些文化产业发达国家的现实状况。

就我国目前情况看，很多“文化”事业都处于“前产业”的状态，其孕育和发展尚有赖于政府的扶持，此时政府仍然应对其投入的显性、隐形支持负债，对文化产业的发展施以适当的影响。政府在“文化”的评估和认定上，相对于市场和金融机构更具有优势，更能够判断一个项目是否具有文化价值和社会价值，是否应给予公共资金支持；但在商业价值和“金融”判断上，金融机构和市场更具有优势，即针对特定产业、企业的现金流、资产状况，市场对是否给落金融支持、给予多少以及怎样的金融支持的决策，会更加客观合理。

因此，在文化产业金融的近期发展中，“政府”的边界应当落在“文化”上，其主要职责是评估文化价值；而“市场”的边界应当落在“金融”上，评估产业的市场价值。而在“文化”和“金融”交界上，由政府提供的促进文化金融杠杆化的那些资金，也应在肯定项目文化价值的前提下，交由金融机构灵活使用，政府无须进行后续的干预。而从长远来看，文化产业的“去扶持化”“去政策化”应当是大势所趋。

（二）苏州文化金融发展的政策错配

苏州现有的文化金融政策中，市场导向型政策明确划分了“政府”和“市场”的边界，在理论上富有效率，在实践上也取得了一定成效，如“文贷通”这样的典型产品支持了许多小型文化企业的发展。但在政府导向型政策的运作过程中，出现了一些政府、市场的越界和缺位现象，而这种政策错配的结果，一方面使某些应该得到资金的项目得不到资金支持，另一方面则使某些不应享受文化金融政策的项目却获得了资金。

1. 苏州文化金融政策的政府越界和缺位

笔者曾在调查和访谈中发现，诸如“文贷通”这样的文化金融产品，在金融机构同意放贷的情况下，仍需要文化管理部门的严格批准，而文化管理部门不批准放贷的原因，并不是项目缺乏文化价值，而是担心该项目难以还贷。这种做法并不合理，因为用于文化金融的担保、引导资金，就是把原先专门支持文化事业的开支，通过金融的方式将其杠杆化而已，只要运用在文化价值的活动上，即便有一定比例的失败和损失，也应当视作必要的费用，而且这种风险会由金融部门来评估并共同承担。如果政府过于害怕资金损失，进而越俎代庖，在不擅长的领域代替金融部门决策，就会使一些应当得到资金的项目得不到资金，降低了文化金融活动的效率。

另外，在全国文化金融蓬勃发展的大环境下，苏州市各有关部门积极组织了各类对接会，鼓励金融机构为文化产业提供资金支持。但是，值得文化金融支持的对象并不是随意就能找到的，如果政府还没有对项目文化价值进行细致的评估，就匆忙推动文化金融，甚至具体组织对接、扶持的对象，就会使一些不具有文化价值或者金融价值，但积极响应文化金融的企业获得过多的资源，同样会降低文化金融活动的效率。

2. 苏州文化金融中的市场越界

目前，苏州市财政出资为文化金融提供了一部分担保和引导资金，所以文化金融活动的收益和风险就出现了不对称：如果信贷出现了违约，文化金融担保资金将会承担一部分损失；反之，如果信贷顺利偿还，则银行无须向担保资金支付额外费用。

在这种情况下，政府投入的、杠杆化的文化支持资金就成了“唐僧肉”，企业意识到，如果将自己包装成“文化项目”，申请到文化金融资金的支持，就能占用超过其资信水平的金融资源。在调查中笔者发现，部分并不具备“文化”特征的项目，如商业地产、低端手工业、纯粹代工的动漫业等，都被包装成了“文化”项目，意图获得文化金融的支持资金。

另外，在金融机构内部，一些部门观察到了文化金融的政策导向，刻意逐政策而动，专门发展“文化金融”，这种做法本身的确能够提高金融机构办理文化金融业务的专业水准，但如果将此作为争取机构内的政策和资源倾斜的手段，过度强调“文化”，同样会带来项目的包装化对文化金融政策的滥用。

对文化金融政策的过度追求，会使部分能迅速包装成“文化”产业的项目获得过量的资金，挤占真正需要扶持的项目的金融资源，并在未来造成类似于目前光伏业的困境。

3. 政府缺位和市场越界的关系

从根源上来说，所谓的市场越界是政府缺位的必然结果：市场上风险和收益的不对称,是政府扶持文化产业的代价,只要将文化认定准确,则付出这些代价就是应得的,但如果政府在上级政策、政绩的驱动下匆忙推动容易出效果的“金融”,放弃了文化价值评估这块阵地,就势必引发市场逐利力量的逼近和越界。

因此要解决政府越界、缺位和市场越界这些政策错配问题,关键在于为政府划定行为的边界,使之不偏不倚地履行提供资金、评估文化的职责。

苏州文化产业金融支持的对策与方案设计

基于前文对文化产业的特点分析和文化金融的特殊性的认识，苏州金融对苏州文化产业的支持需要基于文化产业的特点进行金融创新，金融创新中要注重基于不同文化企业的融资需求特点实施差异化服务。金融产品与工具的创新应由市场提供，制度与体制创新应由政府部门基于市场需求来完成。在我国间接融资比重过高、风险过度集中于银行业的情况下，金融产品创新一方面应注重银行风险的防范，另一方面应注重直接融资方面的创新。政府则以制度与体制创新为重心，同时还应完善有关法律法规和会计审计、税收等制度，为金融创新提供良好的环境。

一、金融体制创新

（一）文化金融决策流程设计

要实现极度精确的金融领域和具有不确定性特征的文化产业之间的对接，应以文化产业的融资需求为根本出发点，要有文化产业相关政策的推动，要有文化主管部门的引导，要有各类金融机构积极参与创新与探索，以及文化要素市场的强力支撑，这样才能形成有效的文化金融融资体系。

针对苏州文化产业的发展现状，可如表 17 进行分类：

表17　不同文化企业的融资需求特点

类型	具体文化企业	融资需求特点
初创期的高科技文化企业	数字媒体传播业、动漫游戏制造业、网络服务提供商	融资需求较大，融资期限较长，缺乏明确的盈利模式，没有重资产，未来现金流收入难以预期
成长期、成熟期的中小企业	传统工艺美术业	融资需求具有不确定性，融资需求量较小，普遍具有轻资产，缺乏稳定现金流收入
重点文化企业	出版业、传媒业	融资需求确定，具有较大融资需求量，兼有重资产和轻资产，具有产业链及明确的盈利模式
文化基地	文化创意产业园、文化地产	融资需求量大，周期长，有重资产与较明确的未来现金流收入

基于现实条件，苏州既要发展具有传统优势的中小文化企业，也要培育和发展新兴文化产业，为适应文化产业的运营方式、盈利模式、金融需求等方面的特殊性，银行业等金融机构要积极探索，加快创新金融服务模式，加快推动文化产业整合与升级。

初创期的高科技文化企业：基于其“轻资产、高风险”的特性适合以创业投资公司为主来提供融资，创业投资公司有较为科学的对高科技风险企业投资的评估体系以及抗御投资风险的能力，文化产业投资基金对文化企业的发展及价值评估更是具有专业识别能力。此时，商业银行可以和创业投资公司建立战略合作协议，关注高科技文化企业的成长，当其进入稳定的成长期后可提供银行贷款融资。

成长期、成熟期的中小文化企业：应当由政府部门、商业银行、担保公司合作予以融资。利用这个平台，文化企业与各金融机构按照“优势互补、合作双赢、共同发展”的原则，真诚合作，共同解决文化企业担保难的问题。

重点文化企业：应当选择股权融资、债券融资以及推动重点骨干企业上市融资。

文化基地：应当选择银行贷款，或银行贷款与直接融资相结合。

可见，文化金融的一般流程最终可总结为文化企业—价值及风险评估—保险公司、风险补偿基金、担保公司—银行信贷或其他融资—文化产品这样一个操作流程，在实践中要求每个环节、每个部门之间衔接有序，真正发挥金融支持文化产业的作用。

（二）国有银行与地方银行的差异化经营

目前我国银行业市场结构中存在的一个突出的问题就是国有大银行与地方中小银行的业务结构、收入结构、发展模式存在同质化现象，差异性不大。在加强金融推动文化产业发展的大方向下，国有大银行和地方商业银行在发展文化金融项目方面也应差异化发展，避免在同一区域市场中的同质化竞争。

国有大银行可凭借自身资金实力雄厚，重点支持融资需求量大的文化创意园、文化基地等项目和出版业、传媒业等重点文化企业。股份制商业银行可借鉴科技银行、小企业信贷中心等金融服务专营机构经验，尝试建设“文化银行”提供特色产品和服务。地方商业银行要准确把握“立足地方、服务中小”的市场定位，把支持地方经济发展，支持文化中小企业、私人企业以及个体工商户作为工作重点。这将有助于文化金融产品设计、销售的专业化分工，避免重复竞争。

（三）提高新兴产业风险容忍度，实施差异监管

许多文化企业属于新兴产业，如动漫、创意、数字出版等，这类文化金融有特殊的风险性，其风险的成因更加广泛，涉及社会文化、意识形态、法律规制等方方面面。如果监管体系没有差异化，金融机构走特殊经营之路，就会在监管上受到制约，金融机构的文化金融创新和差异化战略会引发监管层对风险控制的担心与关注。为解决这样的问题，商业银行就必须与监管部门及时沟通，在业务创新与经营模式上取得监管部门的理解和支持。同时，监管部门也要关注银行在文化金融的特色经营方面的监管要求，帮助商业银行有所侧重地发展客户，争夺被其他银行忽略或者尚未涉足的领域。

二、金融业务创新

（一）传统重资产业务和新兴轻资产业务的协调

文化金融目前是各家商业银行业务发展的重点，商业银行在推进文化金融创新的同时，针对文化产业轻重资产项目兼有的特色，在开展文化金融创新的同时要和传统业务相结合，注重文化金融增量增长的同时，不能放弃存量，积极积累文化金融经验。

商业银行所选择的文化地产项目应具有鲜明的文化特色和明确的市场定位，能够通过文化基地建设的方式将文化理念通过一个量身定制的实体向市场做全面集中的展示，以达到宣扬理念、培育市场、引导挖掘文化消费需求的目的。在房地产业宏观调控的背景下，有着重资产的文化地产的未来也存在很大的不确定性，同时，文化地产的出售和出租具有特定对象，市场培育需要一定时间，风险控制不可忽视。文化地产项目的风险控制手段仍坚持采用项目对应土地、房产抵押，以及对项目资金投入及销售款回笼进行全面监管等传统手段。鼓励文化地产项目多元化经营，文化、休闲等多领域的跨界经营有利于实现文化价值与经济价值的平衡，有利于分散风险、扩大收益、改善风险缓释条件。

文化创意产业园的建设在苏州也非常盛行，吴中区的中国工艺美术城就是典型的模式。文化创意产业园适用于政府着力推动的以传统工艺美术为核心的领域，将相关的技艺人员集中在特定区域，建立“研、学、产、展、销、服”全价值链管理模式，打造文化创意产业集聚区。文化创意产业园中商户的融资需求，可尝试通过商铺租赁权质押的方式来满足。

（二）加强与其他金融机构的合作

1. 与保险公司的合作，推动文化保险产品和服务方式创新

在文化产业相对发达的国家，投资文化产业项目往往是保险先行，许多保险公司有针对各项演出、影视制作、展览、艺术品等文化产业项目的配套险种。但我国与文化产业相关的保险业务却一直种类不多、总量不大，业务亟待拓展。同时，在中国文化产业领域里，中小企业的

比例达到90%以上,且往往存在缺乏资金支持、竞争过于激烈、风险规避能力弱、可抵押资产少、贷款融资难度大、产品创意风险大等问题。

应当鼓励保险公司机构投资者发挥保险资金的融资功能,在风险可控的前提下,鼓励保险公司投资文化企业债券和股权,引导符合条件的保险公司参与文化产业投资基金。

2011年1月10日,由文化部与保监会共同推动的"保险支持文化产业试点工作"正式启动,中国人保财险公司成为第一批文化产业保险试点公司,开展演义活动财产保险、演义活动取消保险、演义人员意外和健康保险等首批11个险种的业务,并在相关分支机构退出了相关保险产品。

作为大力发展文化产业的重要组成部分,苏州已着手探索建立保险业支持文化产业发展的机制。苏州人保财险公司作为总公司重要的"文化产业保险试点基地",把握机遇,针对苏州文化产业保险市场及企业需求,创新开发了演义行业、工艺美术、动漫行业、综合类四大系列文化产业保险专属产品,文化活动公共安全综合责任保险、艺术品综合保险、展览会综合责任保险、文化企业贷款保证保险等文化保险专属产品也陆续推向市场。

2. 努力与信托公司开展多种形式的合作,拓宽文化企业的融资渠道

根据国际上已有的成功经验,运用知识产权进行融资的模式很多,既可进行间接融资,也可直接融资,可通过信托公司的业务运作使知识产权这种无形资产流动化。也可以考虑借鉴日本经验,成立专门的文化产业信托公司(或银行),或者探索文化企业知识产权资产证券化的可行方案,以及以SPC方式融资的可能性和可行性。

(三)做好文化金融的企业品牌建设和营销

品牌既为消费者提供了有关产品的综合信息,又传递着鲜明的个性特点,并指向明确的目标顾客,使消费者很容易从众多产品中识别出来。开展文化金融的商业银行应当通过树立文化金融品牌形象,提升银行企业形象。

例如,北京银行推出的"创意贷"文化创意系列产品,就是专为支

持文化企业及文化创意集聚区建设而量身定制的特色金融组合产品，目前已在文化产业领域有一定的影响力。商业银行应该时刻坚持以市场为导向、以客户为中心，进行科学的市场细分，及时捕捉客户所在的不同行业、不同地区、不同职业和消费偏好，划分不同的目标客户群，实施不同的客户关系管理，提供差异化服务，实现品牌定位的差异化。在文化金融的品牌建设中要注意，传导的核心价值要明确，要有利于提升客户的认知度，要有较强的情感渗透力，能够在很大程度上主导客户的选择，从而使客户与金融品牌形成长久、稳固的关系。

三、金融组织架构创新

（一）文化银行的设计与运营

文化产业的专业性以及风险性让很多综合性的金融服务机构很难提供专门性的金融服务产品。因此，我国目前商业银行可在文化金融实践中，在积累经验并形成一定规模后，将现有开展文化项目的支行发展成为一家文化特色支行，通过建立专业化团队，包括前台营销人员、后台专职评审人员等，全面提升文化产业的专业化服务水平。

（二）文化金融专业团队的组织建设

文化金融的可持续发展中专业化团队的组织建设是核心任务。由于文化行业的特殊性，不仅要求银行信贷人员认识文化行业的特征、融资需求的特点，还要求其对国家文化产业政策、知识产权法、本地文化产业发展概况、本地文化产业发展规划、文化艺术品的价值评估及交易等要有一定掌握，并在实践中积累经验，成为文化金融专员。当然，文化金融专员团队还需要资深的文化专家作为顾问，如艺术家、工艺美术大师、非物质文化继承人、文化行业协会专业负责人，以其精湛的艺术技能、深厚的艺术鉴赏力等为文化金融项目的选择及质押品的估值等提供宝贵的专业意见。

四、金融产品创新

（一）担保方式及信贷产品创新

由于文化企业一般没有充足的实物资产作为抵押，所以使得外部投资者不愿意轻易介入。而通过担保公司为文化企业提供担保，就是为外部投资者有效降低投资风险，增加文化企业的投资吸引力。

构建文化产业融资担保制度，同样需要政府的鼓励、支持和引导。政府应综合运用财政和税收等多种手段，鼓励和支持担保公司与再担保公司开展文化产业融资担保和再担保业务。针对苏州传统艺术品市场较为发达的情况，银行还可以开办艺术品质押贷款业务。银行可聘请专业权威机构及专家对艺术品进行详细鉴定，办妥艺术品质押融资手续后，参照估值价格给予一定比例的融资。

（二）信贷管理创新

首先，商业银行应当结合文化企业运行方式的特点，转变以机器设备、厂房等有形资产为抵押品的传统担保思路，积极试办知识产权、专利权、商标权、电影制作权、著作权、版权等无形资产抵押贷款以及企业联保互保贷款等，并合理确定贷款期限，为文化企业尤其是中小文化企业融资扩大抵（质）押范围，丰富融资品种，解决文化产业普遍缺失抵（质）押物的问题。

其次，各金融机构应当建立符合监管要求的灵活的差别化定价机制。引导辖内银行业建立科学的定价机制，针对不同文化企业或不同授信品种实行差别定价，不额外收取资金管理费、财务顾问费等费用，以降低文化信贷成本。

五、金融服务创新

（一）构建金融机构内部制度

现行金融机构的内部制度主要是针对工业企业设计的，其中很多规定与文化企业的实际情况和服务需求不相适应，因此需要构建适合文化金融服务的金融机构内部制度。一是要深入文化企业全面调研，摸清和掌握文化产业的特点，特别是文化企业的经营特点、金融需求和融资能力状况；二是要全面清理金融机构现行的内部制度与规章，如银行的信贷政策，贷款通则、办法和指引等，并根据文化企业的实际情况，研究对相关规定和要求进行适当调整的可能性与可行性；三是要制定和出台符合文化企业实际的，能够调动金融机构及其相关部门与人员积极性和主动性的内部制度。

（二）建设文化服务专业团队

文化金融的项目评审、风险评估等关键环节都离不开文化服务专业团队的智力贡献，文化服务专业团队成员应由政府职能部门主管人员、行业协会工作人员、金融机构文化专员、文化专家组成，通过文化金融产品推介会、文化金融项目论证会、文化金融论坛等方式开展文化服务专业团队的交流与合作，增强文化服务专业团队的协作能力。

（三）举办文化融资大讲堂

通过各种文化金融服务平台，文化融资的需求者能了解文化金融的各种融资渠道，获取文化融资的政策、条件及程序。政府文化主管部门、金融机构要积极联系文化企业通过各种途径向文化企业客户宣讲文化融资知识，培育客户，引领客户成长。

苏州文化金融支持的金融生态环境建设

一、破解政策障碍和信息传导障碍

文化产业信贷市场确实具有鲜明的特征：一是文化产业涉及面广、专业化程度高，外部市场缺少对其运作规律的公开信息；二是文化产业主要以知识、技术、创意作为生产资料，资产的实物保障度不高，且难以准确计量；三是知识产权作为贷款担保存在一定难度。因此，如何破解种种障碍，对于文化金融的发展至关重要。

（一）破解外部政策障碍

苏州市正按照《苏州市人民政府印发关于加快苏州市文化产业发展若干政策意见的通知》《省政府关于加快文化产业振兴若干政策的通知》等政策文件，加快对文化产业的政策支持力度，同时还建立文化产业投资引导基金、专项扶持基金、补偿基金等来促进文化产业的发展。

（二）破解行业、部门间信息传导障碍

目前，企业—行业协会—政府—银行这一体系链条间的信息不对称是制约文化产业金融支持的瓶颈之一，政府对银行与企业需求的了解，各类文化企业发展的前景、资信状况以及各类银行不同的政策支持，均缺少共享平台来实现信息共享。为此，金融机构应当进一步加强与市委宣传部、市文促中心、市文化局、市广电局以及各地方文化产业管理机构的合作，同时充分发挥交易所及行业协会等中介作为服务文化企业的纽带作用，将政府支持政策及时进行传导，并及时将市场反映

的需求、问题反馈给政府部门。银行机构应加强与风险投资公司、私募股权、专项基金等渠道的业务合作，采取“投贷一体化”运作模式实现金融扶持力度的倍增效应，同时加强版权交易中心、产权交易所、行业协会等中介机构的合作推进文化资产市场化进程，构建一体化金融服务体系，助动文化产业升级。

二、完善文化金融公共服务

（一）加强知识产权公共评估建设

我国需要建立专利技术、专有技术、商标及版权等各类知识产权的具体评估准则，设立权威评估机构，构建公共评估体系。从评估人员方面看，由于知识产权质押融资是一项专业技术性、综合性非常强的工作，所以应该广泛吸取在知识产权、金融、法律、技术、经营等相关领域有杰出造诣的学者、实际工作者的意见。通过召集各自领域内的专家，构建知识产权质押融资工作服务的专家库，合理高效地对所质押的项目做出准确及时的评估，使其尽快融入市场，转化并发挥作用。

文化产业的评估难在许多项目是精神、思想层面的。相关资产评估机构可通过大量成功的案例收集数据，建立数据库，不断量化。无形资产、思想文化价值、风险都很难用单一数据表现，只有靠不断的数据积累、数据模型的更换和调整，来形成一个好的软件数据。必须要依靠软件与专家评估二者的结合，不能只依靠其中的一方。

（二）加强知识产权交易体系建设

建议加快研究制定知识产权等无形资产的质押评估办法，扶持重点文化产权交易机构建设。完善知识产权评估与交易体系，如培育更多的知识产权专业评估机构，培养一批知识产权评估的专业人才，并在知识产权变现环节和司法执行领域进一步完善各类知识产权的相关法律法规，特别要完善登记、评估、转让、变现等环节的规定，提升文化企业利用知识产权等无形资产获得质押贷款的能力。鉴于其经济价值受市场影响大、缺乏稳定性，所以应该在评估过程中把商业风险考虑进来，加强风险管理，在评估中防范知识产权质押风险。

同时,推进交易平台的搭建,建设数据库。交易平台不仅能提供出让和受让信息、价格行情,提高交易效率,简化交易程序,还具有价格发现功能,同时也为监管创造了必要的条件。最为关键的问题是确保交易双方参与平台交易,这就要求平台设计有足够的吸引力,简化操作中的各种手续环节,提高审贷速度,使交易双方通过平台操作利大于弊。文化知识产权可进入文化产权交易所进行交易,寻求合适的融资渠道。文化产权交易所的建立,不仅使交易过程公平、透明和便于管理监督,更重要的是可形成权威的文化资产评估体系。

(三) 相关法律法规制度的完善

建议尽快完善版权、质押权等相关法律法规,特别要根据《物权法》《著作权法》等法律,加快对《版权质押登记管理办法》等相关知识产权法律法规的修订,完善对版权登记、评估、转让、变现等环节的规定,有效降低行政登记、审批烦琐以及多头管理所带来的效率损失,以利于金融机构从事相关知识产权质押贷款业务的开展,切实满足文化企业的贷款需求。

三、完善现有机构协调机制

(一) 完善交易所协调机制

首先,要建立健全文化要素市场。国家、监管机构等有关部门牵头推动对融资性版权资产价值评估体系的建设,制定评估管理实施细则,达成行业发展共识的版权资产价值评估体系模型,为金融机构开展版权质押等金融创新提供较为统一、有效的计价工具。

其次,政府在制定发展规划、选择重点开发项目时,应注意吸收和参与评估论证,交易所作为中介应增强信息的透明度,积极向银行机构推荐好企业和好项目,坚强政、银、企三方互动,完善银行与企业间的信贷沟通机制,评估多方合作效果,并有针对性地加以改进。

(二) 完善行业协会协调机制

文化行业协会是文化产业重要的协调交流组织,在文化金融支持的发展中起着不容忽视的作用。以行业协会的名义定期或不定期地举办文化重点项目或特色项目信贷融资洽谈会，定期交流文化产业发展信息，降低信息不对称程度，增加金融机构对文化产业发展的了解，协调支持金融机构适度参与企业项目的前期考察、总体规划与后期开发的有关过程，形成开发与信贷资金管理方面的长效合作机制。行业协会还能为金融机构提供专业意见和建议，弥补金融机构文化专业知识方面的缺陷，更好地促进融资项目的评估与选择，提高银企的合作效率和收益。

四、提供文化产业公共资金的支持

将有限的公共资金投入文化企业须讲求效率，效率评估应将文化产业政策和公共资金的使用相结合。评估的内容应关注两个重点：一是重点关注文化产业扶持政策前后的效果对比，特别是规划性政策、文化体制改革、财政税收优惠、融资贷款担保、文化产业园区运营管理、文化市场管理、公共文化服务、人才引进、资金扶持等方面，不适应客观需要的应及时废止，存在管理真空、配套政策不到位的应根据客观形势的发展及时修订，政策之间相互矛盾的应及时征求部门意见进行修改。在对现行政策评估的过程中，有些空白点如社会保障、国有土地、工商、知识产权保护等方面的创意产业政策还要着力完善。二是产业资金的效用。文化产业发展专项引导资金若能顺利设立，评估主体应从目标标准、投入标准、公平与公正标准、效率标准、经济效益、社会效益以及受资助企业的发展创新能力等方面着手，既有业务评价指标，即项目管理、项目完成程度、所取得的经济社会效率等，也有财务评价指标，即资金落实、支出情况以及财务管理状况等，以确保资金使用效率和效用，防止资金使用浪费、效率低下。由于文化创意产业中的部分项目属于导向型，应更看重社会效益和社会影响，以起到带头示范的作用。

在文化产业引导资金投入的项目实施过程中，各级文化主管部门会同财政部门应加强对补助项目的跟踪管理和督促检查，建立项目定期报告制度，积极协调解决项目执行过程中遇到的困难和问题，确保引导资金的专款专用，积极发挥对文化产业的引导作用。项目完成后，可由党委和政府主导部门联合组织的由相关部门负责人、专家、中介机构、人大、政协等多方参与的第三方评价体系进行绩效评估，县区投入文化产业引导资金也可以参照此方法进行。

参考文献：

[1] 欧培彬. 文化产业金融支持研究述评——基于文化产业投资基金视角[J]. 财政监督,2009(2).
[2] 周正兵. 文化产业的金融支持[J]. 投资北京,2011(10).
[3] 花建. 中国文化产业投资战略的思考[J]. 上海社会科学院学术季刊,2002(2).
[4] 人民银行丽江市中心支行课题组. 金融支持丽江文化产业的现状、问题与建议[J]. 西南金融,2005(12).
[5] 人民银行丽江市中心支行,云南财经大学金融学院联合课题组. 金融支持丽江旅游文化产业可持续发展个案研究[J]. 时代金融,2007(5).
[6] 薛继增. 金融产品创新对银行信贷运行的影响[J]. 上海金融,2010(6).
[7] 洗雪琳. 我国文化产业引入资产支持证券模式的难点与对策[J]. 开放导报,2010(4).
[8] 李慧. 发展文化产业保险市场的几点思考[J]. 出国与就业,2011(10).
[9] 柳中波,杨金柱. 艺术品与银行信贷的有效对接：潍坊银行案例[J]. 金融发展研究,2011(10).
[10] 陈涛. 金融支持陕西文化产业发展研究[J]. 西部金融,2010(7).
[11] 汪洋. 我国文化产业发展与投融资支持——陕西文化产业现状调查引发的思考[J]. 中国党政干部论坛,2010(1).
[12] 陶君道. 金融支持甘肃省文化产业发展问题研究[J]. 甘肃金融,2010(5).
[13] 张松海. 金融支持青岛文化产业发展的实践与思考[J]. 青岛农业大学学报(社会科学版),2010(2).
[14] 高雷. 金融支持文化产业研究：济宁案例[J]. 金融发展研究,

2010(3).
[15] 顾海峰.战略性新兴产业演进的金融支持体系及政策研究——基于政策性金融支持视角[J].科学学与科学技术管理,2011(7).
[16] 熊良俊.以金融助推战略性新兴产业腾飞[J].中国金融,2010(22).
[17] 中国农业银行股份有限公司重庆万州分行课题组.商业银行助推战略性新兴产业发展的机遇及对策建议[J].金融会计,2011(11).
[18] 贾旭东.文化产业金融政策研究[J].福建论坛(人文社会科学版),2010(6).
[19] 罗倩.发展文化产业与金融支持[J].农村金融研究,2008(5).
[20] 周正兵.文化产业的金融支持[J].投资北京,2011(10).
[21] 张欢.文化产业的经济视阈与金融思考[J].区域金融研究,2010(12).
[22] 韩文良,戚焱.论商业银行的品牌战略建设[J].新金融,2008(2).
[23] 康芸.风险投资进入文化创意产业问题研究[J].科学学与科学技术管理,2010(8).
[24] 杨文芳.创业投资中的风险及风险控制[J].现代商业,2009(4).
[25] 朱冬.谨防文化产业融资风险[J].中国金融家,2012(4).
[26] 陈坦汶.文化创业随笔之二十三:文化产业需防政策性风险[EB/OL].福建省海峡文化创意产业协会网,2012-07-06.
[27] 赵磊,薄继东.整顿大限将至各地文交所如何抉择[EB/OL].人民网,2012-06-29.
[28] 辛书举.谨防知识产权质押贷款风险[EB/OL].和讯网,2011-8-4.
[29] 上海市银监局等.上海市金融支持文化产业发展繁荣的实施意见[EB/OL].中国上海网,2010-8-26.
[30] 郝丽琴.关于知识产权质押的现状研究与对策[J].河北企业,2010(9).
[31] 赵振宇.金融生态环境建设问题研究[J].学习与探索,2009(4).
[32] 银监会.中国银监会关于银行建立小企业金融服务专营机构的指导意见(银监发〔2008〕82号)[Z].2008-12-1.
[33] 银监会.中国银监会关于支持商业银行进一步改进小企业金融服

务的通知(银监发[2011]59号)[Z]. 2011-5-25.

[34] 赵建国. 无担保、无实物抵押、风险共担——上海知识产权质押融资新模式[EB/OL]. 国家知识产权局网站,2010-5-22.

[35] 北京银行. "小巨人"中小企业最佳融资方案[EB/OL]. 北京银行网站,2012-7-1.

[36] 韩瑞芸. 银监会拟差异化监管小企业贷款[EB/OL]. 21世纪网站,2010-2-24.

[37] 陶丽琴. 知识产权质押融资中政府支持政策的实施和完善[J]. 法学杂志,2011(10).

原为《2012年度苏州市哲学社会科学研究立项资助课题》(项目编号: 12C-C-16),项目主持人: 乔桂明;课题组成员: 伍纯钢,储安全,张斌,郑晓玲,刘沁清。

附录：

做一个合格的研究生导师

——培训札记

2012 年 9 月 1 日，笔者有幸参加了苏州大学研究生学院第三期导师班的培训学习。时任苏州大学副校长、研究生院院长的熊思东教授致欢迎辞并教导我们应该怎样做一个合格的导师。培训内容之一是安排我们听了六场主题报告，内容从当前研究生教育培养现状到主要存在的问题、如何提高研究生教育培养质量和国家关于研究生教育培养过程中的法律规范和制度条例。多位富有经验的老教授介绍了自己在长期从事研究生教育培养过程中的切身体会和思想感悟。

第一位做主题报告的是江苏省教育厅殷翔文副厅长。他在报告中谈到目前阶段我国研究生教育培养中最为重要和紧迫的任务就是要提高研究生的教育质量，针对目前我国研究生教育中存在的问题提出了导师在研究生教育培养过程中的重要性，必须提高我国导师的素养水平，思想素养和文化素养是衡量一个合格导师的基本要求，要求导师首先要有高尚的人格品德，只有学会做人做事后才能做好学问。

第二位做报告的是国务院学位委员会办公室质量监督与信息处的徐维清处长，他和我们谈的是学科建设与质量保障。

第三位做报告的是华东政法大学顾功耕副校长，他谈的是他在研究生培养过程中的一些体会和感想。他从 1991 年开始就从事研究生的教育和培养工作，他把自己在长期的研究生教育培养过程中的一些体会经验和方法如实地告诉了我们，使我们这批新导师们受到了一次极好的教育，感受到作为一个导师必须用心用爱融入整个研究生教育培养的过程之中。

第四位做报告的是时任苏州大学副校长、研究生院院长的熊思东教授，他谈了当下研究生教育培养之难，通过大量的数据为我们分析了我国当前研究生教育现状以及应注意的事项。

第五位做报告的是江苏省教育厅研究生教育处学位办公室杨晓江主任，他的报告内容为人才培养质量评估中研究生导师面临的挑战。

第六位做报告的是苏州大学研究生院常务副院长王家宏教授，他为我们做了学位与研究生教育规章制度的解读。

通过几天的培训，笔者聆听了多位领导和教授从各方面、各层面介绍与讲解了如何开展研究生教育和培养的工作。培养教育出高质量、高水平的国家有用人才是当前我国经济发展的迫切需要。通过培训，笔者受到了一次极好的思想教育和业务提升，机会难得，受益匪浅。原以为一个导师就仅是给研究生指导一下毕业论文，后来才真正认识到作为一个导师，自己身上所肩负的责任有多重大。

下面谈谈自己通过培训后对做一个合格研究生导师的点滴感想。

一、导师要具有强烈的责任心和使命感

做一个合格的研究生导师，首先，自身要具有强烈的责任心和使命感，不断加强自我修养和业务素质的提升。治学从做人开始，要德才兼备，具有良好的人格魅力，同时又具有扎实而广博的专业知识和素养。导师不仅要在专业研究领域有扎实的基本功，还要求在某一方面、某一特定领域进行较为深入的研究和探索，不断充实和提高自己的专业学术能力与水平，保持对前沿学科的把握。用严谨求实的治学精神和勤奋刻苦的敬业精神去感染与影响学生。

导师对学生的影响是多方面、多层次的。笔者认为一个合格的研究生导师，除了上面所需要的条件、资格和阅历外，还有一条极为重要，那就是导师要有一颗真诚的心和一份真挚的爱，像父母般时时刻刻关爱自己的学生，把学生当作自己的孩子去用心呵护、培养、教育并加以

引导。

研究生一般需要三年时间才能完成学业拿到学位,学生和导师朝夕相处三年,导师就必须对他们负责,严格要求他们按时完成相应的科研任务和论文答辩。导师对学生有政治倾向方面的影响、思想品德方面的影响、综合艺术方面的影响,导师在学识品质方面对学生的影响是潜移默化的。所以,导师应该在政治上关心学生,思想上开导学生,学业上引导学生,生活上帮助学生。

二、导师要为人师表,给学生树立无形的榜样

第一,导师自己应该言传身教、为人师表,给学生树立无形的榜样。在自觉或不自觉之中去影响学生的人生。虽然这个时期的大学生已经初步形成了自己的世界观和人生观,但作为"父母"还应该时刻关心自己"孩子"的思想品德和道德修养。从政治上、思想上去了解学生的内心想法、政治立场和思想观点,了解他们的所思所想,使他们在人生道路上能得到正确的引导和指点,不断树立和调整正确的人生观和世界观,使学生懂得如何做人,只有这样才能更好地学会去做事、学会去做学问和做研究,才能做一个思想健康、品学兼优的研究生。

第二,建立良好的科研习惯,做好研究生的自主创新、科学态度、奋斗目标和团结协作这四种精神的培养和教育。(1) 研究生的研究工作必须具有创新性和开拓性。对于研究生导师则要求做到一是创设含有丰富信息的课题情境,使研究生知道要研究什么;二是创设融洽的科研氛围,使研究生敢于猜想,做出大胆的假设和判断。(2) 培养研究生的严谨科学态度。导师以身作则,言传身教,在实践中引导和培养研究生形成实事求是、刻苦拼搏的科研精神,从事科学研究必须具有实事求是的科学态度。(3) 帮助研究生树立明确的奋斗目标。热爱科学、为科学事业献身是每一个从事科学研究人员必备的素质,同时也是科学工作者的人生奋斗目标和价值体现。没有奋斗目标,缺少人生追求,科学研究就不可能有大的成功和作为。(4) 培养研究生的团结协作精神。建立师生之间的有效互动,发挥团队作用。培养与人沟通、交往的能力

是培养研究生团结协作精神的关键因素。现代科学研究的主要方式是集体研究,通过组建课题小组,按照共同的研究方向和目标任务进行明确分工、分步合作,最终实现目标,完成科研任务。

第三,培养研究生的综合素质。非智力因素和情商也往往是一个研究生走向成功的必要条件,虽然这和科研教学没有直接关系,但会影响人的一生。使学生明确处理好这些非智力因素的关系也是科研学习的内容之一。作为导师就应该从生活上更好地关心好学生,帮助好学生,创造条件使他们安心下来做学问做研究,帮助他们积极面对研究生生活。

第四,帮助学生建立和形成自我培养意识。常言道:"师傅领进门,修行在个人。"重视学生个人的自我设计能力和愿望,人的个性化和多元化选择是客观存在的。这种自我设计和自主创新在社会共同利益的前提下,在社会正确认识和评价前提下,在与社会价值观不相违背的前提下,都应该大力支持和提倡。这也是培养学生创新思维和能力的一种手段。这种潜质和素养是研究生教育培养过程中的必要条件,是一种好的现象。作为导师应该尽早去发现、保护和培养学生的这种想法与愿望,给其创造更多的有利条件和发展空间。

第五,导师和学生之间形成和谐健康的师生关系。导师既是学生成长的引路人、导航人,也是他们的朋友、伙伴,导师和学生之间的这种紧密关系就像是学术上的同行、科研上的伙伴和生活上的朋友一样,是一种积极向上的良好的师生关系。师生关系是导师和学生为实现教育培养目标,在共同的教学科研活动中通过相互了解、相互认知所形成的人际关系,这个关系具体包括了教学关系、心理关系、人格关系、情感关系、道德关系和法律关系等。

三、导师要处理好和学生之间的关系

教学关系是导师和学生在共同研究与学习过程中形成的相互支持、相互帮助及相互提高的教学相长的协调关系。导师让学生获得了科研上的进步和提高,同时自身也得到了提升和发展。某种意义上学生也分担着导师科研项目的大量数据采集、分析加工和汇总整理的工作,为整个科研项目的最终完成起到了一定的作用。作为导师更要处理好师生共同提高发展的共赢关系,不能把学生视作单纯的教育灌输对象来对待。

心理关系是师生在教学和培养过程中所产生的一种自然默契和心灵感应。人属于社会性动物,具有社会性,人和人之间需要相互交流、配合、支持和理解。导师本身也是一个学习者,也需要不断自觉提升自身的素养和品行,给学生以一种无形的感召力和内在的人格魅力。导师要努力改善和提高自身的修养,使自己拥有更多热情、真诚、宽容、负责和幽默的优秀品质,这都是形成师生之间良好心理关系的重要保障。

人格平等是一切平等的基础。人可以有贫富之差,但不能有贵贱之分,每个人的人格都是平等的,必须得到尊重和保护。师生之间的人格关系也是一种平等关系,包括生命权、健康权、名称权、肖像权、名誉权等。在研究生教育和培养过程中师生共同的科学研究项目,论文发表署名、科研成果名誉等权利都应该是相互平等的。作为导师应该首先处理好这些关系,现实中因为科研归属、成果署名产生纠纷的现象屡有发生。

情感关系是以爱为基础的师生之间的情感交流和相互了解。托尔斯泰曾说过:“如果教师只有对事业的爱,那么,他是一个好教师;而如果教师把对教育带来的爱和对学生的爱融为一体,他就是一个完美的教师。”师生之间的这种情感关系是研究生教育和培养过程中的基础,导师对学生的情感投入和热情关爱会使学生从内心深处获得一种精神支柱与依托,使学生从心理上获得满足和扶持,对导师自然而然产生一种崇敬、信任与亲近的感觉。

道德关系和法律关系是研究生教育与培养过程中不能忽视的重要方面。这个时期的研究生虽说已初步形成了自己的世界观和人生观,但其可塑性仍然很强。作为导师不能一味只顾学生的科学研究和专业论文,更需要时时刻刻注意和关心研究生的心理动态、内心想法和政治思想,充分挖掘和展示生活中的各种道德因素,积极关注和引导学生在科学研究与教学活动中的各种道德表现及道德发展,加以指导配合、有效引导和合理疏导。研究生的科学知识增长过程同时也是其人格健全与发展的过程，伴随着学科知识的获得，学生变得越来越有爱心，越来越有同情心，越来越有责任感，越来越有教养和素质。这样才能为国家培养出更多道德情操高尚、法制意识健全、审美情趣健康和价值观念正确的合格的研究生。

本文为2012年笔者在苏州大学研究生院举办的导师培训过程中的札记。

后　记

我从事财务管理工作至今已有37年，从事出版财务管理工作也有27个年头。我想把这些年来在工作中的一些想法和思考汇聚起来，做一个册子，给自己一个总结和交代。本书收录了我公开发表的30篇文章、公开出版图书中的2章内容、2项文化企业金融创新社科项目和1篇培训札记。

我从事财务管理工作的缘起还要从自己的名字说起。中学阶段我在苏州市第九中学读书，当年我们班主任为了培养同学们勤俭节约意识，在班上成立了零花钱管理小组，把同学们平时的零花钱集中起来统一管理，当时班主任陈兆立说："我们就让储安全同学来做此事吧，他的名字中有储蓄，有安全，让他负责这项工作我们尽管放心。"当年苏州市第九中学仅有我们班成立了零花钱管理小组，由我担任组长。时间过得真快，一晃就是四十多年过去了，自己也由当年青涩的毛头小伙到了耳顺之年。要说缘分，也许这就是自己走上财务管理工作的由头吧。

在此，首先我要感谢中国大学出版社协会的大力支持和帮助，要感谢北京大学医学出版社陆银道老社长在百忙之中为拙著写序。陆社长是首届中国出版政府奖优秀出版人物获得者，中国大学出版协会副理事长并兼任经营管理委员会主任，是位有着十九年社长经历的资深出版工作者。陆社长有着长期从事出版管理工作的丰富经验，在出版财务管理方面同样也有不少独到见解。陆银道老社长平易近人,2017 年在北海我参加了全国大学出版社财务管理工作会议,陆社长是大会聘请的主讲嘉宾,会议交流中陆社长听说我有出书计划,欣然同意为我的小册子写序,并说“等书出版后我一定推荐到全国大学出版社财务管理工作会议上交流”。我听后深受鼓舞,觉得该书有陆社长的序文一定会增色不少,再次谢谢陆社长。

感谢帮助指导我在 1994 年第一次公开发表论文的南京大学著名教授李心合老师,李老师是国内著名财务学专家、会计名家工程入选者。当年李老师督促我要用观察和思考的眼光来看待宏观经济现象,用分析和研究的方法来处理微观经济业务。感谢老领导陈少英总编辑这些年来对我的鼓励和支持,先后帮助我修改和发表了多篇论文。感谢苏州大学商学院博士生导师乔桂明老师为我提供“文化金融创新”项目的发展平台,使我有更多机会接触到这个领域并进行学习和研究。感谢薛华强老师对本书所提出的设想和建议以及其他同事的帮忙和付出。还要感谢夫人季志英多年来对家务的辛勤操劳,使我有一个安心学习和写作的良好环境。

最后,感谢中国农业大学出版社汪春林社长给我这个出版机会,感谢责任编辑梁爱荣老师对该书认真负责的审读,使该书能顺利出版并和广大读者见面。

书中难免存有疏漏或不妥之处,欢迎大家批评指正。

储安全

2018 年劳动节于苏州